한번에 끝내는

독일어 문법

초중급편

한번에 끝내는 독일어 문법 초중급편

지은이 **안희철**(Damian)
펴낸이 **임상진**
펴낸곳 (주)넥서스

초판 1쇄 발행 2019년 4월 25일
초판 18쇄 발행 2024년 9월 9일

출판신고 1992년 4월 3일 제311-2002-2호
주소 10880 경기도 파주시 지목로 5
전화 (02)330-5500 팩스 (02)330-5555

ISBN 979-11-90032-02-5 13750

가격은 뒤표지에 있습니다.
잘못 만들어진 책은 구입처에서 바꾸어 드립니다.

www.nexusbook.com

한번에 끝내는

독일어 문법

안희철 지음

Deutsche Grammatik für die Grundstufe

초중급편

넥서스

저자의 말

독일어로 아침에는 "Guten Morgen!", 잠자러 갈 때는 "Gute Nacht!"라고 인사합니다. 왜 같은 의미인 '좋은(Gut)'이란 단어가 한쪽에선 'Guten'이고 다른 한쪽에서는 'Gute'일까요? 이것을 정확히 이해하려면 이 책을 절반 이상 공부해야만 합니다. 실제로 이 말만 듣고는 독일어를 포기해버린 학생도 있었습니다. 독일어 문법이 어렵다는 건 바로 이런 문제 때문입니다. 아주 간단한 일상적인 대화를 문법적으로 이해하는 데 몇 개월의 시간이 걸릴 수도 있다는 것이죠. 네, 맞습니다. 독일어는 시작하기 어려운 언어입니다. 하지만 이 책을 마칠 때쯤, 독일어 문법의 체계성에 놀랄 것이고, 예외가 거의 없다는 점에 한 번 더 놀랄 것입니다. 시작이 어려울 뿐, 배우고 익힌 이후에는 잊기 어려운 언어이기도 하다는 것입니다. 한마디로 말해 독일어는 한 번 배우면 두고두고 쓸 수 있는 언어입니다. 이왕 시작하기로 마음을 먹으셨다면 한번 끝까지 해보시기 바랍니다.

이 교재는 실용적인 관점에서 구성되어 있습니다. 독일어 문법의 모든 것을 사전식으로 담지도 않았고 품사별로 정리해 독일어 초심자가 따라가기 어렵게 구성하지도 않았습니다. 왕초보도 시작할 수 있도록 앞부분은 쉽고(A1) 뒤로 갈수록 어렵게(B1) 구성하였으며, 공부하는 과정에서 자연스레 독일어 레벨도 오르도록 하였습니다. 독일어 초중급 문장을 이해하기 위한 최소한의 문법을, 그러나 동시에 부족하지 않은 충분한 문법을 익힐 수 있도록 체계화하였습니다. 또한 연습문제의 예문들은 실제 독일 사람들이 일상에서 자주 사용하는 어휘, 구문 및 문장들로 구성하여 단순히 문법만 배우는 것이 아닌 실제 회화 실력을 배가시킬 수 있는 내용으로 배치하였습니다. 지치지 않고 끝까지 공부를 마친다면 대부분의 독일어 문장들을 문법적으로 분석하고 이해할 수 있으며, 초중급 수준의 회화에서 중요한 구문들도 자연스럽게 구사할 수 있을 것입니다.

이 책이 나오기까지 도움을 주신 분들이 많습니다. 무엇보다 유용하고 실용적인 독일어 표현들을 만드는 데 도움을 준 독독독 독일어 강사들, 회화 연습을 위해 기꺼이 녹음해준 원어민 친구들, 그리고 콘텐츠의 정렬과 내용 교정, 본서를 활용한 인터넷 강의 제작에 힘써준 드림메이커스(주) 스태프들에게 감사의 마음을 전합니다. 끝으로 이 모든 노력들이 좋을 결실이 되어 세상에 나오도록 허락하여 출판해주신 넥서스에 진심으로 감사의 인사를 드립니다.

저자 **안희철** Damian

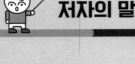

추천사

외국어를 공부하는 학습자를 가장 좌절하게 만드는 것이 바로 문법입니다. 그것은 어떤 언어든지 다양한 규칙들로 복잡하게 이루어져 있고, 언어의 뼈대를 체계적으로 탄탄하게 만든 후에 그것에 의거하여 언어를 습득하거나 발전시킨 것이 아니라 이미 발전해온 언어에 나중에야 비로소 체계를 재구성해내기 때문입니다. 따라서 학습자의 입장에서 보면 문법 규칙들의 존재 이유나 법칙성에 대해 명확히 알 길이 없고 그 누구도 명쾌하게 설명해줄 수 없기 때문에, 문법 학습이 지난하게 느껴지기 마련입니다. 급기야 많은 학습자가 자신만의 문법을 쌓아 올리는 과정에서 길을 잃고 헤매거나 중도 포기를 하는 바람에, 종국엔 언어 학습을 포기해버리는 안타까운 결과가 초래되곤 합니다.

외국어 학습에서 기본 문법은 더 높은 단계로 도약하기 위한 중요한 관문이기 때문에 인내심과 끈기를 가지고 체계적으로 학습하는 것이 중요합니다. 특히 입문 단계에서 기본 문법을 확실히 정리하지 않고 다음 단계로 올라가게 되면 고급 수준의 쓰기나 말하기에 어려움을 느낄 수밖에 없습니다. 문법 학습은 매일 복용하는 영양제와 같아서, 그 효과가 곧바로 나타나진 않지만 꾸준히 하다 보면 결국 언어 자체와 언어 사용에 대한 감각이 생기고, 궁극적으로는 읽기, 듣기, 말하기, 쓰기 학습을 좀 더 효율적으로 할 수 있습니다. 따라서 문법이 어렵다고 해서 건너뛰거나 포기해서는 안 됩니다.

〈한번에 끝내는 독일어 문법 초중급편〉은 독일어 문법을 체계적으로 습득하여 높은 단계로 올라가고자 하는 학습자들에게 매우 도움이 되는 학습서입니다. 각 단원의 맨 앞에 나오는 기본 설명을 읽고 이해한 후 연습문제를 풀어나가는 구성은 머리로 이해한 것을 몸으로 체득해서 차근차근 문법을 내게 맞는 방식으로 체계화하는 데 도움이 될 것입니다. 교재를 공부하는 과정에서 학습자 자신의 실력으로 이해하기 어려운 단원에 이르면 일단 학습을 중단하고, 자신에게 익숙하고 이해하기 쉬운 다른 단원을 먼저 학습해 보십시오. 또는 문법 학습을 일시적으로 중단하고 소설이나 자신의 수준에 맞는 다른 텍스트를 보면서 읽기에 집중한 후 중단했던 단원으로 다시 돌아와 재학습하는 것도 좋습니다. 이런 방식으로 〈한번에 끝내는 독일어 문법 초중급편〉을 활용한다면 문법을 포기하지 않고 끝까지 마스터할 수 있을 것입니다.

외국어 학습의 정도는 '한결같은 마음으로 꾸준히 하여 내 것으로 만드는 것'입니다. 아무리 좋은 문법 학습서라 하더라도 내 것으로 만들지 않는 한 쉽게 잊어버릴 수밖에 없습니다. 문법은 결코 단시간에 실력 향상을 기대할 수 없기 때문에 일정한 목표를 세우고 그에 따라 차근차근 학습해나가시기 바랍니다. 〈한번에 끝내는 독일어 문법 초중급편〉을 독일어 학습자 여러분이 목표로 하는 독일어 구사 능력을 갖추기 위한 좋은 디딤돌로 활용하셨으면 하는 바람입니다.

고려대학교 독어독문학과 교수 **박 성 철**

구성과 특징

한번에 끝내는 독일어 문법으로 문법 마스터하기!

〈한번에 끝내는 독일어 문법〉은 어려운 독일어 문법의 기초를 확실하게 다질 수 있는 문법서입니다. 독일어 입문자부터 중급자까지 꼭 짚고 넘어가야 하는 문법을 빠짐없이 담았습니다. 언제 어디서나 듣고 따라 말하는 **원어민 음성 MP3 파일**과 초급 독학자들을 위한 **유료 강의**까지 제공하여 혼자 공부하는 학습자들도 쉽게 독일어 문법을 완전 정복할 수 있습니다.

문법 설명

기초편 10장과 초중급편 83장에 걸쳐 A1–B1 레벨의 문법을 핵심만 콕콕 짚어 설명합니다. 빠르게 이해하고 기억할 수 있도록 도표를 이용하였으며, 독일어 초급자도 무리 없이 이해할 수 있는 친절한 설명과 체계적 커리큘럼으로 한 번에 독일어 문법을 마스터합니다.

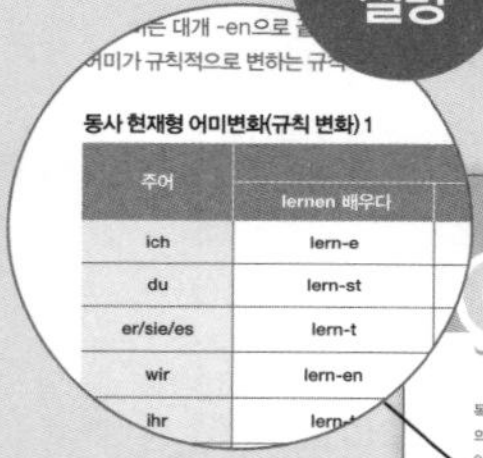

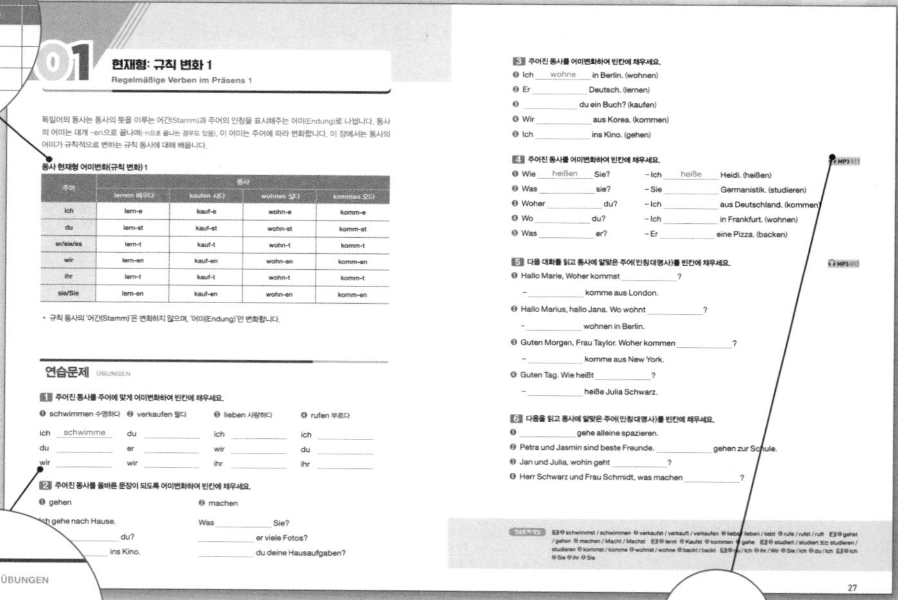

01 현재형: 규칙 변화 1
Regelmäßige Verben im Präsens 1

독일어의 동사는 동사의 뜻을 이루는 어간(Stamm)과 주어의 인칭을 표시해주는 어미(Endung)로 나뉩니다. 동사의 어미는 대개 -en으로 끝나며(-n으로 끝나는 경우도 있음), 이 어미는 주어에 따라 변화합니다. 이 장에서는 동사의 어미가 규칙적으로 변하는 규칙 동사에 대해 배웁니다.

동사 현재형 어미변화(규칙 변화) 1

주어	동사			
	lernen 배우다	kaufen 사다	wohnen 살다	kommen 오다
ich	lern-e	kauf-e	wohn-e	komm-e
du	lern-st	kauf-st	wohn-st	komm-st
er/sie/es	lern-t	kauf-t	wohn-t	komm-t
wir	lern-en	kauf-en	wohn-en	komm-en
ihr	lern-t	kauf-t	wohn-t	komm-t
sie/Sie	lern-en	kauf-en	wohn-en	komm-en

• 규칙 동사의 '어간(Stamm)'은 변화하지 않으며, '어미(Endung)'만 변화합니다.

연습문제 ÜBUNGEN

1 주어진 동사를 주어에 맞게 어미변화하여 빈칸에 채우세요.

❶ schwimmen 수영하다 ❷ verkaufen 팔다 ❸ lieben 사랑하다 ❹ rufen 부르다

❶		❷		❸		❹	
ich	schwimme	du	______	ich	______	ich	______
du	______	er	______	wir	______	du	______
wir	______	wir	______	ihr	______	ihr	______

2 주어진 동사를 올바른 문장이 되도록 어미변화하여 빈칸에 채우세요.

❶ gehen
Ich gehe nach Hause.
______ du?
______ ins Kino.

❷ machen
Was ______ Sie?
______ er viele Fotos?
______ du deine Hausaufgaben?

3 주어진 동사를 어미변화하여 빈칸에 채우세요.
❶ Ich wohne in Berlin. (wohnen)
❷ Er ______ Deutsch. (lernen)
❸ ______ du ein Buch? (kaufen)
❹ Wir ______ aus Korea. (kommen)
❺ Ich ______ ins Kino. (gehen)

4 주어진 동사를 어미변화하여 빈칸에 채우세요. MP3 011
❶ Wie heißen Sie? – Ich heiße Heidi. (heißen)
❷ Was ______ sie? – Sie ______ Germanistik. (studieren)
❸ Woher ______ du? – Ich ______ aus Deutschland. (kommen)
❹ Wo ______ du? – Ich ______ in Frankfurt. (wohnen)
❺ Was ______ er? – Er ______ eine Pizza. (backen)

5 다음 대화를 읽고 동사에 알맞은 주어(인칭대명사)를 빈칸에 채우세요. MP3 012
❶ Hallo Marie, Woher kommst ______?
– ______ komme aus London.
❷ Hallo Marius, hallo Jana. Wo wohnt ______?
– ______ wohnen in Berlin.
❸ Guten Morgen, Frau Taylor. Woher kommen ______?
– ______ komme aus New York.
❹ Guten Tag. Wie heißt ______?
– ______ heiße Julia Schwarz.

6 다음을 읽고 동사에 알맞은 주어(인칭대명사)를 빈칸에 채우세요.
❶ ______ gehe alleine spazieren.
❷ Petra und Jasmin sind beste Freunde. ______ gehen zur Schule.
❸ Jan und Julia, wohin geht ______?
❹ Herr Schwarz und Frau Schmidt, was machen ______?

27

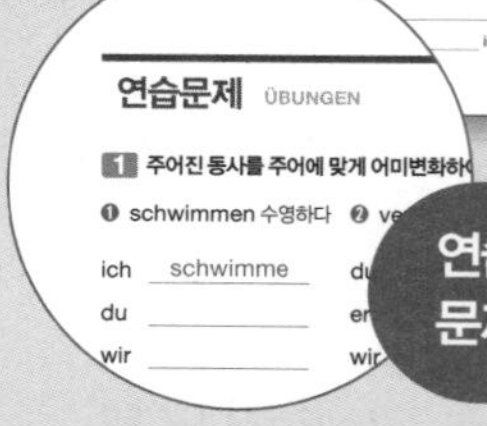

연습 문제

각 강에서 배운 문법을 활용한 연습문제를 풀면서 학습한 내용을 다시 한 번 점검합니다. 문제 바로 아래에 정답이 제시되어 있어 간편하게 정답을 맞춰 볼 수 있습니다.

MP3

연습문제 중 일상생활에서 자주 쓰이는 회화 표현은 원어민 발음으로 녹음된 MP3를 제공합니다. 녹음을 따라 읽고 문장을 암기해보세요. 또한 녹음을 활용해 받아쓰기 훈련을 하면 효과적으로 실력을 쌓을 수 있습니다.

무료 MP3 다운로드 받는 법

방법 1 스마트폰에 **QR코드 리더**를 설치하여 책 속의 QR코드를 인식합니다.

넥서스 홈페이지

방법 2 넥서스 홈페이지 검색창에서 〈한번에 끝내는 독일어 문법〉을 검색 후 다운로드 영역에서 인증받기를 클릭합니다.
www.nexusbook.com

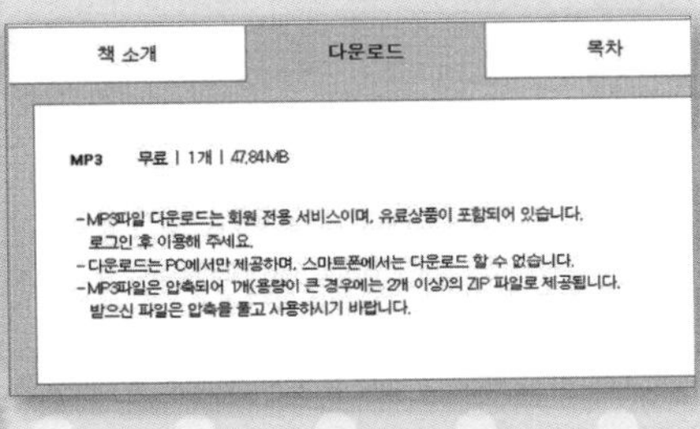

동영상 강의 보는 법(유료)

독독독 독일어
바로 가기

인강 사이트 독독독 독일어에서
〈한번에 끝내는 독일어 문법〉을 검색합니다.
dasdeutsch.com

목차

독일어 문법 기초편

독일어 문법 초중급편

A1 레벨

A2 레벨

목차

B1 레벨

부록

독일어 문법
기초편

Deutsche Grammatik für die Grundstufe

처음 독일어 문법 공부를 시작할 때 꼭 알아두어야 할 10가지 법칙을 정리했습니다.

독일어 왕초보를 위한 독일어 문법 기초편입니다.

독일어를 한 번쯤 배운 적이 있다면 바로 독일어 문법 초중급편으로 바로 넘어가세요.

01 알파벳을 익히자!

독일어 알파벳

MP3 001

대/소문자	발음	단어		
A/a	아	Auto 자동차	Apfel 사과	Anfang 시작
B/b	베	Baum 나무	Buch 책	Beruf 직업
C/c	체	Circa 대략	Couch 작은 소파	Cent 센트
D/d	데	Dach 지붕	Dose 캔	Dorf 시골
E/e	에	Ente 오리	Ende 끝	nehmen 갖다
F/f	에프	Fenster 창문	Fahrer 운전사	Firma 회사
G/g	게	Gans 거위	Geld 돈	Glas 컵
H/h	하	Haus 집	Handy 핸드폰	Hausmeister 집 관리인
I/i	이	Igel 고슴도치	Information 정보	Nichte 조카(딸)
J/j	요트	Jäger 사냥꾼	Jahr 해, 년	Junge 소년
K/k	카	Kreis 원	Konto 계좌	Kaufhaus 백화점
L/l	엘	Lager 창고	Lamm 양	Laune 기분
M/m	엠	Mann 남자	Mantel 외투	Milch 우유
N/n	엔	Natur 자연	Nachmittag 오후	Nord 북쪽

대/소문자	발음	단어		
O/o	오	Ost 동쪽	Obst 과일	Ort 장소
P/p	페	Post 우체국	Pass 여권	Platz 자리
Q/q	쿠	Quelle 원천	Qualität 품질	Quintett 5중주
R/r	에르	Radio 라디오	Rat 조언	Reise 여행
S/s	에스	Straße 거리	Stadt 도시	Sprache 언어
T/t	테	Tiger 호랑이	Tasse 잔	Tisch 책상
U/u	우	Uhr 시계	unter 아래의	Ursache 이유
V/v	파우	Vase 꽃병	Vater 아버지	Visum 비자
W/w	베	Welle 파도	Wein 와인	Wind 바람
X/x	익스	Xenon 크세논	Xylofon 실로폰	Taxi 택시
Y/y	윕실론	Yacht 요트	Yoga 요가	sympathisch 호감이 가는
Z/z	체트	Zoo 동물원	Zahl 수	Zeitung 신문
Ä/ä	애	Ärztin 의사(여)	Ärger 화	Käse 치즈
Ö/ö	외	Öl 기름	Ökonomie 경제	Töchter 딸(복수형)
Ü/ü	위	Übersicht 개요	übel 불쾌한	müde 피곤한
ß	에스체트	Fuß 발	Spaß 재미	groß 큰

• 이메일 주소나 웹 주소를 만들 때 ä, ö, ü, ß 같은 문자는 아래와 같이 변환하여 사용합니다.

→ ä = ae , ö = oe , ü = ue , ß = ss

02 인사하는 법을 배우자!

1. 만났을 때 하는 인사

MP3 002

인사	의미
Hallo	안녕하세요
Guten Morgen	(아침 인사) 안녕하세요
Guten Tag	(낮 인사) 안녕하세요
Guten Abend	(저녁 인사) 안녕하세요

2. 헤어질 때 하는 인사

인사	의미
Auf Wiedersehen	안녕히 가세요
Wiedersehen	안녕히 가세요
Tschüss	잘 가요
Tschau(Ciao)	안녕
Bis dann	다음에 봐요
Bis gleich	곧 봐요
Bis morgen	내일 봐요

- Auf Wiedersehen이나 Wiedersehen보다는 Tschüss나 Tschau(Ciao)가 좀 더 가까운 관계에서 사용하는 인사입니다.

3. 기타 표현들

인사	의미
Danke	고마워요
Danke schön	정말 고마워요
Vielen Dank	매우 고맙습니다
Bitte	천만에요
Bitte schön	천만에요
Entschuldigung	실례합니다
Kein Problem	괜찮습니다

- 일반적으로 Bitte는 Danke의 대응어로 사용됩니다. 상대방이 “Danke.”라고 하면 그냥 “Bitte.”로 대답하시면 됩니다.
- Bitte는 ‘천만에요’라는 의미 외에 상황에 따라 ‘부탁할게요’, ‘여기 있습니다’, ‘잠시만요’ 등의 의미도 있습니다.

03 명사에는 3개의 성이 존재한다!

명사의 성(性)에 관하여

- 독일어의 명사에는 남성, 여성, 중성 세 가지의 성이 있습니다.
- 명사를 외울 때에는 성과 함께 외우는 것이 좋습니다.
- 성을 표시할 때 der, die, das라는 정관사 1격을 사용합니다.
- 독일어의 명사는 항상 대문자로 시작해야 합니다.

남성 명사

der Montag 월요일	der Wein 와인	der Regen 비

여성 명사

die Katze 고양이	die Universität 대학교	die Mutter 어머니

중성 명사

das Mädchen 여자아이	das Museum 박물관	das Leben 삶

04 기본 인칭대명사를 익히자!

인칭대명사

수	인칭	인칭대명사	의미
단수	1인칭	ich	나는
	2인칭	du	너는
	3인칭	er/sie/es	그는 / 그녀는 / 그것은
복수	1인칭	wir	우리는
	2인칭	ihr	너희들은
	3인칭	sie	그들은
단수/복수	2인칭	Sie	당신(들)은

- 3인칭 단수에서 er, sie, es는 명사의 세 가지 성에 대응되는 표현입니다. 즉, 남성 명사인 der Vater를 지칭하는 인칭대명사는 er이며, 여성 명사인 die Mutter를 받는 인칭대명사는 sie입니다. 다만 이는 문법적인 성을 의미하기 때문에 es라고 해서 항상 '사물'을 의미하는 것이 아닙니다. 예로 das Mädchen은 '소녀'라는 의미로 여성을 가리키지만 문법적으로 중성 명사이며, 또한 이를 받는 인칭대명사는 es를 사용할 수 있습니다. 이때, '그것'이라기보다는 '그녀'라고 해석해야 할 것입니다.

- Sie를 보통 '존칭' Sie라고 부릅니다. Sie의 경우, 문장의 어디에 놓이든 대문자로 써야 합니다. 단수/복수 모두 가능합니다. du(너는)의 복수 형태는 ihr(너희들은)이지만, Sie(당신은)의 복수는 그대로 Sie(당신들은)입니다.

- 또한 Sie의 경우, 3인칭 복수인 sie와 동사의 어미변화에서 동일한 형태를 취합니다. 따라서 본 책에서는 앞으로 sie와 Sie를 함께 묶어서 설명할 것입니다.

예		
예	**sie/Sie**	그들은 / 당신(들)은

05 기본 동사의 변화를 배우자!

기본적인 동사의 변화(규칙 동사)

- 독일어의 동사는 어간(Stamm)과 어미(Endung)로 구성되어 있습니다.
- 동사는 대부분 –en으로 끝나며 en이 어미이고 나머지 앞부분이 어간입니다.
- 동사의 의미는 어간에 있으며, 어미는 주어의 인칭을 표시하는 역할을 합니다.
- 규칙 동사의 경우 주어의 인칭에 따라서 어미(en)만 변화합니다.

인칭	동사	의미	동사의 기본 형태
ich	lerne	나는 공부한다.	lern + en 어간 어미
du	lernst	너는 공부한다.	
er/sie/es	lernt	그/그녀/그것은 공부한다.	
wir	lernen	우리는 공부한다.	
ihr	lernt	너희들은 공부한다.	
sie/Sie	lernen	그들/당신(들)은 공부한다.	

- 위의 동사 lernen(배우다)의 경우 동사 원형은 lernen이며 사전에 나와 있는 형태입니다.
- 동사 원형과 같은 형태를 취하는 인칭은 1인칭 복수, 3인칭 복수와 존칭입니다.

예시 Beispiel MP3 003

❶ Er wohnt in Berlin. 그는 베를린에 거주한다.

❷ Ich suche meinen Kuli. 나는 나의 볼펜을 찾고 있다.

❸ Du brauchst einen Kaffee. 너는 커피가 필요하다.

❹ Wir arbeiten in Frankfurt. 우리는 프랑크푸르트에서 일한다.

❺ Frau Müller kocht gern. 뮐러 여사는 요리를 즐겨 한다.

06 문장의 기본적인 순서를 배우자!

1. 독일어 기본 문장 순서

• 문장의 가장 앞은 항상 대문자로 시작합니다.

• 평서문의 경우, 동사는 무조건 2번째에 위치합니다.

주어	동사	서술어
Ich	**komme**	**aus Deutschland.**
나는	오다(~ 출신이다)	독일로부터

• kommen 동사는 전치사 aus(~로부터)와 함께 사용됩니다.

• kommen이 aus와 함께 사용되면 '~에서 오다' 혹은 '~ 출신이다'의 의미입니다.

2. 문장의 도치

• 꼭 주어가 첫 번째 위치에 와야 하는 것이 아닙니다. 필요한 경우 강조를 위해 다른 문장 요소를 도치시킬 수 있습니다.

서술어	동사	주어
Aus Deutschland	**komme**	**ich.**
독일로부터	오다(~출신이다)	나는

예시 Beispiel　　MP3 004

❶ Ich komme aus Korea. 나는 한국에서 왔다.

❷ Karl kommt aus München. 칼은 뮌헨 출신이다.

❸ Wir kommen aus Japan. 우리는 일본에서 왔다.

❹ Sie kommt aus Leipzig. 그녀는 라이프치히 출신이다.

❺ Aus China kommt mein Freund. 나의 친구는 중국에서 왔다.

07 가장 중요한 동사, sein과 haben

1. sein 동사 변화

MP3 005

- sein 동사는 '~이다/~있다'를 의미하며 주어의 상태를 표현합니다.
- sein 동사는 형용사나 부사, 명사를 서술어로 사용합니다.
- sein 동사는 주어에 따라 불규칙적으로 변화하는 불규칙 동사입니다.

인칭	동사	예시	의미
ich	bin	Ich bin hier.	나는 여기에 있다.
du	bist	Du bist Student.	너는 대학생이다.
er/sie/es	ist	Er ist Arzt.	그는 의사다.
wir	sind	Wir sind glücklich.	우리들은 행복하다.
ihr	seid	Ihr seid müde.	너희들은 피곤하다.
sie/Sie	sind	Sie sind Koreaner.	그들/당신(들)은 한국 사람이다.

2. haben 동사 변화

MP3 006

- haben 동사의 기본적인 의미는 '~을/를 갖고 있다'입니다.
- haben 동사는 주어에 따라 불규칙적으로 변화하는 불규칙 동사입니다.

인칭	동사	예시	의미
ich	habe	Ich habe ein Handy.	나는 핸드폰을 갖고 있다.
du	hast	Du hast einen Kuli.	너는 볼펜을 갖고 있다.
er/sie/es	hat	Er hat eine Tasche.	그는 가방을 갖고 있다.
wir	haben	Wir haben Angst.	우리는 두려움을 갖고 있다.
ihr	habt	Ihr habt Wasser.	너희들은 물을 갖고 있다.
sie/Sie	haben	Sie haben Hunger.	그들/당신(들)은 배고프다.

08 관사는 격변화한다!

정관사/부정관사 1격과 4격

- 1격은 주어를, 4격은 목적어를 위해 사용됩니다.
- 정관사는 구체적으로 가리키는 대상이 있을 때 사용됩니다.
- 부정관사의 기본적인 의미는 '한 개' 혹은 '어떤'의 의미입니다.

정관사 변화

	남성	여성	중성	복수
1격	der Tisch 그 탁자는	die Tasche 그 가방은	das Buch 그 책은	die Ärzte 그 의사들은
4격	den Tisch 그 탁자를	die Tasche 그 가방을	das Buch 그 책을	die Ärzte 그 의사들을

부정관사 변화

	남성	여성	중성	복수
1격	ein Tisch 어떤 탁자는	eine Tasche 어떤 가방은	ein Buch 어떤 책은	Ärzte 어떤 의사들은
4격	einen Tisch 어떤 탁자를	eine Tasche 어떤 가방을	ein Buch 어떤 책을	Ärzte 어떤 의사들을

- 부정관사 ein, eine, ein은 '하나'라는 뜻을 갖고 있기 때문에 복수형이 없으며, 부정관사 없이 명사의 복수형으로만 단독으로 사용합니다.

예시 Beispiel   MP3 007

❶ Ich habe einen Apfel. 나는 사과를 갖고 있다.

❷ Er hat eine Lampe. 그는 전등을 갖고 있다.

❸ Jakob hat die Rechnung. Jakob은 그 계산서를 갖고 있다.

❹ Wir haben den Tisch. 우리는 그 탁자를 가지고 있다.

❺ Laura hat Bücher. Laura는 책들을 가지고 있다.

09 의문문을 만들어보자! 1

1. Ja/Nein 의문문

- 동사를 문장의 맨 앞에 놓으면 의문문을 만들 수 있습니다.
- 이 의문문은 모든 동사에 응용 가능합니다.

평서문

주어	동사	서술어
Sie 당신은	**sind** 입니다	**Lehrer.** 선생님

의문문

동사	주어	서술어
Sind 입니까?	**Sie** 당신은	**Lehrer?** 선생님?

2. Ja와 Nein으로 대답하기

- Ja/Nein 의문문은 Ja(네)와 Nein(아니오)으로 답할 수 있습니다.

  예 Bist du Student? 너는 학생이니?

  - Ja! 응!

  예 Hast du Hunger? 배고프니?

  - Nein. 아니.

예시 Beispiel MP3 008

❶ Du bist Koch.
→ Bist du Koch? 너는 요리사니?

❷ Ihr habt Zeit.
→ Habt ihr Zeit? 너희들 시간 있니?

❸ Du sprichst Koreanisch.
→ Sprichst du Koreanisch? 너는 한국어를 말할 줄 아니?

❹ Du arbeitest hier.
→ Arbeitest du hier? 너는 여기서 일하니?

❺ Du lernst Deutsch.
→ Lernst du Deutsch 너는 독일어를 공부하니?

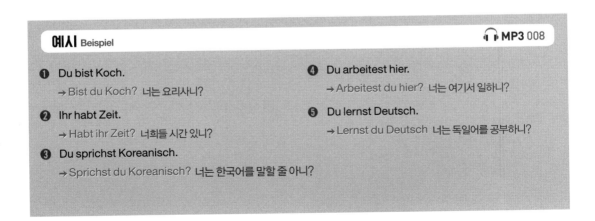

10 의문문을 만들어보자! 2

1. 의문사를 사용한 의문문

- 의문사는 W로 시작하여 의문문을 만드는 단어입니다.
- 의문사가 문장 맨 앞에 위치하면 의문문을 만들 수 있습니다.
- 이때 문장 순서는 의문사 + 동사 + 주어 + 서술어입니다.

2. 의문사의 종류와 문장 순서

MP3 009

의문사	동사	주어	서술어	의미
Wann	fährt	Herr Müller	nach Berlin?	Müller 씨는 베를린에 언제 가니?
Warum	studiert	er	in Deutschland?	왜 그는 독일에서 공부하니?
Wie	findest	du	den Computer?	너는 그 컴퓨터를 어떻게 생각해?
Wo	wohnt	sie?		그녀는 어디에 사니?
Was	ist	das?		이것은 무엇이니?

예시 Beispiel

MP3 010

❶ Wie **heißen Sie?** 당신의 이름은 무엇입니까?

❷ Wo **bist du?** 너 어디니?

❸ Wann **fliegst du nach Deutschland?** 독일에 언제 가니?

독일어 문법 초중급편

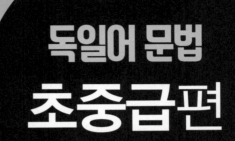

Deutsche Grammatik für die Grundstufe

독일어 문법 초중급편에서 다루는 문법은

CEFR 기준 A1~B1에 해당되는 수준의 문법입니다.

일상적인 대화에서 사용되는 초중급 문법을 모두 배우고 익힐 수 있습니다.

01 현재형: 규칙 변화 1

Regelmäßige Verben im Präsens 1

독일어의 동사는 동사의 뜻을 이루는 어간(Stamm)과 주어의 인칭을 표시해주는 어미(Endung)로 나뉩니다. 동사의 어미는 대개 -en으로 끝나며(-n으로 끝나는 경우도 있음), 이 어미는 주어에 따라 변화합니다. 이 장에서는 동사의 어미가 규칙적으로 변하는 규칙 동사에 대해 배웁니다.

동사 현재형 어미변화(규칙 변화) 1

주어	동사			
	lernen 배우다	kaufen 사다	wohnen 살다	kommen 오다
ich	lern-e	kauf-e	wohn-e	komm-e
du	lern-st	kauf-st	wohn-st	komm-st
er/sie/es	lern-t	kauf-t	wohn-t	komm-t
wir	lern-en	kauf-en	wohn-en	komm-en
ihr	lern-t	kauf-t	wohn-t	komm-t
sie/Sie	lern-en	kauf-en	wohn-en	komm-en

- 규칙 동사의 '어간(Stamm)'은 변화하지 않으며, '어미(Endung)'만 변화합니다.

연습문제 ÜBUNGEN

1 주어진 동사를 주어에 맞게 어미변화하여 빈칸에 채우세요.

❶ schwimmen 수영하다
ich schwimme
du ______
wir ______

❷ verkaufen 팔다
du ______
er ______
wir ______

❸ lieben 사랑하다
ich ______
wir ______
ihr ______

❹ rufen 부르다
ich ______
du ______
ihr ______

2 주어진 동사를 올바른 문장이 되도록 어미변화하여 빈칸에 채우세요.

❶ gehen

Ich gehe nach Hause.
Wohin ______ du?
Wir ______ ins Kino.

❷ machen

Was ______ Sie?
______ er viele Fotos?
______ du deine Hausaufgaben?

3 주어진 동사를 어미변화하여 빈칸에 채우세요.

❶ Ich ___wohne___ in Berlin. (wohnen)

❷ Er ________ Deutsch. (lernen)

❸ ________ du ein Buch? (kaufen)

❹ Wir ________ aus Korea. (kommen)

❺ Ich ________ ins Kino. (gehen)

4 주어진 동사를 어미변화하여 빈칸에 채우세요. MP3 011

❶ Wie ___heißen___ Sie? – Ich ___heiße___ Heidi. (heißen)

❷ Was ________ sie? – Sie ________ Germanistik. (studieren)

❸ Woher ________ du? – Ich ________ aus Deutschland. (kommen)

❹ Wo ________ du? – Ich ________ in Frankfurt. (wohnen)

❺ Was ________ er? – Er ________ eine Pizza. (backen)

5 다음 대화를 읽고 동사에 알맞은 주어(인칭대명사)를 빈칸에 채우세요. MP3 012

❶ Hallo Marie. Woher kommst ________?

– ________ komme aus London.

❷ Hallo Marius, hallo Jana. Wo wohnt ________?

– ________ wohnen in Berlin.

❸ Guten Morgen, Frau Taylor. Woher kommen ________?

– ________ komme aus New York.

❹ Guten Tag. Wie heißt ________?

– ________ heiße Julia Schwarz.

6 다음을 읽고 동사에 알맞은 주어(인칭대명사)를 빈칸에 채우세요.

❶ ________ gehe alleine spazieren.

❷ Petra und Jasmin sind beste Freunde. ________ gehen zur Schule.

❸ Jan und Julia, wohin geht ________?

❹ Herr Schwarz und Frau Schmidt, was machen ________?

연습문제 정답 **1** ❶ schwimmst / schwimmen ❷ verkaufst / verkauft / verkaufen ❸ liebe / lieben / liebt ❹ rufe / rufst / ruft **2** ❶ gehst / gehen ❷ machen / Macht / Machst **3** ❷ lernt ❸ Kaufst ❹ kommen ❺ gehe **4** ❷ studiert / studiert 또는 studieren / studieren ❸ kommst / komme ❹ wohnst / wohne ❺ backt / backt **5** ❶ du / Ich ❷ ihr / Wir ❸ Sie / Ich ❹ du / Ich **6** ❶ Ich ❷ Sie ❸ ihr ❹ Sie

02 현재형: 규칙 변화 2
Regelmäßige Verben im Präsens 2

규칙 변화하지만, 발음상의 이유로 어미가 조금 다르게 변화하기 때문에 주의해야 하는 규칙 동사를 살펴봅니다.

동사 현재형 어미변화(규칙 변화) 2

	arbeiten *-t,-d	atmen *-m,-n	heißen *-s,-ß,-z	ändern *-er	sammeln *-el
ich	arbeit-e	atm-e	heiß-e	änd(e)r-e	samm(e)l-e
du	arbeit-est	atm-est	heiß-t *s탈락	änder-st	sammel-st
er/sie/es	arbeit-et	atm-et	heiß-t	änder-t	sammel-t
wir	arbeit-en	atm-en	heiß-en	änder-n	sammel-n
ihr	arbeit-et	atm-et	heiß-t	änder-t	sammel-t
sie/Sie	arbeit-en	atm-en	heiß-en	änder-n	sammel-n

- 어간의 끝이 –t, -d, -m, -n으로 끝나는 동사들은 발음상의 이유로 e가 삽입 혹은 탈락됩니다. 단, 음절이 구분되어 발음에 어려움이 없는 경우에는 이 규칙이 적용되지 않습니다.
  - 예 Er arbeitt. (X) ➡ Er arbeitet. (O) / Sie atmt. (X) ➡ Sie atmet. (O) / Er kommet. (X) ➡ Er kommt. (O)
- 어간의 끝이 -ß로 끝나는 경우 어미가 -st일 때 s가 탈락됩니다.
  - 예 Du heißst Maria. (X) ➡ Du heißt Maria. (O)
- 어간의 끝이 -er, -el로 끝나는 동사들은 주어가 1인칭 단수일 때 어간의 e가 생략될 수 있습니다.

연습문제 ÜBUNGEN

1 다음을 읽고 알맞은 동사의 어미를 넣으세요. MP3 013

Jakob :	Hallo, Mina. Woher komm______ du?
Mina :	Ich komm______ aus Korea. Und du? Woher komm______ du?
Jakob :	Ich komm______ aus Frankreich. Das ist meine Freundin Sabrina.
	Sie komm______ aus Russland.
Mina :	Ach so, wo wohn______ ihr?
Jakob :	Wir wohn______ zusammen in der Winfriedstraße. Wo wohn______ du?
Mina :	Ich wohn______ in der Schlossstraße.
Frau Weiß :	Hallo! Ich bin die neue Deutschlehrerin. Ich heiß______ Katja Weiß.
Mina :	Guten Tag, Frau Weiß. Woher komm______ Sie?

Frau Weiß :	Ich komm ________	aus Deutschland.
Jakob :	Wo wohn ________	Sie?
Frau Weiß :	Ich wohn ________	in der Friedrichstraße.

2 다음을 읽고 알맞은 동사의 어미를 넣으세요.

Der Deutschkurs

Anita komm______ aus Peru. Sie koch______ sehr gern. Maya komm______ aus Russland. Sie geh______ gern spazieren. Leoni und Kristian komm______ aus Italien. Sie sprech______ Italienisch als Muttersprache. Yumi komm______ aus Korea. Sie hör______ gern Musik. Saki komm______ aus Japan. Sie tanz______ sehr gern. Yumi und Saki geh______ heute zusammen ins Kino.

3 동사의 어미에 주의하여 알맞은 문장이 되도록 알맞게 연결하세요.

❶ Ich	a. lernst Deutsch.
❷ Du	b. wohne in Berlin.
❸ Er	c. backen einen Kuchen.
❹ Wir	d. kommt aus Spanien.
❺ Ihr	e. heißt Peter.

4 주어진 동사를 어미변화하여 빈칸에 알맞게 넣으세요.

❶ Wir ____________ einen Vogel. (sehen)

❷ Der Mann ____________ ein Haus. (bauen)

❸ Wir ____________ hier. (sitzen)

❹ Du ____________ ins Bett. (gehen)

❺ Der Mann ____________ Noah. (heißen)

5 주어진 동사를 어미변화하여 빈칸에 알맞게 넣으세요.

❶ ____________ du, bitte? (warten)

❷ ____________ du die Tür, bitte? (öffnen)

❸ ____________ du deine Haare? (trocknen)

❹ ____________ du mit dem Computer? (rechnen)

❺ ____________ du nach Italien? (reisen)

연습문제 정답 1 st / e / st / e / t / t / en / st / e / e / en / e / en / e 2 t / t / t / t / en / en / t / t / t / t / en 3 ❶-b ❷-a ❸-e ❹-c ❺-d 4 ❶ sehen ❷ baut ❸ sitzen ❹ gehst ❺ heißt 5 ❶ Wartest ❷ Öffnest ❸ Trocknest ❹ Rechnest ❺ Reist

03 동사 sein과 haben의 현재형

Verben sein und haben im Präsens

sein과 haben 동사는 일반 동사(schlafen 잠자다, denken 생각하다, essen 먹다, …)의 기능뿐 아니라 문법적 구성 요소로서 과거형이나 수동태 등을 만들 때 사용하기도 합니다. 일반 동사의 기능 및 의미를 살펴봅니다.

sein과 haben의 현재형 어미변화 (불규칙 변화에 주의)

	sein ~이다, ~있다	haben ~를 가지다, 가지고 있다
ich	bin	habe
du	bist	hast
er/sie/es	ist	hat
wir	sind	haben
ihr	seid	habt
sie/Sie	sind	haben

- sein 동사는 '~이다'라는 의미로 명사(이름 포함) 또는 형용사 등과 결합하여 상태를 나타냅니다.
- haben 동사는 '~을 가지고 있다'라는 의미로 소유를 나타냅니다.

예 Ich bin Studentin. 나는 학생이다.
Ich habe einen Hund. 나는 개 한 마리 가지고 있다.

연습문제 ÜBUNGEN

1 다음 대화를 읽고 빈칸에 알맞은 형태의 sein 동사를 넣으세요. MP3 014

Laura :	Guten Tag. Wie ________ dein Name?
Patrick :	Mein Name ________ Patrick. Und du?
Laura :	Ich heiße Laura. ________ du neu hier?
Patrick :	Ja, ich ________ neu hier. ________ du Schülerin?
Laura :	Nein, ich ________ Studentin. Und du?
Patrick :	Ich ________ auch Student. Schön dich kennenzulernen.

2 다음을 읽고 빈칸에 알맞은 형태의 sein 동사를 넣으세요.

❶ Ich ____________ in Berlin.

❷ Du ____________ Schüler.

❸ Er ____________ Student.

❹ Ihr ____________ glücklich.

❺ Wir ____________ nett.

❻ Frau Kim ____________ schön.

3 빈칸에 sein 또는 haben 동사를 알맞게 넣으세요.

MP3 015

❶ ____________ du Wasser? – Nein, ich ____________ aber Orangensaft.

❷ Du ____________ glücklich. – Ja, ich ____________ sehr glücklich.

❸ ____________ du ein Handy? – Ja, ich ____________ ein Handy.

❹ Frau Risch ____________ sehr müde. – Warum ____________ sie müde?

❺ ____________ du verheiratet? – Nein, ich ____________ ledig.

4 다음을 읽고 빈칸에 sein 또는 haben 동사를 알맞게 넣으세요.

Das ____________ Lisa. Sie ____________ Studentin. Sie ____________ 22 Jahre alt. Lisa ____________ braune Augen. Sie ____________ einen Hund. Der Hund ____________ 4 Jahre alt. Er heißt Lilo. Lilo ____________ schwarze Augen. Lisa und Lilo wohnen zusammen. Lisa und Lilo ____________ sehr glücklich.

5 다음을 읽고 빈칸에 haben 동사를 알맞게 넣으세요.

❶ Wir ____________ ein neues Haus.

❷ Er ____________ drei Kinder.

❸ Ihr ____________ heute einen Schwimmkurs.

❹ Wie viel Geld ____________ du?

❺ ____________ du einen Laptop?

❻ Ich ____________ einen Hund.

❼ Was ____________ du?

❽ Ich ____________ wirklich keine Zeit.

연습문제 정답 **1** ist / ist / Bist / bin / Bist / bin / bin **2** ❶ bin ❷ bist ❸ ist ❹ seid ❺ sind ❻ ist **3** ❶ Hast / habe ❷ bist / bin ❸ Hast / habe ❹ ist / ist ❺ Bist / bin **4** ist / ist / ist / hat / hat / ist / hat / sind **5** ❶ haben ❷ hat ❸ habt ❹ hast ❺ Hast ❻ habe ❼ hast ❽ habe

04 현재형: 불규칙 변화 1
Unregelmäßige Verben im Präsens 1

동사가 주어에 따라 어미변화할 때 정해진 규칙을 따르지 않는 예외적인 동사들이 있습니다. 이 장에서는 불규칙 동사 가운데 e 모음이 불규칙하게 변화하는 동사(e → i로 변화, e → ie로 변화)를 살펴봅니다.

동사 현재형 어미변화(불규칙 변화) 1

	e → i geben 주다	e → ie lesen 읽다
ich	gebe	lese
du	gibst	liest
er/sie/es	gibt	liest
wir	geben	lesen
ihr	gebt	lest
sie/Sie	geben	lesen
유형별 분류	helfen, essen, sprechen, treffen, treten …	sehen, stehlen, befehlen, empfehlen …

- 주어가 2인칭 단수이거나 3인칭 단수인 경우만 동사의 e 모음이 불규칙하게 변화합니다.
- 주어가 2인칭 단수(du)이고 동사의 어미변화가 -st로 이루어질 때, lies + st처럼 어간과 어미의 s가 겹칠 경우 어미의 s가 탈락됩니다.
- 주어가 복수일 경우 동사의 어미는 항상 규칙적으로 변화합니다. 앞으로 배우게 될 수많은 불규칙 동사들도 마찬가지입니다.
- 어간 역시 변형되는 경우도 있습니다. nehmen 동사는 다음과 같이 불규칙 변화합니다.

  예 ich nehme / du nimmst / er nimmt / wir nehmen / ihr nehmt / sie nehmen

연습문제 ÜBUNGEN

1 주어진 문장에서 동사의 원형을 빈칸에 적으세요.

❶ Du siehst. (sehen)

❷ Ihr lest. (______)

❸ Er isst. (______)

❹ Sie spricht. (______)

❺ Ihr trefft. (______)

❻ Er befiehlt. (______)

2 주어진 동사를 주어에 맞게 어미변화하여 적으세요.

❶ Er ___kauft___. (kaufen)

❷ Wir ______. (lesen)

❸ Du ______. (gehen)

❹ Er ______. (geben)

❺ Ich ______. (machen)

❻ Mario ______. (rennen)

3 다음을 읽고 주어진 동사를 알맞은 형태로 빈칸에 넣어 문장을 완성하세요.

MP3 016

Kellnerin:	Hallo, was ___nehmen___ (nehmen) Sie?
Jasmin:	Ich ______ (nehmen) zuerst eine Cola. Was ______ (nehmen) du, Lisa?
Lisa:	Ich trinke nichts. Ich ______ (essen) aber eine Pizza. Und du? Was ______ (essen) du?
Jasmin:	Hmm, dann ______ (nehmen) ich einen Hamburger.
Kellnerin:	Alles klar!
Lisa:	Jasmin, was ______ (lesen) du denn eigentlich?
Jasmin:	Das ist ein Buch über einen Dieb. Der Dieb ______ (stehlen) ein Auto.
Lisa:	______ (geben) du mir das Buch kurz?
Jasmin:	Okay, ich ______ (geben) es dir kurz.

4 주어진 동사를 알맞은 형태로 빈칸에 넣으세요.

❶ Markus ___liest___ ein Buch. (lesen)

❷ Wir ______ die Pizza zusammen. (essen)

❸ Ich ______ euch einen Film. (empfehlen)

❹ Er ______ sehr laut. (sprechen)

❺ Herr Park ______ Frau Risch. (treffen)

❻ Ich ______ das. (nehmen)

❼ ______ du den Vogel? (sehen)

❽ ______ du mir, bitte? (helfen)

❾ Der Dieb ______ den Ring. (stehlen)

연습문제 정답 1 ❷lesen ❸essen ❹sprechen ❺treffen ❻befehlen 2 ❷lesen ❸gehst ❹gibt ❺mache ❻rennt 3 nehme / nimmst / esse / isst / nehme / liest / stiehlt / Gibst / gebe 4 ❷essen ❸empfehle ❹spricht ❺trifft ❻nehme ❼Siehst ❽Hilfst ❾ stiehlt

05 현재형: 불규칙 변화 2
Unregelmäßige Verben im Präsens 2

모음이 a → ä, au → äu, o → ö 형태로 불규칙하게 변화하는 동사를 배웁니다.

동사 현재형 어미변화(불규칙 변화) 2

	a → ä fahren (차로) 가다	au → äu laufen 달리다	o → ö stoßen 부딪치다
ich	fahre	laufe	stoße
du	fährst	läufst	stößt
er/sie/es	fährt	läuft	stößt
wir	fahren	laufen	stoßen
ihr	fahrt	lauft	stoßt
sie/Sie	fahren	laufen	stoßen
유형별 분류	fallen, schlafen, tragen, wachsen, waschen, lassen …	saufen, …	

그 외 불규칙 변화 동사: mögen, wissen, halten

	mögen 좋아하다	wissen 알다	halten 붙잡다
ich	mag	weiß	halte
du	magst	weißt	hältst
er/sie/es	mag	weiß	hält
wir	mögen	wissen	halten
ihr	mögt	wisst	haltet
sie/Sie	mögen	wissen	halten

연습문제 ÜBUNGEN

1 주어를 잘 보고 주어진 동사의 어미변화를 하여 빈칸에 채우세요.

❶ laufen

ich laufe

du ______

wir ______

❷ schlafen

du ______

er ______

wir ______

❸ tragen

ich ______

es ______

ihr ______

❹ wissen

ich ______

du ______

ihr ______

2 주어진 동사를 알맞은 형태로 바꾸어 빈칸에 적으세요.

MP3 017

❶ Fährst du heute nach Seoul? (fahren)

❷ Warum ______ du so schnell? (laufen)

❸ Kristin ______ früh. (schlafen)

❹ Das Handy ______ mir. (gefallen)

❺ Die Blume ______ schnell. (wachsen)

❻ ______ du dein Auto? (waschen)

3 다음을 읽고 알맞은 동사를 고른 후 어미변화하여 빈칸에 넣으세요.

MP3 018

lesen, ~~fahren~~, treffen, kaufen, haben, machen, kommen, gefallen

Liebe Jina,

Mario fährt schon im Juli nach Berlin. Wir ______ morgen eine Abschiedsparty. Mario ______ gerne Bücher. Wir ______ eine Idee. Wir ______ zusammen ein Buch für Mario. Hoffentlich ______ ihm das Buch. ______ du bitte morgen um 10 Uhr ins Kaufhaus Galleria? Wir ______ uns dort.

4 다음 동사들을 아래 불규칙 동사 유형표에 따라 분류하세요.

~~essen, schlafen, sehen~~, waschen, vergessen, fallen, geben, wachsen, treffen, lesen, sprechen, brechen, stehlen, fahren, sterben, werfen

a→ä	e→i	e→ie
schlafen	essen	sehen

연습문제 정답 1 ❶ läufst / laufen ❷ schläfst / schläft / schlafen ❸ trage / trägt / tragt ❹ weiß / weißt / wisst 2 ❷ läufst ❸ schläft ❹ gefällt ❺ wächst ❻ Wäschst 3 machen/liest/haben/kaufen/gefällt/Kommst/treffen 4 a→ä: schlafen/waschen/fallen/wachsen/fahren e→i: essen/vergessen/geben/treffen/sprechen/brechen/sterben/werfen e→ie: sehen/lesen/stehlen

06 화법조동사의 현재형
Modalverben im Präsens

화법조동사는 일반 동사와 함께 쓰여 그 뜻을 보조해주는 역할을 합니다. 이 장에서는 화법조동사의 종류와 각 동사별 현재형 어미변화 형태 및 화법조동사를 활용한 문장 순서에 대해 알아봅니다.

화법조동사의 현재형 어미변화

	können ~할 수 있다	wollen ~하려 한다	möchten ~을 원하다	müssen ~해야 한다	dürfen ~해도 좋다	sollen ~해야 한다
ich	kann	will	möchte	muss	darf	soll
du	kannst	willst	möchtest	musst	darfst	sollst
er/sie/es	kann	will	möchte	muss	darf	soll
wir	**können**	**wollen**	**möchten**	**müssen**	**dürfen**	**sollen**
ihr	**könnt**	**wollt**	**möchtet**	**müsst**	**dürft**	**sollt**
sie/Sie	**können**	**wollen**	**möchten**	**müssen**	**dürfen**	**sollen**

화법조동사가 포함된 문장의 순서

	화법조동사 (문장 두번째 위치)		일반 동사 (문장 가장 뒤에 위치)	의미
Ich	muss	**um 8 Uhr**	aufstehen.	나는 8시에 일어나야 한다.
Du	willst	**Deutsch**	lernen.	너는 독일어를 배우려 한다.
Markus	darf	**Fußball**	spielen.	Markus는 축구를 해도 된다. (허락된다.)
Julia und ich (wir)	können	**gut**	schwimmen.	Julia와 나(우리)는 수영을 잘 할 수 있다.
Ihr	sollt	**Hausaufgaben**	machen.	너희는 숙제를 해야 한다.
Die Kinder (sie)	möchten	**Kuchen**	essen.	그 아이들(그들)은 케이크를 먹고 싶어 한다.

• 화법조동사와 일반 동사가 함께 쓰일 때, 동사의 어미변화는 조동사에만 적용되며 일반 동사는 동사 원형으로 문장 끝에 써줍니다.

연습문제 ÜBUNGEN

1 주어진 화법조동사를 주어에 유의하여 빈칸에 알맞게 쓰세요.

❶ können MP3 019

Fabian : Ich kann sehr gut Geige spielen!

Michael : ______ du auch Klavier spielen? Ich und mein Bruder ______ gut Klavier spielen.

Fabian : Ihr ______ Klavier spielen? Ich denke, ich ______ viel besser Klavier spielen.

Michael : Mein Bruder ______ auch gut singen.

Fabian : Oh, leider ______ ich nicht so gut singen.

❷ wollen MP3 020

Sabine : Hey, wollt ihr nicht nach Hause gehen? Ich bin müde.

Laura : Ich ______ noch tanzen. Und du, Maria?

Maria : Ich ______ noch ein bisschen trinken. ______ du schon nach Hause gehen, Sabine?

Sabine : Ja, ich ______ nach Hause gehen. Also, ihr ______ dann noch bleiben?

Laura und Maria : Ja, wir ______ noch bleiben.

❸ möchten MP3 021

Vater : Mein Schatz, was möchtest du essen?

Kai : Ich ______ eine Pizza.

Vater : Gut. Was ______ dein Bruder?

Kai : Er ______ nur ein Brot.

Vater : Okay, ______ ihr nicht etwas trinken?

Kai : Wir ______ Cola trinken.

❹ müssen

MP3 022

Frau Lentz : Heute ist Sonntag. Alle __müssen__ zusammen die Wohnung putzen. Anne, du ________ dein Zimmer aufräumen. Markus, du ________ den Hund füttern.

Anne : Warum ________ wir die Wohnung putzen? Was macht Papa? Papa ________ die Wohnung putzen!

Markus : Ja, Anne hat Recht! Anne und ich ________ Hausaufgaben machen!

Frau Lentz : Papa ________ das Auto putzen und ihr ________ die Wohnung putzen. Das ist doch fair, oder?

❺ dürfen

MP3 023

Peter : Mama, __darf__ ich Computer spielen?

Mutter : Nein, das ________ du nicht. Du machst zuerst deine Hausaufgaben. Dann ________ du Computer spielen.

Peter : Oh, nein. ________ Julia Computer spielen?

Mutter : Nein, ihr ________ nicht Computer spielen. Julia muss auch zuerst Hausaufgaben machen.

Peter : Na, gut. Hey, Julia. Wir ________ beide nicht Computer spielen.

❻ sollen

MP3 024

Frau Jung : Kinder, ihr __sollt__ morgen früh zur Schule kommen, okay? Morgen machen wir einen Ausflug.

Mina : Frau Jung, ________ wir auch etwas zu essen mitbringen?

Frau Jung : Ja, ihr ________ das nicht vergessen. Ihr ________ morgen früh mit euren Eltern zur Schule kommen. Eure Eltern ________ euch begleiten.

Sascha : Ja, okay.

연습문제 정답 1 ❶ Kannst / können / könnt / kann / kann / kann ❷ will / will / Willst / will / wollt / wollen ❸ möchte / möchte / möchte / möchtet / möchten ❹ musst / musst / müssen / muss / müssen / muss / müsst ❺ darfst / darfst / Darf / dürft / dürfen ❻ sollen / sollt / sollt / sollen

07 화법조동사의 의미
Bedeutung der Modalverben

화법조동사의 심화된 뜻과 그에 따른 활용을 배웁니다.

화법조동사의 의미

화법조동사	의미	예시
können	기회, 가능성, 능력	Wir können heute spazieren gehen.
	허락	Hier kannst du rauchen.
wollen	계획, 희망, 의지	Ich will Urlaub machen.
möchten	희망, 예의, 부탁	Ich möchte einen Apfelsaft, bitte.
müssen	필연, 강요, 강제	Ich muss nach Hause gehen.
	할 필요가 없음(nicht müssen)	Du musst nicht früh aufstehen.
dürfen	허락	Du darfst Computer spielen.
	금지(nicht dürfen)	Du darfst nicht Computer spielen.
sollen	제3자의 지시, 당위성, 도덕적 의무	Meine Mutter sagt, ich soll Hausaufgaben machen.
	제안(의문문에서 사용)	Soll ich dir helfen?

- 화법조동사가 항상 일반 동사와 함께 쓰이는 것은 아닙니다.
  - 예 Ich möchte einen Apfelsaft (trinken), bitte.

연습문제 ÜBUNGEN

1 다음을 읽고 müssen, möchten, können 중 알맞은 화법조동사를 넣으세요. MP3 025

Das ist Sarah Haupt. Sarah ist 28 Jahre alt. Sie mag Korea. Sie __möchte__ in Korea Urlaub machen.
Sie __________ kein Koreanisch. Sie __________ zuerst Koreanisch lernen.
Sie hat einen Bruder. Der Bruder heißt Marius Haupt. Marius ist 10 Jahre alt.
Er __________ auch nach Korea fliegen. Er __________ auch kein Koreanisch.
Er __________ auch in die Sprachschule gehen. Aber er __________ jeden Tag zur Schule gehen.

2 아래 빈칸에 화법조동사 sollen을 알맞은 형태로 넣으세요.

❶ Du __sollst__ aufpassen!

❷ Er __________ jetzt die Hausaufgaben machen!

❸ Emma ________ zuerst das Studium fertig machen!

❹ Der Arzt sagt, ich ________ zu Hause bleiben.

❺ Wir ________ früh nach Hause gehen.

3 **다음 그림을 보고 의미에 알맞게 dürfen 혹은 müssen을 넣어 문장을 완성하세요.**

❶  Hier ___darf___ man nicht rauchen.

❷  Hier ________ man parken.

❸  Hier ________ man Fahrrad fahren.

❹  Hier ________ man nach rechts fahren.

❺  Hier ________ man langsam fahren.

4 **화법조동사 möchten 또는 wollen을 넣어 문장을 완성하세요.** MP3 026

❶ Guten Tag, was ___möchten___ Sie bestellen?

– Ich ___möchte___ ein Glas Wasser, bitte.

❷ Am Wochenende ________ wir Max zum Eis einladen.

❸ Was nehmen Sie?

– Ich ________ 500g Schinken, bitte.

❹ Die Party ist jetzt zu Ende. Alle ________ nach Hause gehen.

❺ Entschuldigung, wir ________ noch zwei Bier, bitte.

5 **nicht에 유의하여 화법조동사 dürfen 혹은 müssen을 빈칸에 넣으세요.** MP3 027

❶ Muss ich zur Bibliothek gehen?

– Nein, du ___musst___ nicht zur Bibliothek gehen.

❷ Darf ich hier rauchen?

– Nein, du ________ nicht hier rauchen. Hier ist Rauchverbot.

❸ Muss Jana allein zum Bahnhof gehen?

– Nein, sie ________ nicht allein zum Bahnhof gehen.

❹ Darf Jana heute bei mir übernachten?

– Nein, sie ________ nicht hier übernachten. Sie muss nach Hause gehen.

❺ Müssen koreanische Schüler eine Uniform tragen?

– Nein, sie ________ keine Uniform tragen.

연습문제 정답 **1** kann / möchte / möchte / kann / möchte / muss **2** ❷ soll ❸ soll ❹ soll ❺ sollen **3** darf / darf / muss / muss **4** ❷ wollen(möchten) ❸ möchte ❹ möchten(wollen) ❺ möchten **5** ❷ darfst ❸ muss ❹ darf ❺ müssen

08 분리동사
Trennbare Verben

분리동사란 동사 앞에 전철(Präfix)이 붙어 동사의 의미가 확장되는 동사로, 붙여진 전철이 문장 안에서 분리되어 사용될 수 있는 동사를 가리킵니다. 전철은 접두사라고도 하며, 분리된다는 점에서 분리전철이라고도 합니다.

분리동사의 형태

동사	전철 + 동사	의미	예시
fahren (차로) 가다	abfahren	출발하다	Ich fahre morgen ab. 난 내일 출발한다.
kommen 오다	ankommen	도착하다	Der Zug kommt spät an. 그 기차가 늦게 도착한다.
rufen 부르다	anrufen	전화하다	Er ruft mich an. 그는 나에게 전화한다.
machen 하다	aufmachen	열다	Sie kann die Tür nicht aufmachen. 그녀는 그 문을 열 수 없다.

분리동사가 포함된 문장의 순서

평서문	Der Bus	kommt	bald	an.
의문문 1	Kommt	er	um 7 Uhr	an?
의문문 2	Wann	kommt	der Zug	an?
화법조동사+분리동사	Sie	muss	in Berlin	ankommen.

• 문장 안에서 분리전철은 문장의 맨 끝에 위치합니다.

• 화법조동사와 함께 쓰이는 경우 일반 동사인 분리동사는 문장 제일 뒤에 동사 원형의 형태로 위치합니다.

전철(Präfix)의 종류	
ab-	um-
an-	vor-
auf-	weg-
aus-	weiter-
ein-	zu-
fern-	zurück-
her-	mit-
	⋮

연습문제 ÜBUNGEN

1 주어진 동사를 다음 문장의 빈칸에 알맞게 넣으세요.

❶ ankommen: Ich komme morgen in Berlin an.

❷ abfahren: Der Bus ________ bald ________.

❸ losfahren: Wir ________ um 3 Uhr ________.

❹ anrufen: Wann ________ du mich ________?

❺ aufstehen: Er ________ immer früh ________.

2 다음 문장의 밑줄 친 부분을 바르게 고쳐주세요.

❶ Hallo, zusammen! Geht ihr ins Kino? Ich mitkomme auch!

➡ Ich komme auch mit !

❷ Gehen wir jetzt los? Der Film anfängt um 4 Uhr.

➡ ______

❸ Siehst du? Das Baby einfach einschläft. Wie süß!

➡ ______

3 다음을 읽고 주어진 분리동사를 빈칸에 알맞은 형태로 넣으세요. MP3 028

❶ Herr Lee : Guten Tag, Frau Kim. Wann __fängt__ die Schau __an__ ?

Frau Kim : Guten Tag, Herr Lee. Die Schau ______ um 12 Uhr ______ . (anfangen)

❷ Tom : Hallo, Basti. Ich brauche mein Buch für meinen Deutschkurs. ______ du mir bitte das Buch ______ ? (zurückbringen)

Basti : Oh, sorry, Tom. Ich ______ dir das Buch morgen ______ . (wiederbringen)

❸ Julia : Hey, Thomas. Du ______ alles ______ (einpacken).

______ du heute aus deinem Zimmer ______ ? (ausziehen)

Thomas : Genau. Ich ______ heute in eine neue Wohnung ______ . (umziehen)

4 주어진 분리동사를 활용하여 올바른 문장으로 만드세요.

❶ aufmachen: er/ das Fenster. ➡ Er macht das Fenster auf.

❷ einkaufen: ich/ im Supermarkt. ➡ ______

❸ einsteigen: du/ in den Bus. ➡ ______

❹ aussteigen: er/ aus dem Zug. ➡ ______

5 대화를 읽고 빈칸에 알맞은 전철(Präfix)을 넣으세요. MP3 029

an . an, aus, ab ,auf, ein	
Marie :	Luis. Du siehst müde ______ .
Luis :	Ja, ich stehe jeden Tag sehr früh ______ .
Marie :	Wieso?
Luis :	Ich steige jeden Morgen in den Zug ______ .
Marie :	Ach so. Das klingt aber sehr anstrengend! Wann kommt der Zug ______ ?
Luis:	Der Zug kommt um 6 Uhr ______ und fährt immer pünktlich ______ .

연습문제 정답 **1** ❷ fährt, ab ❸ fahren, los ❹ rufst, an ❺ steht, auf **2** ❷ Der Film fängt um 4 Uhr an. ❸ Das Baby schläft einfach ein. **3** ❶ fängt, an ❷ Bringst, zurück– bringe, wieder ❸ packst, ein – Ziehst, aus – ziehe, um **4** ❷ Ich kaufe im Supermarkt ein. ❸ Du steigst in den Bus ein. ❹ Er steigt aus dem Zug aus. **5** aus, auf, ein, an, an, ab.

09 명령문
Imperativ

명령법은 상대에게 명령뿐 아니라 부탁이나 청원, 요청, 금지 및 권유 등을 할 때 사용합니다. 눈앞의 대상에 대한 명령이기 때문에 주어가 2인칭 단수 및 복수(존칭/비존칭)인 경우에만 표현할 수 있습니다.

명령문의 기본 형태

	대상	평서문(Aussagesatz)	명령문(Imperativ)
비존칭(informell)	너	Du kommst	Komm!
	너희들	Ihr kommt	Kommt!
존칭(formell)	당신(들)	Sie kommen	Kommen Sie!

- du/ihr에 대한 명령법은 주어를 생략합니다. du에 대한 명령법은 동사의 어미도 생략합니다.
- 존칭 Sie에대한 명령법은 Sie와 함께 쓰입니다. 문장의 순서가 의문문의 형태와 같습니다. 다만 억양은 달라집니다.

그 밖의 명령법 형태들

동사의 형태	동사 원형 (Infinitiv)	명령법(Imperativ)		
		비존칭(informell)		존칭(formell)
		du에게 명령	ihr에게 명령	Sie에게 명령
기본 형태	lernen	Lern!	Lernt!	Lernen Sie!
불규칙 동사 1 (e → i, e → ie)	nehmen sprechen	Nimm! Sprich!	Nehmt! Sprecht!	Nehmen Sie! Sprechen Sie!
불규칙 동사 2 (a → ä, au → äu, o → ö)	fahren laufen	Fahr! Lauf!	Fahrt! Lauft!	Fahren Sie! Laufen Sie!
분리동사의 경우	auf | stehen mit | bringen	Steh ··· auf! Bring ··· mit!	Steht ··· auf! Bringt ··· mit!	Stehen Sie ··· auf! Bringen Sie ··· mit!
sein 동사의 경우	sein	Sei!	Seid!	Seien Sie!
haben 동사의 경우	haben	Hab!	Habt!	Haben Sie!

- 동사 현재형이 e → i, e → ie형으로 불규칙인 경우, 불규칙 모음을 명령법에서 그대로 사용합니다. 반면 동사 현재형이 a → ä, au → äu, o → ö형으로 변모음(Umlaut)되는 불규칙인 경우, 명령법에서 변모음(Umlaut)를 제거하고 사용합니다.
- bitte를 함께 사용하여 공손한 표현을 만들 수 있습니다. 예 Mach das Fenster auf, bitte! 창문 좀 열어줘!
- mal, doch, schon, ruhig 등 불변화사로 뉘앙스를 가미할 수 있습니다.
  예 Mach mal deine Hausaufgaben! 숙제 좀 하지 그래!
- 오늘날 du에 대한 명령에서 e를 어미에 추가하는 경향이 있습니다(특히 어간이 -t나 -d로 끝나는 경우). 예 Wart! = Warte!

연습문제 ÜBUNGEN

1 제시된 동사를 활용하여 각 인칭에 맞는 명령문을 만드세요.

❶ gehen	du: Geh!	ihr: ______	Sie: ______
❷ hören	du: ______	ihr: ______	Sie: ______
❸ mitkommen	du: ______	ihr: ______	Sie: ______
❹ essen	du: ______	ihr: ______	Sie: ______
❺ arbeiten	du: ______	ihr: ______	Sie: ______

2 뮐러(Müller) 가족에게 3명의 아이가 있습니다. 그의 아이들에게 적절한 명령을 주어진 문장을 활용해 완성하세요.

❶ Wenn Paul sich waschen soll? – Paul, (bitte) wasch(e) dich!

❷ Wenn die Kinder kommen sollen? – Kinder, ______!

❸ Wenn sie ins Bett gehen sollen? – Kinder, ______!

❹ Wenn Elke abwaschen soll? – Elke, ______!

❺ Wenn Lisa in die Schule gehen soll? – Lisa, ______!

3 오늘 아침 고든(Gordon)이 받은 쪽지입니다. 적절한 동사를 찾아 빈칸을 알맞게 채우세요. MP3 030

warten telefonieren machen sein ~~öffnen~~ haben erklären kaufen

Mein Schatz, ich habe viel zu tun!

Bitte öffne die Post! Die Post ist wichtig. ______ nicht bis morgen, ______ es sofort!

Ganz wichtig:

Deine Schwester Julia hat morgen Geburtstag. ______ bitte Blumen und eine Flasche Sekt!

Ah – da ist noch etwas: ______ mit Herrn Huber in Hamburg, aber ______ vorsichtig, der Mann ist sehr kritisch. ______ Geduld und ______ ihm alles!

Bis später, Mama.

연습문제 정답 **1** ❶ Geht! / Gehen Sie! ❷ Hör(e)! / Hört! / Hören Sie! ❸ Komm mit! / Kommt mit! / Kommen Sie mit! ❹ Iss! / Esst! / Essen Sie! ❺ Arbeite! / Arbeitet! / Arbeiten Sie! **2** ❷ (bitte) kommt ❸ (bitte) geht ins Bett! ❹ (bitte) wasch(e) ab! ❺ (bitte)geh in die Schule **3** wart(e) / mach(e) / Kauf(e) / telefonier(e) / sei / Hab(e) / erklär(e)

10 의문문 1
Ja/Nein-Frage

독일어의 의문문은 의문사가 없는 의문문과 의문사를 사용한 의문문으로 나뉩니다. 이 장에서는 의문문의 종류를 배우며, 그중 의문사가 없는 의문문에 대해 배웁니다.

의문문의 종류

❶ 의문사가 없는 의문문(Fragesatz ohne Fragewort): Ja 혹은 Nein으로 대답할 수 있어 Ja/Nein-Frage라고도 합니다.

예 Sprechen Sie Deutsch? 당신은 독일어를 합니까?
Ja. / Nein. 예. / 아니오.

❷ 의문사를 사용한 의문문(Fragesatz mit Fragewort): 질문자가 요구한 정보를 서술식으로 답하게 되며, 의문사가 모두 W로 시작하므로 W-Fragen이라고 하기도 합니다.

예 Wo wohnen Sie? 당신은 어디에 삽니까?
Ich wohne in Berlin. 저는 베를린에 삽니다.

의문사가 없는 의문문 (Fragesatz ohne Fragewort)	대답 (Antwort)	의문사를 사용한 의문문 (Fragesatz mit Fragewort)	대답 (Antwort)
Heißen Sie Julia?	Ja, ich heiße Julia.	Wie heißen Sie?	Ich heiße Julia.
Ist er Martin?	Nein, er ist Max.	Wer ist er?	Er ist Martin.
Ist das ein Handy?	Ja, das ist ein Handy.	Was ist das?	Das ist ein Handy.
Wohnt ihr in Seoul?	Ja, wir wohnen in Seoul.	Wo wohnt ihr?	Wir wohnen in Seoul.
Kommt sie aus Korea?	Nein, sie kommt aus Japan.	Woher kommt sie?	Sie kommt aus Korea.
Kommst du morgen?	Ja, ich komme morgen.	Wann kommst du?	Ich komme morgen.

의문사가 없는 의문문 만들기

평서문	Sie	kommt	heute.
의문문	Kommt	sie	heute?
대답 (Ja / Nein)	Ja, (sie kommt heute). Nein, (sie kommt heute nicht).		

분리동사(Trennbare Verben)의 의문문

평서문	Sie	kommt	heute	mit.
의문문	Kommt	sie	heute	mit?
대답 (Ja / Nein)	Ja, (sie kommt heute mit). Nein, (sie kommt heute nicht mit).			

연습문제 ÜBUNGEN

1 **주어진 보기를 참조하여 빈칸에 알맞은 낱말을 넣으세요.** MP3 031

Frage: ___Kommen___ Sie aus Italien? (kommen)
Antwort: ___Nein___, ich komme aus Spanien.

❶ F: ________ du in Köln? (wohnen)
A: ________, ich wohne in Heidelberg.

❷ F: ________ Sie in Berlin? (studieren)
A: ________, ich studiere in Berlin.

❸ F: ________ ihr heute Spaghetti? (kochen)
A: ________, wir kochen heute Reis.

2 **질문에 대한 대답을 먼저 읽고 의문문을 만들어 대화를 완성하세요.** MP3 032

❶ ________________________________?
– Nein, ich spreche kein Französisch.

❷ ________________________________?
– Nein, ich bin keine Deutsche, ich bin Türkin.

❸ ________________________________?
– Ja, er ist Lehrer von Beruf.

❹ ________________________________?
– Ja, wir wohnen schon lange hier im Haus.

❺ ________________________________?
– Nein, sie hat keine Tochter.

3 **다음 대화를 읽고 Ja, Nein 혹은 주어진 동사를 변형하여 빈칸에 알맞게 채우세요.** MP3 033

Franzi : Anna, was machst du? ___Bist___ du gerade beschäftigt? (sein)
Anna : ❶ ________, ich ❷ ________ meine Hausaufgaben. (machen)
Franzi : ❸ ________ die Hausaufgaben schwierig? (sein)
Anna : ❹ ________, sie sind nicht so schwierig. Ich mache sie einfach.
Franzi : Gut. ❺ ________ du mir dann beim Saubermachen? (helfen)
Anna : ❻ ________, ich helfe dir gern. Apropos,
❼ ________ du mich bitte um 8 Uhr morgen? (wecken)

Franzi : Kein Problem, ich stehe morgen früh auf. ❽ ____________ du auf dem Sofa oder im Bett? (schlafen)

Anna : Ich ❾ ____________ heute im Bett. (schlafen)

4 다음 보기 중 알맞은 단어를 골라 질문과 대답을 완성하세요. MP3 034

Frage : lesen / ~~backen~~ / telefonieren / ~~träumen~~ / ~~arbeiten~~

Antwort : oft / Pizza / ~~gerade~~ / eine Zeitschrift / mit Sarah

Arbeiten Sie gerade? – Ja, ich arbeite.

❶ Backen Sie ____________? – Ja, ____________.

❷ ____________? – ____________, ich lese ein Buch.

❸ ____________? – ____________, ich telefoniere mit Sarah.

❹ Träumen ____________? – Nein, ____________.

연습문제 정답

1 ❶ Wohnst, Nein ❷ Studieren, Ja ❸ Kocht, Nein **2** ❶ Sprechen Sie Französisch? 또는 Sprichst du Französisch? ❷ Sind Sie Deutsche? 또는 Bist du Deutsche? ❸ Ist er Lehrer von Beruf? ❹ Wohnt ihr im Haus? ❺ Hat sie eine Tochter? **3** ❶ Ja ❷ mache ❸ Sind ❹ Nein ❺ Hilfst ❻ Ja ❼ weckst ❽ Schläfst ❾ schlafe **4** ❶ Backen Sie Pizza?, ich backe Pizza. ❷ Lesen Sie eine Zeitschrift?, Nein ❸ Telefonieren Sie mit Sarah?, Ja ❹ Träumen Sie oft?, ich träume nicht oft.

11 의문문 2
W-Fragen

의문사(wie, wer, was, wo, woher, wohin, wann…)를 사용한 의문문에 대해 배웁니다.

의문사를 사용한 의문문 만들기

질문(Frage)			대답(Antwort)
의문사(Fragewort)	동사(Verb)	주어(Subjekt)	
Wie	heißen	Sie?	Ich heiße Julia.
Wie alt	sind	Sie?	Ich bin 30 Jahre alt.
Wer	ist	er?	Er ist Martin.
Was	ist	das?	Das ist ein Handy.
Wo	wohnt	ihr?	Wir wohnen in Frankfurt.
Woher	kommt	sie?	Sie kommt aus Korea.
Wohin	fahren	wir?	Wir fahren nach Berlin.
Wann	kommst	du?	Ich komme morgen.

- 의문사는 항상 문장의 첫머리에 위치합니다.
- 의문사 wie의 경우, 형용사와 함께 쓰여 얼마나 오래(wie lange) / 얼마나 오래된(wie alt) / 얼마나 많이(wie viel) 등 다양한 형태로 확장될 수 있습니다.

  예 Wie ist das Wetter? 날씨가 어떤가요?
  Wie kalt ist es? 얼마나 춥나요?
  Wie groß ist Ihr Haus? 당신의 집은 얼마나 큰가요?
  Wie lange lernen Sie am Tag? 하루에 얼마나 오래 공부하나요?

장소의 의문사 Wo, Woher, Wohin

Wo? 어디	Woher? 어디에서	Wohin? 어디로
Wo wohnen Sie? 어디에 사시나요? – Ich wohne in Hannover. 저는 하노버에 삽니다.	Woher kommen Sie? 어디에서 오셨나요? – Ich komme aus Korea. 저는 한국에서 왔습니다.	Wohin fahren Sie? 어디로 가시나요? – Ich fahre nach Berlin. 저는 베를린으로 갑니다.

연습문제 ÜBUNGEN

1 다음 문장의 빈칸에 알맞은 의문사 및 동사를 넣으세요.　MP3 035

❶ __________ kommen Sie? – Ich __________ aus China.

❷ __________ heißt sie? – Sie __________ Maria.

❸ __________ sitzt du? – Ich __________ im Kino.

❹ __________ arbeitest du? – Ich __________ von Montag bis Freitag.

❺ __________ trifft Mia ihre Freunde? – Sie __________ ihre Freunde im Café.

2 다음 단어들을 알맞은 순서대로 배열하여 의문문을 만드세요.

❶ wie / Sie / heißen ➡ ______________________________?

❷ von Beruf / was / Sie / sind ➡ ______________________________?

❸ geht / ihr / wann / ins Bett ➡ ______________________________?

❹ wir / essen / was / am Morgen ➡ ______________________________?

❺ schnell / wie / du / läufst ➡ ______________________________?

3 다음 대화를 읽고 빈칸에 알맞은 의문사를 넣으세요.　MP3 036

Rudi : Guten Tag, mein Name ist Rudi. Und ❶ __________ heißen Sie?

Gisela : Gisela. Ich komme aus Passau und ❷ __________ kommen Sie?

Rudi : Ich komme aus Ulm, aber jetzt wohne ich in München. Und Sie? ❸ __________ wohnen Sie?

Gisela : Auch in München.

Rudi : Und ❹ __________ ist das?

Gisela : Das ist Daniel, mein Sohn.

Rudi : ❺ __________ alt ist er?

Gisela : 5 Jahre.

4 보기에서 알맞은 단어 및 구문을 골라 각 질문에 대한 대답을 완성하세요.　MP3 037

19 Jahre alt / in Bremen / Teresa / arbeitet im Theater / geht in die Schule

❶ Wie heißt die Person? – ______________________________

❷ Wie alt ist die Person? – ______________________________

❸ Wohin geht die Person? – ______________________________

❹ Was macht die Person? – ______________________________

❺ Wo wohnt die Person? – ______________________________

5 보기와 같이 각 대답에 대한 적절한 의문문을 만들어 대화를 완성하세요.

MP3 038

Was lernen Sie?	– Ich lerne Deutsch.

❶ ____________________? – Ich gehe um 9 Uhr ins Kino.

❷ ____________________? – Ich lese einen Roman von Paul Auster.

❸ ____________________? – Klaus kommt mit.

❹ ____________________? – Ich schlafe meistens sieben Stunden.

연습문제 정답 1 ❶ Woher - komme ❷ Wie - heißt ❸ Wo - sitze ❹ Wann - arbeite ❺ Wo - trifft 2 ❶ Wie heißen Sie? ❷ Was sind Sie von Beruf? ❸ Wann geht ihr ins Bett? ❹ Was essen wir am Morgen? ❺ Wie schnell läufst du? 3 ❶ wie ❷ woher ❸ Wo ❹ wer ❺ Wie 4 ❶ Sie heißt Teresa. ❷ Sie ist 19 Jahre alt. ❸ Sie geht in die Schule. ❹ Sie arbeitet im Theater. ❺ Sie wohnt in Bremen. 5 ❶ Wann gehen Sie ins Kino? ❷ Was lesen Sie? ❸ Wer kommt mit? ❹ Wie lange schlafen Sie?

12 부정의문문의 긍정 Doch

Doch als Antwort auf negative Fragen

지금까지 의문사가 없는 의문문에 대한 답변으로 Ja와 Nein을 배웠습니다. 그러나 의문문이 부정문인 경우(즉, nicht 등을 통해 부정적인 질문을 할 경우) Ja는 사용할 수 없으며, Nein과 Doch만 사용할 수 있습니다.

의문사가 없는 의문문에 대한 대답 3종류: Ja, Nein 그리고 Doch

Ja/Nein 의문문		대답(Antwort)
긍정의문문	Kochst du? 너 요리하니?	**Ja** (ich koche). 응 (나 요리해)
		Nein (ich koche nicht). 아니 (나 요리하지 않아)
부정의문문	Kochst du nicht gern? 너 요리하는 거 좋아하지 않니?	**Doch** (ich koche gern). 그럼! (나 요리하는 거 좋아해)
		Nein (ich koche nicht gern). 아니 (나 요리하는 거 안 좋아해)

- 부정의문문에서는 Ja를 사용하지 않습니다. 대신 Doch를 사용하는데, 이는 앞선 질문을 뒤엎고 이어지는 답변을 긍정으로 바꿉니다. 다음 두 대화를 비교해보세요.
  - 예 Kommst du heute mit? 너 오늘 같이 갈래? –Ja. (온다는 뜻)
  - Kommst du heute nicht mit? 너 오늘 같이 안 갈래? –Doch. (온다는 뜻)
- Nein bleibt nein! Nein은 Nein입니다. 긍정의문문이든 부정의문문이든, Nein으로 답하면 Nein이 이끄는 문장은 항상 부정적인 답변을 이끌게 됩니다.
  - 예 Wohnst du in Frankfurt? 너 프랑크푸르트에 살아? –Nein. (프랑크푸르트에 살지 않는다는 뜻)
  - Wohnst du nicht in Frankfurt? 너 프랑크푸르트에 안 살아? –Nein. (프랑크푸르트에 살지 않는다는 뜻)

연습문제 ÜBUNGEN

1 Ja, Nein, Doch 중 맞는 답을 찾아 빈칸을 채우세요. MP3 039

❶ Nimmst du deine Tasche mit? – ________, hier ist sie.
❷ Möchtest du in die Bibliothek gehen? – ________, ich möchte.
❸ Möchtest du nicht ins Kino gehen? – ________, ich möchte.
❹ Hast du ein Handy? – ________, natürlich.
❺ Trinkst du heute einen Kaffee? – ________, ich trinke lieber Tee.
❻ Hast du keine Kinder? – ________, sogar vier.
❼ Hast du Geschwister? – ________, einen Bruder und zwei Schwestern.

2 질문과 답변을 올바르게 연결하세요.

❶ Lernen Sie Deutsch?
❷ Kommen Sie nicht zur Party?
❸ Spielen Sie ein Musikinstrument?
❹ Wohnen Sie nicht in München?
❺ Sind Sie Herr Maier?

a. Doch, aber ein bisschen später.
b. Nein, leider nicht.
c. Nein, mein Name ist Westermann.
d. Ja, schon seit 2 Monaten.
e. Doch, schon seit 3 Jahren.

3 다음 지문을 잘 읽고 Ja, Nein, Doch를 사용하여 대답을 완성하세요. MP3 040

Marie wohnt in Bonn. Sie studiert Englisch und Italienisch an der Universität. Seit 3 Wochen arbeitet sie auch in einem Büro als Praktikantin. Aber sie hat hier noch keine Freunde. Sie kommt aus Dresden und ihr Freund wohnt in der Nähe von Dresden.

질문	대답
Wohnt sie nicht in Bonn?	➡ Doch (sie wohnt in Bonn).
❶ Wohnt sie in Berlin?	➡ ______________
❷ Spricht Marie Englisch?	➡ ______________
❸ Spricht sie kein Italienisch?	➡ ______________
❹ Arbeitet sie schon lange?	➡ ______________
❺ Hat sie viele Freunde bei der Arbeit?	➡ ______________
❻ Kommt sie aus Mainz?	➡ ______________

4 다음은 루카스(Lucas)와 소피아(Sophia)가 문자로 나눈 대화입니다. 빈칸에 알맞은 단어를 넣으세요. MP3 041

Lucas : Sophia, wo bist du?
Sophia : Ich bin in der Stadt.
Lucas : In der Stadt? Was machst du dort?
Sophia : Ich schaue mir einen Film an.
Lucas : Aber der Unterricht fängt um 1 Uhr an. Kommst du nicht?
Sophia : ❶ ____________, ich komme. Der Film endet um 11 Uhr.
Lucas : Aber kannst du deine Hausaufgabe erledigen?
Sophia : ❷ ____________, ich habe zu wenig Zeit.
Lucas : Ich kann dir helfen. Treffen wir uns früh und machen die Hausaufgabe zusammen?
Sophia : ❸ ____________, das wäre super! Danke, Lucas. :)

연습문제 정답 **1** ❶ Ja ❷ Ja ❸ Doch ❹ Ja ❺ Nein ❻ Doch ❼ Ja **2** ❶-d ❷-a ❸-b ❹-e ❺-c **3** ❶ Nein (sie wohnt nicht in Berlin) ❷ Ja (sie spricht Englisch) ❸ Doch (sie spricht Italienisch) ❹ Nein (sie arbeitet erst seit 3 Wochen) ❺ Nein (sie hat keine Freunde) ❻ Nein (sie kommt aus Dresden) **4** ❶ Doch ❷ Nein ❸ Ja

13 관사: 1격과 4격
Artikel: Nominativ und Akkusativ

모든 명사와 대명사는 문장 안에서 성(남성, 여성, 중성), 수(단수, 복수), 격(1,2,3,4격)을 가지고 활용됩니다. 특히 명사는 관사와 함께 쓰이는데, 이 관사를 통해 명사의 성, 수, 격이 표현됩니다. 이 장에서는 정관사, 부정관사 등에 대해 배우고 각 관사들의 1격(Nominativ) 및 4격(Akkusativ) 표현에 대해 배웁니다.

1격과 4격의 일차적인 의미

주어(Subjekt)	동사(Verb)	목적어(Objekt)
Der Junge 그 소년은	**liebt** 사랑한다	**das Mädchen** 그 소녀를
1격(Nominativ) = ~은/는		4격(Akkusativ) = ~을/를

- 1격은 주격이라고도 불리우며 각 문장에서 주어 역할을 합니다. 4격은 목적격으로 불리우며 목적어 역할을 합니다.

주의 각 격의 한국어 의미는 모든 동사 활용에서 적합하지 않을 수 있습니다. 예를 들어 동사 anrufen은 '–에게 전화하다'라는 의미이지만 독일어로 표현할 때 '–를'의 의미인 4격 목적어를 사용해야 합니다. 이렇게 한국어 의미와 다르게 활용되는 동사들은 따로 암기해 두어야 합니다.

예 Ich rufe das Mädchen an. 내가 그 소녀에게 전화할게.

정관사, 부정관사, kein 관사의 1격 및 4격 어미변화

		단수(Singular)			복수(Plural)
		남성(maskulin)	여성(feminin)	중성(neutral)	
1격 (Nominativ)	정관사	der Mann	die Frau	das Kind	die Kinder
	부정관사	ein Mann	eine Frau	ein Kind	Kinder
	kein 관사	kein Mann	keine Frau	kein Kind	keine Kinder
4격 (Akkusativ)	정관사	den Mann	die Frau	das Kind	die Kinder
	부정관사	einen Mann	eine Frau	ein Kind	Kinder
	kein 관사	keinen Mann	keine Frau	kein Kind	keine Kinder

- 정관사(Bestimmter Artikel)는 구체적으로 가리키는 대상이 있는 경우 사용됩니다. 부정관사(Unbestimmter Artikel)는 불특정한 대상을 가리키며 '하나의' 혹은 '어떠한' 등의 의미로 해석할 수 있습니다.

  예 Der Mann liebt eine Frau. 그 남자가 어떤 여자를 사랑한다.

- 부정관사의 복수에서는 관사를 쓰지 않음으로써 부정관사의 의미를 표현합니다.
- kein 관사(Negativer Artikel)는 부정관사를 부정(negativ)할 때 사용합니다.

  예 Hast du einen Hund? 너 개(한 마리) 가지고 있니?
  Nein, ich habe keinen Hund. 아니, 난 개 없어.

연습문제 ÜBUNGEN

1 다음을 읽고 빈칸에 알맞은 정관사를 넣으세요(괄호 안에 각 명사의 성 표기함).

Ich gehe ins Kaufhaus. Ich kaufe ________ Sofa(das), ________ Esstisch(der), ________ Computer(der), ________ Regenschirm(der), ________ Tasche(die), ________ Waschmaschine(die), ________ Lampe(die), ________ Glas (das), ________ Jacke(die), ________ Sonnenbrille(die), ________ Schuhe(Plural) und ________ Vase(die).

2 위와 동일한 문장입니다. 빈칸에 알맞은 부정관사를 넣으세요.

Ich gehe ins Kaufhaus. Ich kaufe ________ Sofa(das), ________ Esstisch(der), ________ Computer(der), ________ Regenschirm(der), ________ Tasche(die), ________ Waschmaschine(die), ________ Lampe(die), ________ Glas(das), ________ Jacke(die), ________ Sonnenbrille(die), ________ Schuhe(Plural) und ________ Vase(die).

3 아래 목록은 나딘(Nadine)이 가진 물건들입니다. 명사의 성에 유의하여 아래 질문에 대한 대답을 완성하세요.

MP3 042

das Auto/ das Bett / das Handy / das Motorrad / der Hut / der Mantel / der Vorhang

❶ Hat Nadine ein Auto? – Ja, sie hat ________ Auto.

❷ Hat Nadine eine Vase? – Nein, sie hat ________ Vase.

❸ Hat Nadine ein Handy? – Ja, sie hat ________ Handy.

❹ Hat Nadine einen Rucksack? – Nein, sie hat ________ Rucksack.

❺ Hat Nadine ein Motorrad? – Ja, sie hat ________ Motorrad.

❻ Hat Nadine einen Hut? – Ja, sie hat ________ Hut.

❼ Hat Nadine einen Mantel? – Ja, sie hat ________ Mantel.

❽ Hat Nadine einen Laptop? – Nein, sie hat ________ Laptop.

❾ Hat Nadine einen Vorhang? – Ja, sie hat ________ Vorhang.

❿ Hat Nadine einen Anzug? – Nein, sie hat ________ Anzug.

4 그림을 보고 문장에 알맞은 정관사 1격 혹은 4격을 채우세요.

der Fisch | die Frau | der Brief | das Gras | die Kuh | der Mann

❶ ________ Kuh isst ________ Gras. ________ Gras ist grün.

❷ ________ Mann schreibt ________ Brief. ________ Brief ist lang.

❸ ________ Frau isst ________ Fisch. ________ Fisch ist im Wasser.

❹ ________ Mann liebt ________ Frau. Aber ________ Frau liebt ________ Mann nicht.

5 다음 문장에서 4격에 해당하는 관사와 명사에 밑줄을 그으세요.

❶ Ich kaufe die Tische. Die Tische finde ich sehr schön.

❷ Die Meiers haben nur einen Sohn. Der Sohn ist sehr klug.

❸ Die Lehrerin liebt die Schüler. Die Schüler lieben die Lehrerin.

❹ Ich mag das Brot nicht. Das Brot schmeckt nicht gut.

❺ Mama, kaufst du mir die Puppe? Die Puppe ist hübsch.

연습문제 정답 **1** das / den / den / den / die / die / die / das / die / die / die / die **2** ein / einen / einen / einen / eine / eine / eine / ein / eine / eine / 없음 / eine **3** ❶ ein ❷ keine ❸ ein ❹ keinen ❺ ein ❻ einen ❼ einen ❽ keinen ❾ einen ❿ keinen **4** ❶ Die / das / Das ❷ Der / den / Der ❸ Die / den / Der ❹ Der / die / die / den **5** ❶ Ich kaufe die Tische. Die Tische finde ich sehr schön. ❷ Die Meiers haben nur einen Sohn. Der Sohn ist sehr klug. ❸ Die Lehrerin liebt die Schüler. Die Schüler lieben die Lehrerin. ❹ Ich mag das Brot nicht. Das Brot schmeckt nicht gut. ❺ Mama, kaufst du mir die Puppe? Die Puppe ist hübsch.

14 관사: 3격
Artikel: Dativ

3격(Dativ)의 일차적인 의미는 '~에게'입니다. 또한 전치사 mit 등과 결합하여 사용되거나, helfen처럼 항상 3격과 함께 사용하는 동사와 활용될 때 3격을 사용하게 됩니다.

3격의 일차적인 의미

주어(Subjekt)	동사(Verb)	목적어(Objekt)
Ich 나는	**helfe** 도움을 주다	**dem Kind** 그 아이에게
1격(Nominativ)		3격(Dativ)= ~에게

관사 1격, 3격, 4격의 어미변화

	남성(maskulin)	여성(feminin)	중성(neutral)	복수(Plural)
1격 (Nominativ)	der Mann	die Frau	das Kind	die Leute
	ein Mann	eine Frau	ein Kind	Leute
	kein Mann	keine Frau	kein Kind	keine Leute
3격 (Dativ)	dem Mann	der Frau	dem Kind	den Leuten
	einem Mann	einer Frau	einem Kind	Leuten
	keinem Mann	keiner Frau	keinem Kind	keinen Leuten
4격 (Akkusativ)	den Mann	die Frau	das Kind	die Leute
	einen Mann	eine Frau	ein Kind	Leute
	keinen Mann	keine Frau	kein Kind	keine Leute

- 3격과 4격은 전치사와 함께 쓰일 수 있습니다. 이때 의미는 각 관사의 일차적인 의미가 아닌 전치사의 의미를 따라가게 됩니다.
  - 예 mit dem Freund 그 친구와 함께 / in die Schule 학교 안으로
- 3격(Dativ)의 복수형은 어미에 -n이 붙습니다. 예외로 -s로 끝나는 명사는 -n을 붙이지 않습니다.
  - 예 Wir fahren mit zwei Autos. 우리는 차 두 대를 타고 간다.

연습문제 ÜBUNGEN

1 다음을 읽고 빈칸에 알맞은 정관사를 넣으세요.

❶ Ich fahre mit ____________ Auto nach Frankfurt.

❷ Du fährst mit ____________ U-Bahn in die Stadt.

❸ Er fährt mit ____________ Taxi nach Hause.

❹ Wir fahren mit ____________ Zug nach Berlin.

❺ Die Kinder fahren mit ____________ Bus zur Schule.

2 명사의 성에 유의하여 빈칸에 알맞은 부정관사를 넣으세요.

❶ Ich gehe mit ____________ Freundin ins Theater.

❷ Ich gehe mit ____________ Freund zur Schule.

❸ Ich fahre mit ____________ Freunden ins Kino.

❹ Ich fahre mit ____________ Frau zur Uni.

❺ Ich gehe mit ____________ Kollegin zur Arbeit.

❻ Ich gehe mit ____________ Lehrer zur Turnhalle.

❼ Ich fahre mit ____________ Mann nach Berlin.

❽ Ich fahre mit ____________ Mädchen zur Uni.

3 다음은 미나(Mina)에 대한 소개입니다. 명사의 성에 유의하여 3격 정관사 또는 부정관사의 어미를 넣으세요.

MP3 043

Mina ist eine Studentin. Sie ist so nett. Mina hilft heute d______ Eltern, ein______ Frau und ein______ Kind. Sie gratuliert zum Geburtstag d______ Freunden, d______ Freundinnen und d______ Eltern. Sie gibt d______ Kollegin und d______ Eltern ein Geschenk. Mina schenkt d______ Kindern Schokolade und d______ Lehrern Blumen.

4 다음은 필립(Phillip)에 대한 소개입니다. 명사의 성에 유의하여 알맞은 형태의 kein 관사의 어미를 넣으세요.

MP3 044

Phillip ist unfreundlich. Phillip hilft kein______ Freunden, kein______ Frau und kein______ Kindern. Er gratuliert auch kein______ Freundin zum Geburtstag. Er schenkt kein______ Lehrern Schokolade und Blumen. Er gibt kein______ Kellner und kein______ Kellnerin Trinkgeld. Er hat keine Freunde.

연습문제 정답 **1** ❶ dem ❷ der ❸ dem ❹ dem ❺ dem **2** ❶ einer ❷ einem ❸ x ❹ einer ❺ einer ❻ einem ❼ einem ❽ einem **3** en / er / em / en / en / en / er / en / en / en **4** en / er / en / er / en / em / er

15 복수의 형태
Pluralformen

명사의 복수 형태는 복잡하지만 크게 5가지 형태로 나눌 수 있습니다. 규칙의 형태는 기억하되, 모든 경우에 적용될 수 없으므로 명사를 암기할 때마다 복수 형태도 항상 함께 암기해야 합니다.

복수의 5가지 패턴

1	-(e)n	대부분의 여성 명사가 이에 해당됩니다. (die Lampe ➡ die Lampen)
		여성의 직업을 표현하는 경우 주의 (die Lehrerin ➡ die Lehrerinnen)
		N 변화 명사(남성/중성 명사)인 경우 (der Junge ➡ die Jungen)*
2	-e	대부분의 남성/중성 명사가 이에 해당됩니다. (der Tisch ➡ die Tische)
	¨e	변모음(Umlaut)이 되는 경우도 있습니다. (der Stuhl ➡ die Stühle)
3	-	-el, -er, -en, -chen, -lein으로 끝나는 남성/중성 명사 (der Computer ➡ die Computer)
	¨	변모음(Umlaut)이 되는 경우도 있습니다. (der Apfel ➡ die Äpfel)
4	-er	많은 중성 명사가 이에 해당됩니다. (das Kind ➡ die Kinder)
	¨er	변모음(Umlaut)이 되는 경우도 있습니다. (das Buch ➡ die Bücher)
5	-s	외래어(영어, 프랑스어 등)인 경우 (das Taxi ➡ die Taxis)
		약어인 경우 (der LKW ➡ die LKWs)

* N 변화 명사는 69장에서 자세히 다룹니다.

연습문제 ÜBUNGEN

1 다음 문장에서 사용된 모든 명사들을 예시와 같이 복수 형태로 바꾸세요.

Der Schüler schreibt ein Diktat. ➡ Die Schüler schreiben Diktate.

❶ Der Bruder kauft einen Computer. ➡ ____________

❷ Das Kind macht ein Experiment. ➡ ____________

❸ Der Lehrer macht das Experiment. ➡ ____________

❹ Der Student schreibt eine Prüfung. ➡ ____________

❺ Die Studentin schreibt eine Prüfung. ➡ ____________

❻ Der Vater repariert das Auto. ➡ ____________

❼ Der Mann hat das Buch. ➡ ____________

2 다음 질문에 대하여 예시와 같이 복수 형태로 만들어 답하세요. MP3 045

Der Apfel : Was ist das? - Das sind Äpfel.

❶ Der Baum : Was ist das? – ____________

❷ Der Stuhl : Was ist das? – ____________

❸ Das Haus : Was ist das? – ____________

❹ Der Kuchen : Was ist das? – ____________

❺ Das Brot : Was ist das? – ____________

❻ Der Orangensaft : Was ist das? – ____________

❼ Das Licht : Was ist das? – ____________

❽ Der Wasserkocher : Was ist das? – ____________

❾ Der Kugelschreiber : Was ist das? – ____________

❿ Die Flasche : Was ist das? – ____________

3 아래 복수 형태로 나와 있는 명사들을 예시와 같이 단수 형태로 바꾸세요.

Die Mäuse ➡ Die Maus

❶ Die Ohren ➡ ____________

❷ Die Köpfe ➡ ____________

❸ Die Handys ➡ ____________

❹ Die Armbanduhren ➡ ____________

❺ Die Bleistifte ➡ ____________

❻ Die Klausuren ➡ ____________

❼ Die Haltestellen ➡ ____________

❽ Die Wohnungen ➡ ____________

❾ Die Kinos ➡ ____________

❿ Die Haare ➡ ____________

연습문제 정답 **1** ❶ Die Brüder kaufen Computer. ❷ Die Kinder machen Experimente. ❸ Die Lehrer machen die Experimente. ❹ Die Studenten schreiben Prüfungen. ❺ Die Studentinnen schreiben Prüfungen. ❻ Die Väter reparieren die Autos. ❼ Die Männer haben die Bücher. **2** ❶ Das sind Bäume. ❷ Das sind Stühle. ❸ Das sind Häuser. ❹ Das sind Kuchen. ❺ Das sind Brote. ❻ Das sind Orangensäfte. ❼ Das sind Lichter. ❽ Das sind Wasserkocher. ❾ Das sind Kugelschreiber. ❿ Das sind Flaschen. **3** ❶ Das Ohr ❷ Der Kopf ❸ Das Handy ❹ Die Armbanduhr ❺ Der Bleistift ❻ Die Klausur ❼ Die Haltestelle ❽ Die Wohnung ❾ Das Kino ❿ Das Haar

16 위치를 나타내는 전치사
Wechselpräpositionen mit Dativ

위치를 나타내는 전치사(Wechselpräposition)는 3격(Dativ)과 4격(Akkusativ) 모두 사용이 가능합니다. 이 장에서는 이 전치사들이 3격과 함께 사용되어 동작이나 움직임이 없는 정지 상태를 나타내는 경우에 대해 배웁니다. 보통 의문사 wo에 대한 대답에 해당되는 경우이며, 동사 sein, liegen, sitzen, stehen, hängen 등과 잘 어울립니다.

3격과 함께 사용하여 위치를 나타내는 전치사들

전치사	의미	그림	예시
in	~안에		Das Handy ist in der Tasche. 휴대폰이 가방 안에 있다.
an	~에		Die Uhr hängt an der Wand. 시계가 벽에 걸려 있다.
auf	~위에 (붙어있는 경우)		Die Katze sitzt auf dem Stuhl. 고양이가 의자 위에 앉아 있다.
vor	~앞에		Das Mädchen ist vor dem Kino. 소녀가 영화관 앞에 있다.
hinter	~뒤에		Hinter dem Haus ist der Parkplatz. 집 뒤에 주차장이 있다.
über	~위에 (떨어져 있는 경우)		Die Lampe hängt über dem Tisch. 전등이 탁자 위에 걸려 있다.
unter	~아래에		Unter dem Tisch liegt die Tasche. 탁자 아래에 가방이 놓여 있다.
neben	~옆에	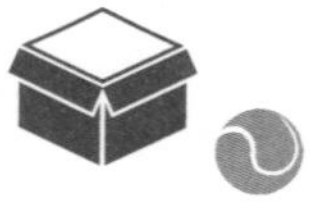	Der Schüler steht neben der Schülerin. 남학생이 여학생 옆에 서 있다.
zwischen	~사이에	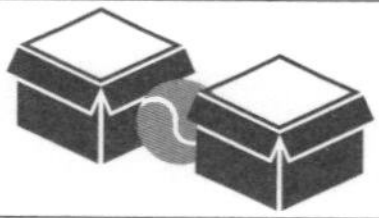	Zwischen zwei Häusern steht der Mann. 두 집 사이에 남자가 서 있다.

• 전치사와 정관사의 축약이 가능하며, 축약된 형태를 더 선호합니다. 예 in dem = im / an dem = am

연습문제 ÜBUNGEN

1 다음을 읽고 격에 유의하여 알맞은 관사 어미를 넣으세요. MP3 046

Maria wohnt in ein______ Wohnung in Berlin. Vor d______ Haus ist ein Supermarkt. In d______ Supermarkt kauft sie immer ein. Neben d______ Haus ist eine Bäckerei. In d______ Bäckerei kauft Maria immer frische Brote. Neben d______ Bäckerei ist ein Imbiss. Es stehen viele Autos vor d______ Bäckerei. Auf d______ Straße sind eine Apotheke, ein Friseur und auch ein Restaurant. Es gibt immer viele Gäste in d______ Restaurant.

2 다음을 읽고 격에 유의하여 in, an, auf 중 알맞은 전치사를 관사와 함께 넣으세요. MP3 047

❶ Wo sind die Tiere? – Die Tiere sind in dem (=im) Tierheim.
❷ Wo ist der Tisch? – Der Tisch ist ______ Fenster.
❸ Wo ist die Wasserflasche? – Die Wasserflasche ist ______ Kühlschrank.
❹ Wo ist das Bier? – Das Bier ist ______ Esstisch.
❺ Wo ist die Stehlampe? – Die Stehlampe ist ______ Teppich.
❻ Wo ist das Bild? – Das Bild ist ______ Wand.
❼ Wo ist das Auto? – Das Auto ist ______ Parkplatz.
❽ Wo ist die Katze? – Die Katze ist ______ Sofa.

3 다음 그림을 보고 적절한 전치사를 활용하여 알맞은 문장을 만드세요.

❶ das Regal/die Wand ➡ Das Regal ist an der Wand.
❷ der Computer/der Schreibtisch ➡ ______
❸ das Bild/die Wand ➡ ______
❹ der Stuhl/der Schreibtisch ➡ ______
❺ der Schreibtisch/der Boden ➡ ______
❻ die Bücher/das Regal ➡ ______
❼ das Fenster/das Regal ➡ ______

4 다음을 읽고 격에 유의하여 in, an, auf 중 알맞은 전치사를 관사와 함께 넣으세요.

❶ Meine Wohnung ist ____________ Erdgeschoss.

❷ Was steht denn ____________ Zettel auf dem Tisch?

❸ ____________ Seite 79 steht die Relativtheorie von Einstein.

❹ Ich bin gerade ____________ Telefon. Ich telefoniere gerade.

❺ Wir essen jetzt zu Abend. Wir sitzen alle ____________ Tisch.

연습문제 정답 **1** er / em / em / em / er / er / er / er / em **2** ❷ an dem (=am) ❸ in dem (=im) ❹ auf dem ❺ auf dem ❻ an der ❼ auf dem ❽ auf dem **3** ❷ Der Computer ist auf dem Schreibtisch. ❸ Das Bild ist an der Wand. ❹ Der Stuhl ist an dem (=am) Schreibtisch. ❺ Der Schreibtisch ist auf dem Boden. ❻ Die Bücher sind in dem (=im) Regal. ❼ Das Fenster ist neben dem Regal. **4** ❶ in dem (=im) ❷ auf dem ❸ Auf der ❹ an dem (=am) ❺ an dem (=am)

17 이동을 나타내는 전치사

Wechselpräpositionen mit Akkusativ

위치를 나타내는 전치사가 동작, 움직임의 방향이나 이동을 나타낼 때는 4격(Akkusativ)과 함께 사용됩니다. 보통 의문사 wohin에 대한 답변에 해당되는 경우이며, legen, stellen, hängen뿐 아니라 위치 이동을 나타내는 동사들(gehen, fahren, laufen 등)과 어울립니다.

4격과 함께 사용하여 이동을 나타내는 전치사들

전치사	의미	그림	예시
in	~안으로		**Der Junge geht** in das(=ins) Kino. 소년은 영화관으로 갑니다.
an	~으로		**Ich hänge das Bild** an die Wand. 나는 그 그림을 벽에 겁니다.
auf	~위로 (붙어 있는 면)		**Die Katze springt** auf den Boden. 고양이는 바닥으로 점프합니다.
vor	~앞으로	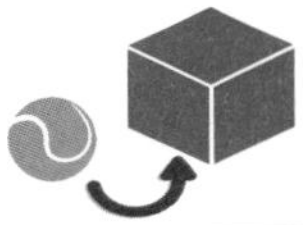	**Er fährt das Auto** vor das Haus. 그는 자동차를 집 앞으로 운전합니다.
hinter	~뒤로	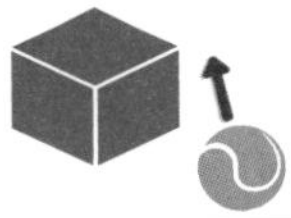	**Die Frau läuft** hinter den Baum. 그 여자는 나무 뒤로 뜁니다.
über	~위로 (떨어져 있는 공중)		**Der Vogel fliegt über** den Baum. 그 새는 나무 위로 날아갑니다.
unter	~아래로		**Der Hund läuft** unter den Tisch. 개가 탁자 아래로 뜁니다.
neben	~옆으로		**Das Handy fällt** neben die Tasche. 휴대폰이 가방 옆으로 떨어집니다.
zwischen	~사이로	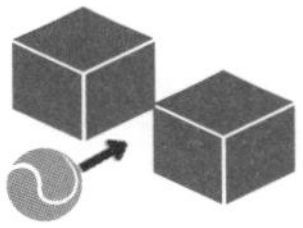	**Die Katze springt** zwischen die Stühle. 고양이가 의자들 사이로 점프합니다.

연습문제 ÜBUNGEN

1 아래 주어진 동사들을 어울리는 의문사 옆에 채우세요.

MP3 048

~~gehen~~, ~~lernen~~, sein, sitzen, studieren, fahren, essen, spielen, fliegen, laufen

❶ Wohin? gehen, ______, ______, ______

❷ Wo? lernen, ______, ______, ______, ______, ______

2 주어진 전치사와 명사를 활용하여 문장을 완성하세요.

MP3 049

❶ Wohin fliegt der Vogel? – (auf, der Ast) Der Vogel fliegt auf den Ast.

❷ Wohin fliegt der Vogel? – (unter, das Gebäude) ______

❸ Wohin fliegt der Vogel? – (über, das Dach) ______

❹ Wohin fliegt der Vogel? – (hinter, das Haus) ______

❺ Wohin fliegt der Vogel? – (zwischen, die Bäume) ______

3 예시와 같이 주어진 문장에 어울리는 알맞은 의문사를 wo 또는 wohin 중에서 고르세요.

Er ist in der Winfriedstraße. ➡ Wo?

❶ Ich gehe zur Geburtstagsparty. ➡ ______

❷ Wir gehen ans Meer. Möchtest du mitkommen? ➡ ______

❸ Wir lernen in der Bibliothek. ➡ ______

❹ Er studiert in Berlin. ➡ ______

❺ Ich gehe in die Schule. ➡ ______

❻ Mama geht in die Küche. ➡ ______

❼ Herr Kim ist im Büro. ➡ ______

4 전치사와 격에 유의하여 빈칸에 알맞은 관사 어미를 넣어 단어를 완성하세요.

MP3 050

❶ Thomas : Mama, was machen wir in den Ferien? Gehen wir an______ Meer?

Mama : Ja, Thomas. Wir gehen in den Ferien an______ Meer.

Jana : Aber ich möchte in diesen Ferien unbedingt in d______ Berge. Ich möchte in d______ Alpen.

Thomas : Oh, nein!

❷ Maria : Ich möchte morgen i______ Theater gehen. Möchtest du mitkommen?

Sarah : Nein, danke. Ich habe keine Lust. Ich möchte lieber i______ Konzert gehen.

연습문제 정답 1 ❶ gehen, fahren, fliegen, laufen ❷ lernen, sein, sitzen, studieren, essen, spielen 2 ❷ Der Vogel fliegt unter das Gebäude. ❸ Der Vogel fliegt über das Dach. ❹ Der Vogel fliegt hinter das Haus. ❺ Der Vogel fliegt zwischen die Bäume 3 ❶Wohin? ❷Wohin? ❸Wo? ❹Wo? ❺Wohin? ❻Wohin? ❼Wo? 4 ❶s / s / ie / ie ❷ns/ns

18 관사: 2격
Artikel: Genitiv

지금까지 관사 1,3,4격을 배웠으며 이 장에서 마지막으로 2격(Genitiv)을 배웁니다. 2격의 일차적인 의미는 '~의'로, '소유격'이라고도 합니다. 구어체보다는 문어체에서 많이 사용하는 표현이며, 구어체에서는 다른 방식으로 표현하는 경향이 있습니다.

정관사, 부정관사, kein 관사의 2격 어미변화

		남성(maskulin)	여성(feminin)	중성(neutral)	복수(Plural)
2격 (Genitiv)	정관사	des Vaters	der Mutter	des Kindes	der Kinder
	부정관사	eines Vaters	einer Mutter	eines Kindes	von Kindern
	kein 관사	keines Vaters	keiner Mutter	keines Kindes	keiner Kinder

- 남성 명사와 중성 명사는 2격에서 명사의 어미에 -s나 -es를 추가해야 합니다. 둘 다 가능한 경우도 있고 한 가지만 가능한 경우도 있습니다. 특히 s, ß, sch, x, z 등으로 끝나는 명사 뒤에는 'es'가 붙는 것을 선호합니다(s가 붙어 발음이 어려운 경우).
  - 예 das Auge eines Fischs ➡ eines Fisches
- 부정관사의 복수는 관사를 쓰지 않기 때문에 2격을 'von + 3격'(~의)으로 대체하여 표현합니다. 또한 다른 관사나 단수 명사의 경우도 같은 방식으로 다음과 같이 대체가 가능합니다. 'von + 3격'은 주로 구어체에서 즐겨 쓰는 방식입니다.
  - 예 아버지의 컴퓨터 : der Computer des Vaters. = der Computer von dem Vater.
- 2격은 수식하는 대상 바로 뒤에 놓는 것이 일반적입니다.
  - 예 Ich sehe <u>das Buch des Kindes.</u> 나는 그 아이의 책을 봅니다.

이름, 국가명을 쓰는 경우

Anna의 자동차	Annas Auto	= das Auto Annas	= das Auto von Anna
Deutschland의 아이들	Deutschlands Kinder	= die Kinder Deutschlands	= die Kinder von Deutschland
Hans의 책	Hans' Buch *	= das Buch Hans	= das Buch von Hans

*s로 끝나는 이름은 s가 아닌 어포스트로피(') 를 붙입니다.

연습문제 ÜBUNGEN

1 2격을 사용하여 다음 단어들을 하나의 구문으로 만드세요.

❶ der Ring / die Braut ➡ der Ring der Braut (신부의 반지)
❷ die Assistentin / ein Chef ➡ ______
❸ das Problem / das Ehepaar ➡ ______
❹ das Gesicht / der Bruder ➡ ______
❺ das Papier / die Firma ➡ ______

2 위의 문제 **1** 에서 작성한 답변을 von을 사용하여 다시 쓰세요.

❶ der Ring der Braut ➡ der Ring von der Braut
❷ ______
❸ ______
❹ ______
❺ ______

3 예시와 같이 주어진 단어를 2격의 알맞은 형태로 바꾸어 문장을 바꾸세요.

❶ Wer ist der Fahrer (das Auto)? ➡ Wer ist der Fahrer des Autos?
❷ Ist sie die Managerin (die Sendung)? ➡ ______
❸ Ist er der Direktor (der Film)? ➡ ______
❹ Wie ist das Befinden (die Eltern)? ➡ ______
❺ Ist er der Sohn (eine Lehrerin)? ➡ ______
❻ Sind Sie der Anwalt (das Büro)? ➡ ______

4 예시와 같이 주어진 사람 이름과 대상을 하나의 구문으로 만드세요.

❶ Erika / das Buch. : a. Erikas Buch b. das Buch von Erika
❷ Andrea / die Freundin : a. ______ b. ______
❸ Paul / das Handy : a. ______ b. ______
❹ Jonas / das Auto : a. ______ b. ______
❺ Theo / der Bart : a. ______ b. ______
❻ Thomas / das Essen : a. ______ b. ______

연습문제 정답

1 ❷ die Assistentin eines Chefs ❸ das Problem des Ehepaars ❹ das Gesicht des Bruders ❺ das Papier der Firma **2** ❷ die Assistentin von einem Chef ❸ das Problem von dem Ehepaar ❹ das Gesicht von dem Bruder ❺ das Papier von der Firma **3** ❷ Ist sie die Managerin der Sendung? ❸ Ist er der Direktor des Film(e)s? ❹ Wie ist das Befinden der Eltern? ❺ Ist er der Sohn einer Lehrerin? ❻ Sind Sie der Anwalt des Büros? **4** ❷ a. Andreas Freundin b. die Freundin von Andrea ❸ a. Pauls Handy b. das Handy von Paul ❹ a. Jonas' Auto b. das Auto von Jonas ❺ a. Theos Bart b. der Bart von Theo ❻ a. Thomas' Essen b. das Essen von Thomas

19 정관사와 부정관사

Bestimmter und unbestimmter Artikel

정관사와 부정관사는 관사 중 가장 중요하고 핵심적이며, 다른 관사들을 이해하는 기초가 됩니다. 이 장에서는 지금까지 배운 정관사와 부정관사 전체를 정리합니다.

정관사(Bestimmter Artikel) 정리

	남성(maskulin)	여성(feminin)	중성(neutral)	복수(Plural)
1격(Nominativ)	der Vater	die Lampe	das Auto	die Kinder
2격(Genitiv)	des Vaters	der Lampe	des Autos	der Kinder
3격(Dativ)	dem Vater	der Lampe	dem Auto	den Kindern
4격(Akkusativ)	den Vater	die Lampe	das Auto	die Kinder

부정관사(Unbestimmter Artikel) 정리

	남성(maskulin)	여성(feminin)	중성(neutral)	복수(Plural)
1격(Nominativ)	ein Vater	eine Lampe	ein Auto	Kinder
2격(Genitiv)	eines Vaters	einer Lampe	eines Autos	Kinder
3격(Dativ)	einem Vater	einer Lampe	einem Auto	Kindern
4격(Akkusativ)	einen Vater	eine Lampe	ein Auto	Kinder

- 정관사는 이미 언급된 명사, 특정한 명사, 지시된 명사에 쓰이며, 부정관사는 처음으로 언급되는 명사나 불특정한 명사, 명확히 지시되지 않은 명사에 쓰입니다.

  예 Ich kenne ein Mädchen. Das Mädchen ist niedlich.
  나는 한 소녀를 알고 있습니다. 그 소녀는 상냥합니다.

무관사(Nullartikel)

- Zeit(시간), Lust(흥미), Geld(돈), Glück(행복), Hunger(배고픔)와 같은 추상명사, 불가산명사에는 보통 관사를 쓰지 않습니다.

  예 Hast du eine Lust? (X) / Hast du die Lust? (X) ➡ Hast du Lust? (O) 관심 있니?

연습문제 ÜBUNGEN

1 예시와 같이 빈칸에 알맞은 정관사를 4격 형태로 넣으세요.

Wie findest du ___die___ Jacke? (die)

❶ Wie findest du ________ Hut? (der)

❷ Wie findest du ________ Schuhe? (Plural)

❸ Wie findest du ________ Mantel? (der)

❹ Wie findest du ________ Bluse? (die)

❺ Wie findest du ________ Hose? (die)

2 예시와 같이 괄호 안에 주어진 단어를 활용해 문장(Hast du …?)을 완성하세요.

(Der Hund) ___Hast du einen Hund?___

❶ (Die Wohnung) Hast du ____________________?

❷ (Der Regenschirm) ____________________?

❸ (Der Mülleimer) ____________________?

❹ (Das Auto) ____________________?

❺ (Die Sonnenbrille) ____________________?

❻ (Das Taschentuch) ____________________?

❼ (Der Hut) ____________________?

❽ (Die Katze) ____________________?

❾ (Das Kind) ____________________?

3 다음 그림을 보고 예시와 같이 문장을 완성하세요. MP3 051

Das Bonbon

___Das ist ein Bonbon.___

___Das Bonbon ist lecker.___

❶ Das Wörterbuch

____

________________ dick.

❷ Der Kugelschreiber

____

______________________________ rot.

❸ Die Blume

____

______________________________ schön.

❹ Das Fenster

____

______________________________ groß.

4 다음을 읽고 빈칸에 알맞은 관사를 넣으세요. MP3 052

❶ Guten Tag. Wir haben heute hier __________ Gast. __________ Gast kommt aus Seoul.

❷ Da steht __________ Auto. __________ Auto ist sehr teuer.

❸ Sehen Sie dort __________ Gebäude? __________ Gebäude ist sehr modern, oder?

❹ Im Park sehen Sie __________ Bank. __________ Bank ist aus Holz.

❺ Das ist __________ Mädchen. __________ Mädchen ist sehr jung.

연습문제 정답 **1** ❶ den ❷ die ❸ den ❹ die ❺ die **2** ❶ Hast du eine Wohnung? ❷ Hast du einen Regenschirm? ❸ Hast du einen Mülleimer? ❹ Hast du ein Auto? ❺ Hast du eine Sonnenbrille? ❻ Hast du ein Taschentuch? ❼ Hast du einen Hut? ❽ Hast du eine Katze? ❾ Hast du ein Kind? **3** ❶ Das ist ein Wörterbuch. Das Wörterbuch ist dick. ❷ Das ist ein Kugelschreiber. Der Kugelschreiber ist rot. ❸ Das ist eine Blume. Die Blume ist schön. ❹ Das ist ein Fenster. Das Fenster ist groß. **4** ❶ einen / Der ❷ ein / Das ❸ ein / Das ❹ eine / Die ❺ ein / Das

20 부정의 표현
Negationwörter

kein, nicht, nie 등은 부정(Negation)의 의미로 쓰이며, 일반적으로 kein은 부정관사와 함께 쓰인 명사를 부정할 때, nicht는 정관사와 함께 쓰인 명사나 동사, 형용사, 전치사구 혹은 문장 전체를 부정할 때 사용합니다.

kein과 nicht의 활용

kein	nicht
Ich lese kein Buch.	Ich bin nicht hungrig.
Ich lese keine Zeitungen.	Ich arbeite nicht bei Siemens.
Ich habe keinen Hunger.	Ich lese nicht.
Ich habe keinen Hund.	Ich arbeite nicht.
Ich brauche kein Geld.	Ich lese das Buch nicht.

- kein은 명사 앞에서만 쓰이며, 부정관사의 어미변화와 같은 변화를 합니다. 즉 부정관사 앞에 k-만 붙이면 kein 관사가 됩니다.
  예 ein Heft ➡ kein Heft
- nicht는 부정하고자 하는 대상 앞에 놓거나 명사 앞과 뒤, 문장 마지막에 놓습니다. 그 외에도 다양한 규칙과 예외가 있습니다.

그 외 부정을 표현하는 어휘

nie ↔ immer	Ich schlafe immer spät.	Ich schlafe nie spät.
niemand ↔ alle	Ich kenne alle in der Schule.	Ich kenne niemand in der Schule.
nichts ↔ etwas	Möchtest du etwas essen?	Ich esse nichts.
noch nicht /noch nie ↔ schon mal	Warst du schon mal in Korea?	Ich war noch nicht in Korea.
nicht mehr ↔ noch	Bist du noch hungrig?	Ich bin nicht mehr hungrig.
kein ↔ noch	Hast du noch Geld?	Nein, ich habe kein Geld.

- nicht를 대신하여 nie를 사용할 수 있습니다.
  예 Ich war noch nie in Korea. / Ich arbeite nie mehr.
- nicht를 대신하여 kein을 사용할 수 있습니다.
  예 Ich habe noch keine Zeit. / Ich habe keinen Hunger mehr.

연습문제 ÜBUNGEN

1 **nicht 혹은 kein을 사용하여 다음 문장들을 부정문으로 바꾸세요.**

Ich komme aus Korea. ➡ Ich komme nicht aus Korea.

❶ Ich wohne in Seoul. ➡ ______________________

❷ Ich bin glücklich. ➡ ______________________

❸ Ich habe ein Kind. ➡ ______________________

❹ Ich habe Hunger. ➡ ______________________

❺ Das ist mein Hund. ➡ ______________________

❻ Der Mann kauft einen Kaffee. ➡ ______________________

❼ Die Frau ist ledig. ➡ ______________________

2 **아래 보기에서 적당한 단어를 골라 빈칸을 채우세요.**

keinen, kein, keine, nicht, nicht, nicht

❶ Der Großvater ist ________ froh. Er ist wütend.

❷ Die Sekretärin hat ________ Kugelschreiber. Sie hat aber einen Bleistift.

❸ Der Fußballspieler kann ________ gut kochen. Aber er kann gut Fußball spielen.

❹ Wir gehen heute ________ in die Schule. Wir gehen ins Kino.

❺ Kaufst du ________ Brille? Hast du schon eine Brille?

❻ Ich brauche ________ Geld. Ich bekomme schon genug Geld von meinen Eltern.

3 **다음을 읽고 빈칸에 kein 혹은 nicht를 넣으세요.** MP3 053

Herr Douglas : Hallo, Frau Schmidt. Wohin gehen Sie denn? Ich gehe jetzt ins Restaurant. Ich will zu Mittag essen. Möchten Sie ________ mitkommen?

Frau Schmidt : Nein, danke. Ich kann ________ mitkommen. Ich habe leider ________ Zeit. Und ich bin ________ hungrig.

Herr Douglas : Sind Sie beschäftigt?

Frau Schmidt : Na ja, ich bin ________ mit der Arbeit beschäftigt. Aber meine Eltern kommen jetzt nach Berlin.

Herr Douglas :	Oh, müssen Sie sie vom Bahnhof abholen?
Frau Schmidt :	Nein, ich muss sie ___________ abholen. Sie sind ___________ Kinder. Sie kommen mit dem Bus.
Herr Douglas :	Das ist gut. Dann sehen wir uns morgen!
Frau Schmidt :	Morgen komme ich ___________. Ich arbeite morgen ___________. Morgen habe ich Urlaub.
Herr Douglas :	Alles klar, dann bis übermorgen!
Frau Schmidt :	Ja, tschüss!

4 다음을 읽고 올바른 의미의 부정문이 되도록 빈칸을 채우세요 MP3 054

Herr Braun :	Frau Park, waren Sie schon mal in Italien?
Frau Park :	Nein, ich war ___________ in Italien. Und Sie?
Herr Braun :	Ich war auch ___________ in Italien.
Frau Park :	Aber ich war schon mal in Spanien.
Herr Braun :	Meine Familie fährt ___________ gerne ins Ausland. Wir bleiben gerne zu Hause in den Ferien.
Frau Park :	Warum? Sie sollten ins Ausland fahren und ___________ zu Hause bleiben!
Herr Braun :	Ja, das werde ich in diesen Ferien versuchen. Wir haben aber leider ___________ viel Geld.

연습문제 정답 **1** ❶ Ich wohne nicht in Seoul. ❷ Ich bin nicht glücklich. ❸ Ich habe kein Kind. ❹ Ich habe keinen Hunger. ❺ Das ist nicht mein Hund. ❻ Der Mann kauft keinen Kaffee. ❼ Die Frau ist nicht ledig. **2** ❶ nicht ❷ keinen ❸ nicht ❹ nicht ❺ keine ❻ kein **3** nicht / nicht / keine / nicht / nicht / nicht / keine / nicht / nicht **4** noch nie 또는 noch nicht / noch nie 또는 noch nicht / nicht / nicht / nicht

21 소유관사
Possessivartikel

소유관사란 '나의, 너의, 그의, 그녀의, …' 등 명사를 수식하며 명사의 소유자를 표현해주는 관사입니다. 명사의 성, 수, 격에 따라 소유관사의 의미도 변화합니다. 이때 소유관사의 어미는 부정관사의 어미와 같습니다.

소유관사의 어미변화

			남성(maskulin)	여성(feminin)	중성(neutral)	복수(Plural)
단수	1인칭		mein Vater	meine Lampe	mein Auto	meine Kinder
	2인칭		dein Vater	deine Lampe	dein Auto	deine Kinder
	3인칭	남성	sein Vater	seine Lampe	sein Auto	seine Kinder
		여성	ihr Vater	ihre Lampe	ihr Auto	ihre Kinder
		중성	sein Vater	seine Lampe	sein Auto	seine Kinder
복수	1인칭		unser Vater	unsere Lampe	unser Auto	unsere Kinder
	2인칭		euer Vater	eure Lampe	euer Auto	eure Kinder
	3인칭		ihr / Ihr Vater	ihre / Ihre Lampe	ihr / Ihr Auto	ihre / Ihre Kinder

- 위 소유관사는 모두 1격 변화들입니다.
- 소유관사 euer의 경우 어미가 붙으면(예: euer + e), 관사의 e가 탈락합니다.

소유관사의 어미변화

	남성(maskulin)	여성(feminin)	중성(neutral)	복수(Plural)
1격(Nominativ)	mein Mann	meine Frau	mein Kind	meine Leute
2격(Genitiv)	meines Mannes	meiner Frau	meines Kindes	meiner Leute
3격(Dativ)	meinem Mann	meiner Frau	meinem Kind	meinen Leuten
4격(Akkusativ)	meinen Mann	meine Frau	mein Kind	meine Leute

- 표에서는 소유관사 mein의 어미변화만 대표적으로 소개하였으며, mein을 대신해 위에서 배운 다양한 소유관사를 적용할 수 있습니다.
  예 dein Mann / seiner Frau / euren Kindern 등
- 소유관사의 어미변화는 부정관사의 어미변화와 같습니다. 따라서 소유관사를 부정관사류로 분류할 수 있으며, 앞서 배운 kein 관사와 앞으로 배우게 될 관사들(예, was für ein)을 이 부정관사류로 분류할 수 있습니다.

주의 소유관사 자체의 의미(~의)와 이 관사의 2격(Genitiv)적 의미(~의)를 구분하세요.

예 Ich habe eine Tasche ihres Freundes. 나는 그녀의 친구의 가방을 가지고 있다.
여기서 ihres는 Freundes(친구)를 수식하는 소유관사로 '~의'의 의미를 가지며, ihres Freundes는 소유관사와 명사 전체가 앞의 eine Tasche를 수식하는 소유관사 2격 표현(~의)입니다.

연습문제 ÜBUNGEN

1 알맞은 소유관사를 어미변화하여 빈칸에 채워 넣으세요. MP3 055

❶ Siehst du das Foto hier? Da bin ich und das ist m__________ Tochter Lisa.

❷ Warum weinst du hier? Wo sind d__________ Eltern?

❸ Da drüben sind Ben und s__________ Freundin.

❹ Hier sind Hanna und i__________ Hund Bello.

❺ Wir sind in der Küche. U__________ Kinder spielen auf dem Spielplatz.

❻ Wo ist d__________ Tasche? Ist die Tasche zu Hause?

2 알맞은 소유관사를 넣어 문장을 완성하세요.

❶ Das ist Brad. Das ist __________ Freundin Evelyn. Das sind __________ Kinder.
Das ist __________ Auto. Das ist __________ Computer. Das ist __________ Handy.
Das sind __________ Fahrräder.

❷ Das ist Evelyn. Das ist __________ Freund Brad. Das sind __________ Kinder.
Das ist __________ Bleistift. Das ist __________ Brille. Das ist __________ Spiegel.

❸ Das sind Max und Lara. Das sind __________ Kinder. Das ist __________ Wohnung.
Das ist __________ Tochter Mina.
Das ist __________ Sohn Peter. Das ist __________ Hund Moritz.

3 다음 대화를 보고 문맥에 알맞은 소유관사를 넣으세요. MP3 056

Frau Tredo :	Hallo Susanne, wohin gehst du denn? Wo ist __________ Mutter?
Susanne :	__________ Mutter ist gerade im Supermarkt. Sie kauft ein.
Frau Tredo :	Aha, und __________ Vater und __________ Bruder? Wo sind sie?
Susanne :	__________ Vater arbeitet im Büro. __________ Bruder ist natürlich in der Schule.
Frau Tredo :	Ach so, ja stimmt. Heute ist Montag. Wer ist denn das hübsche Mädchen neben dir?
Susanne :	Das ist __________ Freundin. Wir gehen zur Schule.
Frau Tredo :	Wie heißt denn __________ Freundin?
Susanne :	Sie heißt Larissa. Ist das __________ Hund? Er ist sehr süß.
Frau Tredo :	Ja, das ist __________ Hund.

연습문제 정답 1 ❶ meine ❷ deine ❸ seine ❹ ihr ❺ Unsere ❻ deine 2 ❶ seine / seine / sein / sein / sein / seine ❷ ihr / ihre / ihr / ihre / ihr ❸ ihre / ihre / ihre / ihr / ihr 3 deine / Meine / dein / dein / Mein / Mein / meine / deine / Ihr / mein

22 지시관사와 의문관사
Demonstrativartikel und Frageartikel

지시관사와 의문관사에 대해 배웁니다.

지시관사와 의문관사의 어미변화

	남성(maskulin)	여성(feminin)	중성(neutral)	복수(Plural)
1격(Nominativ)	dieser Mann jener Mann welcher Mann was für ein Mann	diese Frau jene Frau welche Frau was für eine Frau	dieses Kind jenes Kind welches Kind was für ein Kind	diese Bücher jene Bücher welche Bücher was für Bücher
2격(Genitiv)	dieses Mannes jenes Mannes welches Mannes was für eines Mannes	dieser Frau jener Frau welcher Frau was für einer Frau	dieses Kindes jenes Kindes welches Kindes was für eines Kindes	dieser Bücher jener Bücher welcher Bücher was für Bücher
3격(Dativ)	diesem Mann jenem Mann welchem Mann was für einem Mann	dieser Frau jener Frau welcher Frau was für einer Frau	diesem Kind jenem Kind welchem Kind was für einem Kind	diesen Büchern jenen Büchern welchen Büchern was für Büchern
4격(Akkusativ)	diesen Mann jenen Mann welchen Mann was für einen Mann	diese Frau jene Frau welche Frau was für eine Frau	dieses Kind jenes Kind welches Kind was für ein Kind	diese Bücher jene Bücher welche Bücher was für Bücher

- 지시관사(Demonstrativartikel)에는 '이' 사람이나 '이' 사물을 지칭할 때 쓰이는 dieser, '저'사람이나 '저' 사물을 지칭할 때 쓰이는 jener가 있습니다. 특정 인물이나 사물을 정관사(der, die, das)보다 더 정확하게 지칭할 때 쓰입니다. 지시관사는 정관사류로, 정관사와 똑같은 어미변화 규칙을 따릅니다.
- '어떤'을 뜻하는 의문관사에는 welcher와 was für ein이 있으며 '어떤' 사람이나 '어떤' 사물인지 질문할 때 사용됩니다. welcher는 특정 대상들 중 어떤 것인지 물을 때, was für ein은 불특정 대상들 중 어떤 것인지 물을 때 쓰입니다. welcher의 경우 지시관사와 마찬가지로 정관사의 규칙을 따릅니다(정관사류). 하지만 was für ein의 경우 부정관사의 규칙을 따라 어미변화한다는 사실을 주의하세요(부정관사류).
- 여성 명사와 복수 명사 1격과 4격의 관사 어미에는 -ie가 아닌 –e가 붙습니다.
- 중성 명사 1격과 4격의 관사 어미에는 -as가 아닌 –es가 붙습니다.
- was für ein에서의 ein은 일종의 부정관사이므로 복수 명사 앞에서 ein은 생략됩니다.

지시대명사(Demonstrativpronomen) dieser

- 지시관사(dieser, dieses, diese) 뒤에 나오는 명사가 생략되어 홀로 대명사로 쓰일 수 있습니다.
  예 Welche Socken? - Diese.(=Diese Socken) Welcher Kollege? - Dieser.(=Dieser Kollege)

의문대명사(Fragepronomen) welcher

- 의문관사 뒤에 나오는 명사가 생략되어 홀로 쓰일 수 있으며 이를 의문대명사라 부릅니다.
  예 Ich finde diese Socken schick. - Welche?(=Welche Socken)

연습문제 ÜBUNGEN

1 의문관사 welch–와 지시대명사 dies–를 사용하여 빈칸을 채우세요. MP3 057

❶ ____________ Kaffee trinken Sie gerne? – ____________ hier.

❷ ____________ Orange probieren Sie? – ____________ hier.

❸ ____________ Eis essen Sie? – ____________ hier.

❹ ____________ Schuhe kaufst du? – ____________ hier.

2 의문관사 was für ein을 사용해서 빈칸을 알맞게 채우세요.

❶ ____________ Hemd hast du? – Ich habe ein rotes.

❷ ____________ Film sehen wir heute? – Wir sehen einen Animationsfilm.

❸ ____________ Buch lest ihr gerade? – Das ist ein Roman.

❹ ____________ Wein möchten Sie? – Ich möchte einen Rotwein.

3 다음 대화를 읽고 was für ein과 welcher 중 알맞은 의문관사를 채워 넣으세요.

❶ Du hast doch viel Kleidung. ____________ Jacke suchst du, Alicia?
– Ich suche eine Frühlingsjacke. Der Frühling kommt bald.

❷ Spanisch oder Deutsch, ____________ Sprache möchtest du lieber lernen?
– Ich möchte lieber Deutsch lernen. Deutsch klingt hart aber schön.

❸ Es gibt zwei Farben. ____________ Farbe steht mir besser?
– Das Blau passt dir viel besser, finde ich.

❹ Hat dein Bruder ein Auto? ____________ Auto fährt er?
– Er fährt einen schicken Audi. Der ist aber nicht billig.

4 다음 대화를 읽고 welcher 또는 was für ein을 사용하여 대화를 완성하세요. MP3 058

Julia:	____________ Kleid soll ich anziehen?
Jans:	Das rosafarbige steht dir gut.
Julia:	Aber ____________ Strümpfe passen dazu?
Jan:	Die schwarzen. Übrigens ist es kalt draußen. Zieh dich warm an.
Julia:	____________ Jacke soll ich denn anziehen?
Jans:	Ach Julia, eine richtige Winterjacke natürlich.
Julia:	Ich weiß nicht··· Soll ich einfach einen Pullover tragen?
Jans:	____________ Pullover meinst du?
Julia:	Den karierten Pullover!
Jans:	Du ziehst an, was du willst. Aber wir müssen langsam los.
Julia:	Aber ____________ Schuhe findest du besser? Die Stiefel oder die anderen?
Jans:	Oh Gott.

연습문제 정답 **1** ❶ Welchen / Diesen ❷ Welche / Diese ❸ Welches / Dieses ❹ Welche / Diese **2** ❶ Was für ein ❷ Was für einen ❸ Was für ein ❹ Was für einen **3** ❶ Was für eine ❷ welche ❸ Welche ❹ Was für ein **4** Welches / welche / was für eine/ Welchen / welche

23 빈도부사
Häufigkeitsadverbien

빈도(얼마나 자주)를 표현할 때 사용하는 부사를 빈도부사라고 합니다. 이 장에서는 '전혀' 하지 않는 경우부터 '항상' 하는 경우까지 다양한 빈도를 표현할 수 있는 빈도부사를 배웁니다.

빈도부사의 종류와 의미

nie niemals	kaum fast nie	selten	manchmal	oft häufig	meistens	immer
전혀/절대 ~않는	거의 ~않는	드문	때때로	자주	대부분	항상

- nie는 전치사 ohne와 함께 사용하여 '~없이 절대 ~하지 않는다'는 의미를 표현할 수 있습니다. 여기서 ohne는 4격과 항상 함께 사용하는 전치사입니다.
  - 예 Ich reise nie ohne meine Kamera. 나는 내 카메라 없이 절대 여행 안 해.

연습문제 ÜBUNGEN

1 다음 예시와 같이 질문에 대해 자유롭게 답하세요. MP3 059

Trinkst du keinen Kaffee?	–	Doch, ich trinke Kaffee, aber nur manchmal.
Trinkst du Wein?	–	Ja, ich trinke oft Wein.

❶ Gehst du ins Kino?
– ______________________

❷ Spielst du Computerspiele?
– ______________________

❸ Fährst du nicht mit dem Bus?
– ______________________

❹ Isst du kein Fleisch?
– ______________________

❺ Kaufst du keine Kleidung?
– ______________________

❻ Trägst du keine Röcke?
– ______________________

❼ Liest du keinen Roman?

– ______________________________

❽ Trinkst du Bier?

– ______________________________

❾ Reist du nicht?

– ______________________________

2 **다음 지문을 읽고 빈칸에 알맞은 빈도부사를 넣으세요.** MP3 060

Ein Frühstück ohne Kaffee? Das ist unvorstellbar. Ich trinke jeden Morgen Kaffee. Fast jeden Tag trinke ich auch einen Tomatensaft. Außerdem frühstücke ich Müsli mit Obst. Honig mag ich nicht. Deshalb esse ich Brot nur mit Käse oder Marmelade.

Anders gesagt:

Ich trinke __________ Kaffee zum Frühstück und __________ auch einen Tomatensaft.

Ich esse __________ Müsli mit Obst, aber Honigbrote esse ich __________.

3 **다음 질문을 읽고 자유롭게 답하세요.**

❶ Was frühstücken Sie immer?

– ______________________________

❷ Was frühstücken Sie manchmal?

– ______________________________

❸ Was frühstücken Sie nie?

– ______________________________

4 **다음 빈도부사들을 가장 적은 빈도부터 가장 많은 빈도 순서로 배열하세요.**

immer – ~~nie~~ – fast nie/kaum – oft – selten – fast immer/meistens – manchmal

nie ➡ __________ ➡ __________ ➡

__________ ➡ __________ ➡ __________ ➡ __________

연습문제 정답

1 (예시답안) ❶ Ja, ich gehe oft ins Kino. ❷ Nein, ich spiele nie Computerspiele. ❸ Doch, ich fahre meistens mit dem Bus. ❹ Nein, ich esse kein Fleisch. (또는 Doch, aber nur selten) ❺ Doch, ich kaufe Kleidung, aber nur manchmal. ❻ Nein, ich trage keine Röcke. (또는 Doch, aber nur selten) ❼ Nein, ich lese fast nie Romane. ❽ Ja, ich trinke oft Bier. ❾ Nein, ich reise fast nie **2** immer/meistens/meistens/nie **3** (예시답안) ❶ Ich frühstücke immer Reis mit Kimchi. ❷ Manchmal frühstücke ich Brot mit Marmelade. ❸ Ich frühstücke nie Fleisch. **4** nie → fast nie / kaum → selten → manchmal → oft → fast immer / meistens → immer

24 인칭대명사
Personalpronomen

각 인칭을 지칭하는 대명사인 인칭대명사를 전체적으로 정리합니다. 특히 3격과 4격에 집중하여 공부합니다.

인칭대명사

	1인칭 단수	2인칭 단수	3인칭 단수			1인칭 복수	2인칭 복수	3인칭 복수
			남성	여성	중성			
1격(Nominativ)	ich	du	er	sie	es	wir	ihr	sie / Sie
2격(Genitiv)	(meiner)	(deiner)	(seiner)	(ihrer)	(seiner)	(unser)	(euer)	(ihrer / Ihrer)
3격(Dativ)	mir	dir	ihm	ihr	ihm	uns	euch	ihnen / Ihnen
4격(Akkusativ)	mich	dich	ihn	sie	es	uns	euch	sie / Sie

- 2격은 거의 사용하지 않습니다

인칭대명사 3격과 4격의 활용

인칭대명사 1격	인칭대명사 3격	인칭대명사 4격
ich	Sie **gibt** mir immer etwas.	Mein Freund **besucht** mich.
du	Er **gibt** dir den Ball.	Er **besucht** dich morgen.
er	Sie **gibt** ihm keine Chance.	Sie **besucht** ihn nicht.
sie	Die Tasche **gefällt** ihr.	Er **mag** sie.
es	Der Ball **gefällt** ihm.	Ich **mag** es nicht.
wir	Der Computer **gefällt** uns.	Die Frau **mag** uns.
ihr	Der Ball **gehört** euch.	Die Kinder **vermissen** euch.
sie	Der Computer **gehört** ihnen.	Ich **vermisse** sie.
Sie	Die Tasche **gehört** Ihnen.	Wir **vermissen** Sie.

인칭대명사와 명사의 순서

Ich gebe dem Freund das Paket.	3격, 4격 목적어가 일반 명사일 때에는 3격 + 4격 순서로 씁니다.
Ich gebe es ihm.	인칭대명사가 연달아 나올 때에는 4격 + 3격 순서로 씁니다.

Ich gebe ihm das Paket. Ich gebe es dem Freund.	인칭대명사와 명사가 함께 나오면 항상 대명사를 먼저 씁니다.

연습문제 ÜBUNGEN

1 알맞은 인칭대명사를 사용하여 대화를 완성하세요. MP3 061

❶ Kennen Sie den Lehrer? – Ja, ich kenne ________.

❷ Kennst du die Leute? – Ja, ich kenne ________.

❸ Brauchst du das Fahrrad? – Ja, ich brauche ________.

❹ Gehört der Computer Julia? – Ja, er gehört ________.

❺ Magst du die neue Kollegin? – Nein, ich mag ________ nicht.

❻ Soll ich euch die Fotos zeigen? – Ja, zeig ________!

❼ Soll ich Peter mein Fahrrad verkaufen? – Ja, verkauf ________!

❽ Soll ich dir das Buch schenken? – Ja, schenk ________!

❾ Können Sie mir den Vertrag schicken? – Ja, ich kann ________ schicken.

❿ Kaufen Sie Ihrem Sohn die CD? – Ja, ich kaufe ________.

2 빈칸에 알맞은 인칭대명사를 넣으세요.

❶ Der Film ist sehr gut. Ich schaue ________ dreimal.

❷ Ich kenne Ottos Frau nicht. Kennst du ________?

❸ Ich verstehe die Leute nicht. Verstehst du ________?

❹ Die Schüler bitten den Lehrer: „Herr Hausmann, helfen ________ ________ bitte."

❺ Das Gerät ist kaputt. Können Sie ________ reparieren?

3 다음 글을 읽고 괄호 안에 있는 단어에 대응하는 알맞은 인칭대명사를 빈칸에 넣으세요. MP3 062

In vier Monaten bekommen wir noch ein Baby. Wir lieben ________ (das Mädchen) jetzt schon. Leider ist dann unsere Wohnung zu klein, aber wir mögen ________ (unsere Wohnung) sehr. Und wir brauchen auch ein großes Auto. Mein Mann möchte ________ (das Auto) gerne schon jetzt kaufen. Ich kenne ________ (meinen Mann).

4 다음 편지의 빈칸에 알맞은 인칭대명사를 넣어 편지를 완성하세요. MP3 063

Liebe Annika,

ich kann es kaum glauben: ich habe meinen Traummann getroffen! Er ist so nett. Ich habe ____________ in einem Sprachkurs kennengelernt. Er hat ____________ ständig angesehen und ich habe ____________ auch angesehen. Gestern hat er ____________ eine Süßigkeit gegeben und ____________ nach meiner Telefonnummer gefragt. Ist ____________ nicht süß? Wir haben zusammen einen Film gesehen und er hat ____________ nach Hause gebracht. Ich mag ____________ so. Morgen treffe ich ____________ wieder! Ich glaube, ich liebe ____________ und er liebt ____________. Ich bin so glücklich! Ruf ____________ mal an!

Deine Anna

연습문제 정답 **1** ❶ ihn ❷ sie ❸ es ❹ ihr ❺ sie ❻ sie uns ❼ es ihm ❽ es mir ❾ ihn Ihnen ❿ sie ihm **2** ❶ ihn ❷ sie ❸ sie ❹ Sie, uns ❺ es **3** es / sie / es / ihn **4** ihn / mich / ihn / mir / mich / er / mich / ihn / ihn / ihn / mich / mich

25 3격/4격 지배 동사
Verben mit Dativ und Akkusativ

동사에 따라 3격이나 4격이 필요한 경우가 있으며, 3격과 4격 모두와 함께 쓰이는 동사들도 있습니다.

3격/4격 지배 동사를 활용한 문장의 구성

1격(~는)	동사	3격(~에게)	4격(~를)	의미
Das Mädchen	hilft	seinen Eltern.		그 소녀는 부모님에게 도움을 준다.
Der Junge	fragt		den Lehrer.	그 소년은 선생님께 질문한다.
Der Kellner	bringt	den Gästen	das Frühstück.	그 웨이터는 손님들에게 아침을 가져다준다.

3격 지배 동사

★표시한 단어는 한국어 뜻을 생각하면 헷갈릴 수 있는 단어입니다.

동사	예시	동사	예시
helfen★	Ich helfe dir.	**gehören***	Die Jacke gehört ihm.
antworten	Sie antworten mir nicht.	**gefallen***	Die Torte gefällt mir.
gratulieren★	Ich gratuliere dir!	**passen***	Die Jacke passt dir.
glauben★	Sie glaubt ihm nicht mehr.	**schmecken***	Die Torte schmeckt ihr.
danken	Ich danke euch.	**stehen***	Die Farbe steht euch.
zuhören★	Er hört ihr immer zu.	**wehtun***	Meine Augen tun mir weh.

* 표시된 동사들은 사람을 3격에 위치시켜 표현합니다.

4격 지배 동사

동사	예시	동사	예시
fragen★	Er fragt mich.	**besuchen**	Du besuchst den Lehrer.
verstehen	Ich verstehe Sie.	**brauchen**	Er braucht das Wörterbuch.
bekommen	Sie bekommt es nicht.	**nehmen**	Sie nimmt das Steak.
lesen	Sie lesen ein Buch.	**kennen**	Wir kennen uns schon.
hören	Ich höre gerne diese Musik.	**finden**	Ich finde es schön.

3격+4격 지배 동사

동사	예시	동사	예시
beantworten	Sie beantworten mir eine Frage.	**schenken**	Sie schenken euch Bücher.
erlauben	Er erlaubt mir eine Party.	**schicken**	Er schickt es mir heute.
sagen	Sie sagt mir alles.	**schreiben**	Er schreibt mir einen Brief.
zeigen	Sie zeigt mir den Weg.	**senden**	Sie sendet ihm das Paket.

연습문제 ÜBUNGEN

1 주어진 단어들을 빈칸에 알맞게 넣으세요.

❶ Die Frau schreibt ______________________. (der Freund, ein Brief)
❷ Er schickt heute ______________________. (seine Mutter, ein Paket)
❸ Sie antwortet ______________________ erst spät. (ihr Vater)
❹ Ich beantworte ________________ gern ________________. (Sie, alle Fragen)
❺ Der Kellner bringt ______________________. (der Gast, die Suppe)
❻ Der Hund gehört ______________________. (meine Tante)
❼ Du musst ______________________ glauben! (Marie)
❽ Ich gratuliere ______________________. (du)
❾ Meine Lieblingshose passt ______________________ nicht mehr. (ich)
❿ Unsere Schokolade schmeckt ______________________. (alle Kinder)

2 주어진 관사 또는 인칭대명사를 알맞은 형태로 빈칸에 넣으세요.

❶ Gehört der Schlüssel ___________ Mann? (der) – Nein, er gehört ___________ Frau. (die)
❷ Sabine zeigt ___________ Freundin (die) ___________ Haus. (das)
❸ Die Frau braucht Hilfe. Wer kann ___________ helfen? (sie)
❹ Ich lese gerne ___________ Roman. (der)
❺ Sie bekommt ___________ Brief. (ein)

3 다음은 선물에 관한 글입니다. 글을 읽고 빈칸에 알맞은 인칭대명사를 넣으세요. MP3 064

Mein Bruder hat morgen Geburtstag. Ich mag ___________ sehr.
Deshalb möchte ich ___________ ein schönes Geschenk kaufen.
Im Geschäft suche ich die Verkäuferin und frage ___________ : „Haben Sie schöne Herrenuhren?"
Die Verkäuferin sagt: „Ich zeige ___________ ein paar schöne Herrenuhren."
Die Uhren sind sehr schön. Ich kaufe eine wunderschöne Uhr und bezahle ___________ an der Kasse.
Morgen fahre ich zu meinem Bruder und gebe ___________ die Uhr.

연습문제 정답 **1** ❶ dem Freund einen Brief ❷ seiner Mutter ein Paket ❸ ihrem Vater ❹ Ihnen/alle Fragen ❺ dem Gast die Suppe ❻ meiner Tante ❼ Marie ❽ dir ❾ mir ❿ allen Kindern **2** ❶ dem / der ❷ der / das ❸ ihr ❹ den ❺ einen **3** ihn / ihm / sie / Ihnen / sie / ihm

26 현재완료형 1
Perfekt mit haben

과거의 일은 현재완료형(Präsens Perfekt 줄여서 Perfekt)으로 표현할 수 있습니다. 현재완료형을 만들기 위해서는 haben이나 sein 동사의 도움이 필요하며, 과거분사(Partizip II 혹은 Partizip Perfekt)에 대해서도 알아야 합니다. 이 장에서는 haben과 결합하여 과거의 일에 대해 말하는 현재완료형에 대해 배웁니다.

현재완료의 형태 1

형태	haben + 과거분사
문장 구조 예시	Ich habe das Buch schon mal gelesen. 나는 그 책을 이미 한 번 읽었다.

- 목적어를 필요로 하는 타동사나 재귀동사를 포함한 대부분의 동사가 haben과 결합하여 현재완료형을 만듭니다.
- 과거분사(Partizip II)는 문장의 가장 마지막에 위치해야 합니다.

과거분사의 형태

❶ 규칙 변화

machen	gemacht
suchen	gesucht

- 규칙 과거분사의 기본 형태 ge + mach + t

legen ➡ gelegt stellen ➡ gestellt setzen ➡ gesetzt

arbeiten	gearbeitet
öffnen	geöffnet

- 어간이 t, d, m, n으로 끝날 때, 어간 뒤에 e를 삽입

ge + arbeit + e + t

warten ➡ gewartet, rechnen ➡ gerechnet

studieren	studiert
rasieren	rasiert

- -ieren 으로 끝나는 동사는 과거분사에 ge가 붙지 않음

studier + t

diskutieren ➡ diskutiert, regieren ➡ regiert

❷ 불규칙 변화

lesen	gelesen
sehen	gesehen

- 불규칙 과거분사의 기본 형태 ge + les + en

geben ➡ gegeben , braten ➡ gebraten

gewinnen	gewonnen
ziehen	gezogen
sprechen	gesprochen

- 어간 모음(i, ie)이 o로 변하는 형태 ge + wonn + en

helfen ➡ geholfen, beginnen ➡ begonnen,
bieten ➡ geboten, schieben ➡ geschoben,
brechen ➡ gebrochen, treffen ➡ getroffen

schneiden	geschnitten
beißen	gebissen
schreiben	geschrieben

- 어간 모음(ei)이 i, ie로 변하는 형태 ge + schnitt + en

reiten ➡ geritten, reißen ➡ gerissen,
preisen ➡ gepriesen, treiben ➡ getrieben

❸ 혼합 변화

kennen	gekannt
nennen	genannt
bringen	gebracht
denken	gedacht
wissen	gewusst

- 혼합 변화는 규칙 변화와 같이 ge+ (어간) + t의 형태를 가지면서 어간이 불규칙하게 변형된 모습을 가집니다. 규칙(ge…t)과 불규칙(어간 변형)이 혼합되어 있다고 해서 혼합 변화라 불립니다. 혼합 변화에 해당되는 동사는 많지 않습니다.

연습문제 ÜBUNGEN

1 주어진 단어들을 사용하여 현재완료형(Perfekt) 문장을 만드세요. MP3 065

❶ wohnen – er – in Köln ➡ Er hat in Köln gewohnt.
❷ lernen – Gabi – Spanisch ➡ ______
❸ gratulieren – wir – ihm ➡ ______
❹ sagen – Max – kein Wort ➡ ______
❺ helfen – du – Paul ➡ ______
❻ essen – du – den Kuchen – ? ➡ ______
❼ schließen – du – das Fenster ➡ ______
❽ trinken – er – was – ? ➡ ______
❾ beginnen – ihr – wann – ? ➡ ______
❿ denken – Sie – was – ? ➡ ______

2 다음 문장을 현재형 문장으로 고쳐 쓰세요.

❶ Er hat Wasser getrunken. ➡ Er trinkt Wasser.
❷ Ich habe ihn gewonnen. ➡ ______
❸ Sie hat den Wagen gezogen. ➡ ______
❹ Ich habe es gerne getan. ➡ ______
❺ Das haben sie nicht gewusst. ➡ ______
❻ Sie hat einen Brief geschrieben. ➡ ______
❼ Ihr habt alles gegessen. ➡ ______
❽ Hast du den Mann getroffen? ➡ ______
❾ Ich habe gestern mit ihr telefoniert. ➡ ______
❿ Er hat lange geschlafen. ➡ ______

연습문제 정답 **1** ❷ Gabi hat Spanisch gelernt. ❸ Wir haben ihm gratuliert. ❹ Max hat kein Wort gesagt. ❺ Du hast Paul geholfen. ❻ Hast du den Kuchen gegessen? ❼ Du hast das Fenster geschlossen. ❽ Was hat er getrunken? ❾ Wann habt ihr begonnen? ❿ Was haben Sie gedacht? **2** ❷ Ich gewinne ihn. ❸ Sie zieht den Wagen. ❹ Ich tue es gerne. ❺ Das wissen sie nicht. ❻ Sie schreibt einen Brief. ❼ Ihr esst alles. ❽ Triffst du den Mann? ❾ Ich telefoniere gestern mit ihr. ❿ Er schläft lange.

27 현재완료형 2
Perfekt mit sein

sein 동사와 결합하여 현재완료형(Perfekt)을 만드는 동사들을 배웁니다. 대부분의 동사들은 haben과 결합하여 과거를 표현할 수 있지만 장소의 이동, 상태의 변화 등을 표현하는 동사는 sein 동사와 결합하여 과거를 표현합니다.

현재완료의 형태 2

형태	sein + 과거분사
문장 구조 예시	Ich bin nach Deutschland geflogen. 나는 독일로 갔다.

- haben과 sein 어느 동사와 결합하든 과거분사의 형태는 일반 동사의 특징에 달려 있습니다. 앞에서 배운 과거분사의 형태들을 잘 기억하세요.

sein 동사와 결합해 완료형을 만드는 동사들

❶ 장소의 이동을 나타내는 자동사

gehen	ist gegangen
kommen	ist gekommen
fahren	ist gefahren
fliegen	ist geflogen

steigen	ist gestiegen
fallen	ist gefallen
reisen	ist gereist
fliehen	ist geflohen

❷ 상태의 변화를 나타내는 자동사

sterben	ist gestorben
wachsen	ist gewachsen

sinken	ist gesunken
schmelzen	ist geschmolzen

❸ sein, werden, bleiben, passieren 등 기타

sein	ist gewesen
werden	ist geworden
bleiben	ist geblieben
geschehen	ist geschehen

gelingen	ist gelungen
folgen	ist gefolgt
begegnen	ist begegnet
passieren	ist passiert

- 타동사의 경우에는 haben과 결합하여 현재완료형을 만듭니다.

주의 철자가 다른 단어인 경우: steigen 오르다(자) ≠ steigern 올리다(타)
sinken 가라앉다 (자)≠ senken 가라앉히다 (타)
같은 단어이나 의미가 다른 경우: fahren 가다(자) = fahren 운전하다(타)

연습문제 ÜBUNGEN

1 다음 글을 읽고 빈칸에 sein, haben 중 알맞은 동사를 넣으세요.

MP3 066

Vorgestern ____________ ich um 9 Uhr ins Büro gekommen.
Ich ____________ E-Mails gelesen und meine Termine gecheckt.
In der Mittagspause ____________ ich essen gegangen und ____________ mit Kollegen gesprochen.
Am Nachmittag bin ich zur Universität Mainz gefahren und habe einen Professor getroffen.
Ich ____________ etwa eine Stunde dort geblieben. Danach ____________ ich wieder ins Büro gekommen.
Ich ____________ bis 17 Uhr im Büro gearbeitet.

2 다음 괄호 안에 주어진 동사를 사용하여 현재완료형 문장을 만드세요.

MP3 067

❶ Wir ____________ ihm ____________. (begegnen)
❷ Wo ____________ er in den Ferien ____________? (sein)
❸ Das Eis ____________ schnell ____________. (schmelzen)
❹ Meine Schwester ____________ nach Russland ____________. (gehen)
❺ Ich ____________ nur zu Hause ____________. (bleiben)
❻ Es ____________ bald dunkel ____________. (werden)
❼ Was ____________ denn ____________? (passieren)
❽ Sein Hund ____________ vor drei Wochen ____________. (sterben)

3 다음 문장을 현재완료형 문장으로 고쳐 쓰세요.

❶ Er steigt auf den Berg. ➡ ____________
❷ Sie fährt mit dem Bus zur Universität. ➡ ____________
❸ Was passiert? ➡ ____________
❹ Herr Müller stirbt mit 85. ➡ ____________
❺ Ihr seid müde. ➡ ____________
❻ Die Temperatur sinkt. ➡ ____________
❼ Warum bleiben Sie zu Hause? ➡ ____________
❽ Im Nebel passieren viele Unfälle. ➡ ____________
❾ Das Glas fällt auf den Boden. ➡ ____________
❿ Er flieht vor Angst. ➡ ____________

4 다음 단어들을 이용하여 현재완료 시제의 문장을 만드세요.

❶ fliegen, wir, letzte Woche, nach Wien

➡ ______________________________

❷ gehen, ihr, früh, ins Bett

➡ ______________________________

❸ kommen, sie, zu spät

➡ ______________________________

연습문제 정답

1 bin / habe / bin / habe / bin / bin / habe 2 ❶ sind / begegnet ❷ ist / gewesen ❸ ist / geschmolzen ❹ ist / gegangen ❺ bin / geblieben ❻ ist/geworden ❼ ist/passiert ❽ ist/gestorben 3 ❶ Er ist auf den Berg gestiegen. ❷ Sie ist mit dem Bus zur Universität gefahren. ❸ Was ist passiert? ❹ Herr Müller ist mit 85 gestorben. ❺ Ihr seid müde gewesen. ❻ Die Temperatur ist gesunken. ❼ Warum sind Sie zu Hause geblieben? ❽ Im Nebel sind viele Unfälle passiert. ❾ Das Glas ist auf den Boden gefallen. ❿ Er ist vor Angst geflohen. 4 ❶ Wir sind letzte Woche nach Wien geflogen. ❷ Ihr seid früh ins Bett gegangen. ❸ Sie ist zu spät gekommen.

28 분리동사의 현재완료형
Trennbare Verben im Perfekt

분리동사(Trennbare Verben)의 현재완료형에 대해 배웁니다. 분류 방법은 앞서 배운 내용과 동일하나 전철(Präfix)에 유의해야 합니다.

분리동사의 현재완료형 형태

형태	haben 또는 sein + 과거분사
문장 구조 예시	Ich habe am Montag eingekauft. 나는 월요일에 장을 보았다.

• 분리전철은 과거분사 앞에 붙여 씁니다. 전철(Präfix) + 과거분사(Partizip II)

haben을 사용하는 분리동사의 완료형

anfangen	hat angefangen
anrufen	hat angerufen
einladen	hat eingeladen
mitbringen	hat mitgebracht

nachdenken	hat nachgedacht
teilnehmen	hat teilgenommen
vorschlagen	hat vorgeschlagen
aufräumen	hat aufgeräumt

• 분리동사 역시 타동사를 비롯해 대부분의 경우 haben 동사와 결합해 완료형을 만듭니다.

sein을 사용하는 분리동사의 완료형

einsteigen	ist eingestiegen
aussteigen	ist ausgestiegen
umsteigen	ist umgestiegen
ankommen	ist angekommen
aufstehen	ist aufgestanden

abfahren	ist abgefahren
abfliegen	ist abgeflogen
einziehen	ist eingezogen
umziehen	ist umgezogen
aufwachen	ist aufgewacht

• 분리동사 역시 장소의 이동이나 상태의 변화를 표현하는 동사들인 경우 sein 동사와 결합하여 완료형을 만듭니다.

연습문제 ÜBUNGEN

1 주어진 동사를 활용해 올바른 완료형 문장을 만드세요.

❶ Wir __________ schon um 6 Uhr __________. (aufwachen)

❷ Heute __________ ich früh mit der Arbeit __________. (anfangen)

❸ __________ ihr schon euer Zimmer __________? (aufräumen)

❹ Er __________ dich zum Essen __________. (einladen)

2 주어진 동사를 각 빈칸에 현재완료 형태로 알맞게 채우세요.

anrufen – aussteigen – einladen – einschlafen – einsteigen – nachdenken – aufräumen

❶ Er __________ mich __________.

❷ Ich __________ den Müll __________.

❸ Die Kinder __________ in den Zug __________.

❹ Mein Vater __________ aus der U-Bahn __________.

❺ Unsere Nachbarin __________ uns zum Geburtstag __________.

❻ __________ du über deine Probleme __________?

❼ Beim Lernen __________ ich oft __________.

3 다음 예시처럼 현재완료형을 사용하여 알맞은 대답을 완성하세요.

MP3 068

Räumst du dein Arbeitszimmer auf?
– Nein, ich habe schon mein Arbeitszimmer aufgeräumt.

❶ Sieht er jeden Tag fern?
– Ja, er __________

❷ Kommt ihr dann morgen an?
– Nein, wir __________

❸ Steigt sie an dieser Haltestelle aus dem Bus aus?
– Nein, sie __________

❹ Liest du die Zeitung vor?
– Nein, ich __________

❺ Macht sie jetzt das Feuer an?
– Nein, sie __________

❻ Fährt der Bus in 20 Minuten ab?
– Nein, der Bus __________

❼ Bringt er die Tasche übermorgen mit?
– Nein, er __________

❽ Schlafen die Kinder nicht ein?
– Doch, sie __________

연습문제 정답 1 ❶ sind / aufgewacht ❷ habe / angefangen ❸ Habt / aufgeräumt ❹ hat/eingeladen 2 ❶ hat / angerufen ❷ habe / aufgeräumt ❸ sind / eingestiegen ❹ ist / ausgestiegen ❺ hat / eingeladen ❻ Hast / nachgedacht ❼ bin / eingeschlafen 3 ❶ hat jeden Tag ferngesehen. ❷ sind schon gestern angekommen. ❸ ist schon aus dem Bus ausgestiegen. ❹ habe die Zeitung schon vorgelesen. ❺ hat das Feuer schon angemacht. ❻ ist bereits vor einer Stunde abgefahren. ❼ hat die Tasche schon mitgebracht. ❽ sind schon eingeschlafen.

29 동사 sein과 haben의 과거형
Verben sein und haben im Präteritum

지금까지 배운 현재완료형(Perfekt) 말고도 과거의 일을 말할 수 있는 과거형(Präteritum)이 하나 더 있습니다. 이 장에서는 과거형 가운데 sein 동사와 haben 동사의 과거형에 대해 알아봅니다.

sein과 haben의 과거형 어미변화

	sein			haben		
	현재형	현재완료형	과거형	현재형	현재완료형	과거형
ich	bin	bin + gewesen	war	habe	habe + gehabt	hatte
du	bist	bist + gewesen	warst	hast	hast + gehabt	hattest
er/sie/es	ist	ist + gewesen	war	hat	hat + gehabt	hatte
wir	sind	sind + gewesen	waren	haben	haben + gehabt	hatten
ihr	seid	seid + gewesen	wart	habt	habt + gehabt	hattet
sie/Sie	sind	sind + gewesen	waren	haben	haben + gehabt	hatten

- sein과 haben 모두 현재완료형(Perfekt)으로도 과거를 표현할 수 있지만, 문어체에서 주로 사용되는 과거형(Präteritum)의 본래적 쓰임과 상관없이 과거형 형태를 구어체와 문어체 모두에서 더 선호하여 사용합니다.

연습문제 ÜBUNGEN

1 다음 문장의 동사를 과거형(Präteritum)으로 바꾸세요.

❶ Sie hat Husten. ➡ ______________________

❷ Wir sind in Hannover ➡ ______________________

❸ Mir ist langweilig. ➡ ______________________

❹ Ich habe keine Zeit. ➡ ______________________

❺ Ihr seid gesund. ➡ ______________________

❻ Sie ist erkältet. ➡ ______________________

❼ Max und Marc haben Urlaub. ➡ ______________________

❽ Wer hat die Tasche? ➡ ______________________

❾ Wie spät ist es? ➡ ______________________

❿ Er ist unzufrieden. ➡ ______________________

2 다음을 읽고 빈칸에 haben과 sein 중 알맞은 것을 골라 과거형으로 쓰세요.

❶ Wir ________ im Herbst in den USA.
❷ ________ Meike früher eine Katze?
❸ Ich ________ damals großes Glück.
❹ Du ________ damals Pech.
❺ Wo ________ du vorgestern?
❻ Er ________ krank.
❼ Ihr ________ noch keine Erfahrung.
❽ ________ ihr schon mal hier?
❾ Was ________ das gerade?
❿ Es ________ unglaublich.

3 주어진 단어들을 활용하여 과거형 문장으로 답하세요. MP3 069

❶ Warum bist du müde? (haben – viel Arbeit)
➡ ____________________
❷ Wie war der Film? (sein – interessant)
➡ ____________________
❸ Wo war sie letzte Woche? (sein – in Köln)
➡ ____________________
❹ Hast du einen Drucker? (haben – einen Drucker – früher)
➡ ____________________
❺ Wie alt war er damals? (sein – 25 Jahre alt)
➡ ____________________

4 문장에 알맞은 단어를 고르세요.

❶ Wir hatten/waren ein Haus.
❷ Der Junge hatte/war unhöflich.
❸ Hattest/Warst du Lust?
❹ Hattet/Wart ihr noch zu Hause?
❺ Herr Schmidt hatte/war schon 80 Jahre alt.
❻ Der Fernseher hatte/war unglaublich teuer.

5 다음을 읽고 현재형과 과거형 중 알맞은 시제를 고르세요. MP3 070

Früher war/bin ich Single. Ich habe/hatte oft einen Freund, aber nie lange. Jetzt war/bin ich verheiratet. Mein Mann ist/war aus Österreich. In Österreich ist/war er Bäcker. Wir sind/waren schon 2012 zusammen in Busan. Heute sind/waren wir ein Paar.

연습문제 정답 **1** ❶ Sie hatte Husten. ❷ Wir waren in Hannover. ❸ Mir war langweilig. ❹ Ich hatte keine Zeit. ❺ Ihr wart gesund. ❻ Sie war erkältet. ❼ Max und Marc hatten Urlaub. ❽ Wer hatte die Tasche? ❾ Wie spät war es? ❿ Er war unzufrieden. **2** ❶ waren ❷ Hatte ❸ hatte ❹ hattest ❺ warst ❻ war ❼ hattet ❽ Wart ❾ war ❿ war **3** ❶ Ich hatte viel Arbeit. ❷ Der Film war interessant. ❸ Sie war letzte Woche in Köln. ❹ Ich hatte früher einen Drucker. ❺ Er war damals 25 Jahre alt. **4** ❶ hatten ❷ war ❸ Hattest ❹ Wart ❺ war ❻ war **5** war / hatte / bin / ist / war / waren / sind

30 화법조동사의 과거형
Modalverben im Präteritum

화법조동사(Modalverben)는 앞서 배운 sein과 haben처럼 과거의 일을 말할 때 주로 과거형(Präteritum)을 사용합니다.

화법조동사의 과거형 어미변화

	können	wollen	müssen	dürfen	sollen
ich	konnte	wollte	musste	durfte	sollte
du	konntest	wolltest	musstest	durftest	solltest
er/sie/es	konnte	wollte	musste	durfte	sollte
wir	konnten	wollten	mussten	durften	sollten
ihr	konntet	wolltet	musstet	durftet	solltet
sie/Sie	konnten	wollten	mussten	durften	sollten

- 화법조동사 möchten의 경우 따로 과거형이 없으며, 대신 wollen 동사의 과거형을 빌려 씁니다.
  예 Heute möchte ich ins Kino gehen. ➡ Gestern wollte ich ins Kino gehen.

연습문제 ÜBUNGEN

1 주어진 화법조동사의 과거형으로 다음 빈칸을 알맞게 채우세요.

❶ 2015 ____________ wir endlich ein Haus kaufen. (können)
❷ Letzte Woche ____________ ich die Prüfung machen. (müssen)
❸ Er ____________ eigentlich kein Deutsch. (können)
❹ Er ____________ schwimmen lernen. (sollen)
❺ Was ____________ du gestern? (wollen)
❻ Früher ____________ man hier rauchen, aber jetzt nicht mehr. (dürfen)
❼ Da ____________ ich nicht immer perfekt sein. (müssen)
❽ Maria ____________ jeden Tag ins Kino gehen. (wollen)
❾ Ich ____________ schnell nach Hause. (müssen)

2 주어진 화법조동사의 과거형으로 다음 빈칸을 알맞게 채우세요. MP3 071

Matthias: Was ____________ (wollen) du gerne in deiner Kindheit?
Tanja: Ich ____________ (wollen) immer schwimmen gehen. Aber ich ____________ (müssen) zuerst Hausaufgaben machen. Erst danach ____________ (können) ich machen, was ich ____________ (wollen).

Matthias: ____________ (können) du gut schwimmen?

Tanja: Ja, mit 7 ____________ (können) ich schon gut schwimmen. Ich und meine Schwester ____________ (wollen) jeden Tag schwimmen gehen, aber wir ____________ (dürfen) nur einmal pro Woche gehen.

3 보기를 읽고 알맞은 화법조동사를 찾아 과거형으로 채우세요.

müssen – müssen – dürfen – wollen – können

❶ Am Wochenende ____________ er lernen.

❷ Ich ____________ spielen gehen, aber ich ____________ noch Hausaufgaben machen.

❸ Ich ____________ nicht bis spät in die Nacht dort bleiben. Meine Eltern erlaubten es mir nicht.

❹ ____________ du den Computer reparieren?

4 다음 주어진 단어들을 사용하여 과거형 문장을 만드세요.

MP3 072

❶ er – Julia – zum Essen – einladen – können

Er konnte Julia zum Essen einladen.

❷ ich – ins Kino – gehen – wollen

____

❸ du – die Schuhe – putzen – sollen

____

❹ ihr – die Uhr – nicht – reparieren – müssen

____

❺ der Nachbar – nicht – gut – backen – können

____

❻ der Hund – den Kuchen – nicht – essen – dürfen

____

❼ wir – die Wörter – lernen – müssen

____

❽ du – den Satz – verstehen – können

______________________________?

연습문제 정답 1 ❶ konnten ❷ musste ❸ konnte ❹ sollte ❺ wolltest ❻ durfte ❼ musste ❽ wollte ❾ musste 2 wolltest / wollte/musste / konnte / wollte / Konntest / konnte / wollten / durften 3 ❶ musste ❷ wollte / musste ❸ durfte ❹ Konntest 4 ❷ Ich wollte ins Kino gehen. ❸ Du solltest die Schuhe putzen. ❹ Ihr musstet die Uhr nicht reparieren. ❺ Der Nachbar konnte nicht gut backen. ❻ Der Hund durfte den Kuchen nicht essen. ❼ Wir mussten die Wörter lernen. ❽ Konntest du den Satz verstehen?

31 재귀대명사
Reflexivpronomen

재귀대명사(Reflexivpronomen)는 동사를 통해 표현된 주어의 행위가 다시 주어에게 되돌아가는 재귀적 관계를 표현하는 대명사이며 재귀동사와 함께 사용됩니다. 재귀대명사에는 3격과 4격이 있습니다.

재귀대명사의 형태

	1인칭 단수	2인칭 단수	3인칭 단수	1인칭 복수	2인칭 복수	3인칭 복수
3격(Dativ)	mir	dir	sich	uns	euch	sich
4격(Akkusativ)	mich	dich				

- 1인칭과 2인칭 단수에서만 3격과 4격이 구분됩니다.
- 재귀대명사는 행위가 자신에게 돌아오는 경우에 사용되며 해석할 필요가 없는 경우가 대부분입니다.
  예 Ich kämme mich. 나는 (내 머리를) 빗는다. (주어 ich와 목적어 mich는 같은 사람)

타동사와 재귀동사의 차이

	타동사	재귀동사
rasieren	Sie rasiert ihn. 그녀는 그를 면도해 준다.	Er rasiert sich selbst. 그는 스스로 면도한다.
anziehen	Sie zieht ihn warm an. 그녀는 그를 따뜻하게 입힌다.	Ich ziehe mich warm an. 나는 따뜻하게 입는다.
freuen	Es freut mich. 그것은 나를 기쁘게 한다.	Ich freue mich. 나는 기쁘다.

- 재귀대명사를 인칭대명사와 혼동하지 않도록 주의해야 합니다.
- 타동사이면서 동시에 재귀동사인 경우도 많으므로 잘 구분해서 사용해야 합니다.
  예 Ich treffe meinen Freund. (타동사) / Ich treffe mich mit meinem Freund. (재귀동사)
- 재귀동사는 재귀대명사 3인칭 단수 sich와 함께 기억하는 것이 좋습니다.
  예 sich freuen 기쁘다 / sich kämmen 머리를 빗다
- 재귀동사에 4격 목적어가 동시에 사용되는 경우 4격 재귀대명사는 3격으로 바뀌어 표현됩니다.
  예 Ich wasche mich. 나는 씻는다 ➡ Ich wasche mir die Hände. 나는 (내) 손을 씻는다.

연습문제 ÜBUNGEN

1 알맞은 재귀대명사를 사용하여 빈칸을 채우세요. MP3 073

❶ Max: Wann treffen wir ____________ ?

Tanja: Ich muss ____________ noch umziehen, es dauert vielleicht noch eine Stunde.

Max: Gut, dann beeil ____________. Ich freue ____________ schon auf die Party.

❷ Max: Warum kommt Tim nicht?

Tim: Er hat ____________ schwer erkältet und muss ____________ jetzt erst einmal ausruhen.

Max: Schade, wir haben ____________ schon so auf ihn gefreut.

Tim: Ja, er hat ____________ auch sehr geärgert, aber da kann man nichts machen.

2 다음 빈칸에 알맞은 재귀대명사를 채우세요.

❶ Ich suche ____________ einen Job.

❷ Ich kaufe ____________ ein Buch.

❸ Er kauft ____________ eine Zeitschrift.

❹ Machen Sie ____________ keine Sorgen.

❺ Ihr interessiert ____________ für Musik.

❻ Freust du ____________ auf morgen?

❼ Wer kümmert ____________ um die Kinder?

❽ Das merke ich ____________.

❾ Sie sollte ____________ beeilen.

❿ Hat er ____________ erkältet?

⓫ Ich irre ____________ oft.

⓬ Stell ____________ mal meine Lage vor.

⓭ Es befindet ____________ in der Mitte.

3 다음 빈칸에 인칭대명사와 재귀대명사를 구분하여 알맞은 대명사를 넣으세요.

❶ Ich wasche das Baby. Ich wasche ____________. Danach wasche ich ____________ selbst.

❷ Er stellt seine Frau vor. Er stellt ____________ vor. Danach stellt er ____________ selbst vor.

❸ Sie ziehen ihre Kinder an. Sie ziehen ____________ an. Danach ziehen sie ____________ selbst an.

연습문제 정답 **1** ❶ uns / mich / dich / mich ❷ sich / sich / uns / sich **2** ❶ mir ❷ mir ❸ sich ❹ sich ❺ euch ❻ dich ❼ sich ❽ mir ❾ sich ❿ sich ⓫ mich ⓬ dir ⓭ sich **3** ❶ es / mich ❷ sie / sich ❸ sie / sich

32 시간의 전치사 1
Temporale Präpositionen 1

시간을 표현하는 다양한 방법이 있습니다. 이 장에서는 시간의 전치사들을 활용해 시간을 표현하는 법에 대해 배웁니다.

전치사 an과 in의 활용

an (+3격) 요일, 날짜, 휴일, 하루의 일부	in (+3격) 달, 계절, 세기, 밤
am **Vormittag** 오전에	im **Oktober** 10월
am **Abend** 밤에	im **Sommer** 여름에
am **10. Mai** 5월 10일에	im **Jahr 1990** 1990년도에 *
am **Montag** 월요일에	im **20. Jahrhundert** 20세기에
an **Weihnachten** 성탄절에	in **der Nacht** 밤에

*** im Jahr에서 Jahr는 생략할 수 없으나 im Jahr를 모두 생략하고 숫자만으로 연도를 표기할 수 있습니다.**

- am과 im은 각 전치사와 정관사 3격 dem을 줄여 쓴 표현입니다. 시간의 전치사 an과 in 뒤에는 항상 3격을 사용합니다.
- 방위를 나타내는 경우도 전치사 in을 사용합니다. 예 im Norden 북쪽에

전치사 um, gegen, vor, nach, von … bis, über의 활용

um 정시에	gegen ~쯤, 부정확한 시간, 부정확한 연,월,일
um **11 Uhr** 11시 정각에 um **9.12 Uhr** 9시 12분에	gegen **Morgen** 아침쯤 gegen **2 Uhr** 2시쯤
vor (+3격) ~전에	**nach (+3격) ~후에**
Es ist 5 vor **11.** 11시 5분 전이다. vor **der Party** 파티 전에	**Es ist 15** nach **11.** 11시 15분이다. nach **der Party** 파티 후에
von A (3격) bis B (4격) ~부터 ~까지 *	**über (+ 4격) ~이상으로**
Es geht von **9 Uhr** bis **12 Uhr.** 9시부터 12시까지는 된다.	**Mein Praktikum in der Schweiz kann** über **ein Jahr dauern.** 스위스에서의 내 실습은 1년 넘게 걸릴 수 있다.

*** Von 대신 ab를 사용할 수 있습니다. 또한 날짜 등에 사용되는 경우 bis 뒤에 zu(m)를 사용할 수도 있습니다.**

연습문제 ÜBUNGEN

1 다음 빈칸에 알맞은 전치사를 넣으세요.

❶ ___in___ der Nacht
❷ ________ Westen
❸ ________ Silvester
❹ ________ Herbst
❺ ________ Samstag
❻ ________ Wochenende

2 다음 단어들을 알맞은 순서대로 배열하여 문장을 완성하세요.

MP3 074

❶ beginnt / der Film / um 20.45 Uhr

➡ Der Film beginnt um 20.45 Uhr.

❷ Kursfest / machen / wir / unser / im Sommer

➡ ______________________

❸ jeden Tag / vom 11. November bis zum 3. Dezember / lernen / ich / muss

➡ ______________________

❹ leider / Zeit / habe / am Freitag / ich / keine

➡ ______________________

❺ schreiben / bitte / eine E-Mail / bis nächsten Sonntag / Sie

➡ ______________________

3 전치사에 유의하여 다음 한국어 문장을 독일어로 옮기세요.

❶ 너는 새해 전날에 뭐 하니? ➡ ______________________

❷ 사고 후에 버스가 한 대 온다. ➡ ______________________

❸ 그녀는 대략 5시 30분에 도착해. ➡ ______________________

❹ 봄에는 자연이 아름답다. ➡ ______________________

❺ 화요일 19시에 재즈 콘서트가 있어. ➡ ______________________

4 다음 빈칸에 알맞은 전치사를 넣어 대화를 완성하세요.

MP3 075

A: Wo machst du ❶ ________ Sommer Urlaub?

B: ❷ ________ meiner Jugendzeit träumte ich davon, in ferne Länder zu reisen.

❸ ________ Sommerurlaub reise ich immer. Diesmal nach Süd-Afrika!

A: Toll! Ich fahre nach Spanien.

B: ❹ ________ wann ❺ ________ wann?

A: Ab dem 18. Juli bis zum 15. August bin ich im Urlaub.

B: Ach so! Gute Reise!

A: Dir auch!

연습문제 정답 1 ❷im ❸an ❹im ❺am ❻am 2 ❷Im Sommer machen wir unser Kursfest. ❸Vom 11. November bis zum 3. Dezember muss ich jeden Tag lernen. ❹Am Freitag habe ich leider keine Zeit. ❺Schreiben Sie bitte eine E-Mail bis nächsten Sonntag. 3 ❶Was machst du an Silvester? ❷Nach dem Unfall kommt ein Bus. ❸Sie kommt gegen 5.30 Uhr. ❹Im Frühling ist die Natur schön. ❺Am Dienstag um 19 Uhr gibt es ein Jazzkonzert. 4 ❶im ❷In ❸Im ❹Von ❺bis

33 3격 지배 전치사
Präpositionen mit Dativ

3격(Dativ) 관사 및 명사와만 결합하여 사용할 수 있는 전치사를 3격 지배 전치사라고 합니다.

3격 지배 전치사

전치사	의미	예시
ab	~부터	Ab nächstem Montag **bin ich im Urlaub.** 다음 주 월요일부터 나는 휴가다.
aus	~로부터	**Hol mir bitte eine Flasche Bier** aus dem Kühlschrank. 냉장고에서 맥주 한 병만 나에게 꺼내다 줘. **Das Messer ist** aus Stahl. 이 나이프는 강철로 만들어졌다.
mit	~와 함께, ~를 타고	**Ich fahre** mit dem Zug. 나는 기차를 타고 간다. **Sie geht** mit ihrem Freund **ins Kino.** 그녀는 친구와 영화관에 간다.
bei	~곁에, ~옆에, ~할 때	**Offenbach liegt** bei Frankfurt. 오펜바흐는 프랑크푸르트 옆에 있다. **Zur Zeit bleibe ich** bei meiner Tante. 최근에 나는 우리 이모 집에서 지낸다. Bei diesem Wetter **bleibe ich zu Hause.** 이런 날씨에는 나는 집에 있는다.
nach	~로, ~후에	**Monika fliegt** nach Italien **zurück.** 모니카는 이탈리아로 되돌아간다. Nach dem Essen **trinke ich gerne eine Tasse Kaffee.** 식사 후에 나는 커피 한 잔을 즐겨 마신다.
von	~로부터, ~의	**Die Hauptstadt** von Südkorea **ist Seoul.** 한국의 수도는 서울이다. **Wie lange dauert es** von hier? 여기서부터는 얼마나 걸립니까?
zu	~으로	**Viele Deutsche essen** zum (=zu+dem) Frühstück **gerne Käse.** 많은 독일인들은 아침 식사로 치즈를 먹는다. **Wir gehen jetzt** zur (=zu+der) Post. 우리는 지금 우체국으로 가요.
seit	~이래로	Seit einem Jahr **wohne ich in Berlin.** 일 년 전부터 나는 베를린에 산다.
gegenüber	~맞은편에	Gegenüber dem Kaufhaus **ist der U-Bahn-Eingang.** 백화점 맞은편에 지하철 입구가 있다.

- 앞 장에서 배운 am, im과 마찬가지로 전치사 bei, von, zu는 dem, der와 함께 줄여서 쓸 수 있습니다.

예 bei + dem = beim　　Ich bin beim Arzt.

von + dem = vom　　Kommt er schon vom Kino?

zu + dem = zum　　Wir gehen zum Museum.

zu + der = zur　　Warum fährt er zur Schule?

연습문제 ÜBUNGEN

1 다음 빈칸에 알맞은 전치사를 넣으세요.

MP3 076

❶ Ich bin gerade ___aus___ dem Haus gegangen.

❷ ________ wann studierst du Germanistik?

❸ Ich fahre nächste Woche nach München. Dort wohne ich ________ meiner Schwester.

❹ Ich fahre ________ dem Auto ________ Hamburg.

❺ Wir wohnen ________ einem Jahr hier.

❻ ________ dem Mittagessen gehe ich ________ Schule.

❼ Dieser Brief kommt ________ meiner Freundin.

❽ Gehst du ________ deinem Bruder ins Kino?

❾ Der Zug kommt ________ Augsburg.

❿ Das Fenster wurde ________ unserem Jungen zerschlagen.

2 전치사에 유의하여 알맞은 어미를 빈칸에 채우세요.

❶ Der Arzt kommt aus d___em___ Schlafzimmer.

❷ Nach d______ Schule besuche ich dich.

❸ Ich kenne sie seit jen______ Tag.

❹ Bist du zu______ Arzt gegangen?

❺ Dies______ Park gegenüber ist das Haus meines Onkels.

3 다음 대화를 읽고 빈칸에 알맞은 전치사를 채우세요.

MP3 077

Marie: Was machst du heute?

Noki: Ich fahre heute ❶ ________ (mein) Bruder ❷ ________ Bad Homburg.

Marie: Wo liegt es denn?

Noki: Es liegt bei Frankfurt. ❸ ________ hier ❹ ________ Frankfurt dauert es nur 2 Stunden.

Marie: ❺ Fährst du ________ dem Zug?

Noki: Nein.❻ ________ dem Bus fahre ich. Es ist noch günstiger. Und du? Was machst du heute?

Marie: Ich komme gerade ❼ ________ meinen Eltern. Ich werde ❽ ________ Hause bleiben.

연습문제 정답 1 ❷ Seit ❸ bei 또는 mit ❹ mit, nach ❺ seit ❻ Nach, zur ❼ von ❽ mit ❾ von 또는 aus ❿ von 2 ❷ er ❸ em ❹ m ❺ em 3 ❶ zu meinem 또는 mit meinem ❷ nach ❸ Von ❹ bis ❺ mit ❻ Mit ❼ von ❽ zu

34 4격 지배 전치사
Präpositionen mit Akkusativ

4격(Akkusativ) 관사 및 명사와만 결합하여 사용할 수 있는 전치사를 4격 지배 전치사라고 합니다.

4격 지배 전치사

전치사	의미	예시
bis	~까지	Bis wann arbeitest du? 너는 언제까지 일하니? Ich fahre bis Düsseldorf. 나는 뒤셀도르프까지 가요.
ohne	~없이	Kaffee ohne Zucker, bitte. 커피 설탕 빼고 주세요. Herr Huber kommt heute Abend ohne seine Frau zur Party. Huber 씨는 오늘밤 그의 부인 없이 파티에 온다.
für	~를 위해, ~동안	Das ist für dich. 이건 너를 위한 거야. Ich habe für ein Jahr in Deutschland ein Praktikum gemacht. 나는 독일에서 일 년 동안 실습을 했다.
um	~주변에, ~정도	Wir sitzen um den Tisch. 우리는 식탁 주변에(둘레에) 앉아 있다. Der Preis ist um 10% gestiegen. 이 가격은 10% 정도 올랐다.
durch	~를 통과하여	Man kann schnell durch den Park gehen. 공원을 통과하여 빠르게 갈 수 있다.
gegen	~대항하여	Mein Vater fährt sein Auto gegen einen Baum. 우리 아버지는 나무에 그의 차를 부딪혔다.
entlang*	~따라서, ~내내	Gehen Sie immer diesen Weg entlang. 이 길을 계속 따라가십시오.

* entlang은 보통 명사 뒤에 후치하여 사용합니다.

• 전치사 durch, für, um은 정관사 das와 함께 줄여서 쓸 수 있습니다.

예 durch + das = durchs　　Er läuft durchs Geschäft.

für + das = fürs　　Ich bringe es fürs Baby.

um + das = ums　　Wir stehen ums Auto.

연습문제 ÜBUNGEN

1 다음 빈칸에 알맞은 전치사를 넣으세요.

~~ohne~~ / für / bis / gegen / durch / um / entlang

❶ Ich kann ___ohne___ meine Brille fast nichts sehen.

❷ ________ Bremen dauert es etwa 2 Stunden.

❸ Du musst das Kabel die Wand ________ verlegen.

❹ Am Samstag spielt Hannover 96 ____________ Eintracht Braunschweig.
❺ Die Schule finden Sie gleich hier ____________ die Ecke.
❻ Man kann die Waren ____________ das Schaufenster anschauen.
❼ Warum nimmst du dir keine Zeit ____________ mich?

2 다음 빈칸에 알맞은 전치사를 넣으세요.

❶ Der Ball fliegt ___durch___ die Luft.
❷ Das Auto fährt die Straße ____________.
❸ Sie laufen ____________ die Ecke.
❹ Er stößt den Stuhl ____________ die Wand.
❺ Ich muss ____________ meine Freundin gehen, weil sie krank ist.
❻ Die Arbeit muss ____________ nächste Woche fertig sein.
❼ Ich kaufe es ____________ meinen Vater, weil er Geburtstag hat.
❽ Bringst du es ____________ deinen Lehrer?
❾ Sie wandern ____________ die Museen dieser Stadt.
❿ Der Blinde kann ____________ seinen Hund nicht gehen.

3 전치사에 유의하여 빈칸에 알맞은 어미를 채우세요. MP3 078

❶ Das Fahrrad fährt gegen ein_en_ Baum.
❷ Ich schaue durch______ Teleskop.
❸ Wir fahren ein______ Fluss entlang.
❹ Kaufst du es für dein______ Großmutter?
❺ Wir sind um unser______ Garten gelaufen.
❻ Ohne mein______ Tochter kann ich nicht kommen.
❼ Warum stehen die Leute um______ Auto?
❽ Das Haus wurde durch ein______ Bombe zerstört.
❾ Warum läufst du gegen d______ Wand?
❿ Habt ihr etwas für______ Kind mitgebracht?
⓫ Wir fahren um______ Museum.
⓬ Ich komme ohne mein______ Freundin.
⓭ Er wurde durch ein______ Explosion getötet.
⓮ Wer macht es für d______ Lehrer?

연습문제 정답 **1** ❷ Bis ❸ entlang ❹ gegen ❺ um ❻ durch ❼ für **2** ❷ entlang ❸ um ❹ gegen ❺ ohne ❻ bis ❼ für ❽ für ❾ durch ❿ ohne **3** ❷ s ❸ en ❹ e ❺ en ❻ e ❼ s ❽ e ❾ ie ❿ s ⓫ s ⓬ e ⓭ e ⓮ en

35 정관사에 따른 형용사 어미변화
Adjektivendungen nach dem bestimmten Artikel

명사의 성, 수, 격에 따라 형용사(Adjektiv)의 어미가 변화합니다. 이 장에서는 정관사에 따른 형용사 어미변화를 배웁니다.

정관사에 따른 형용사 어미변화

	남성(maskulin)	여성(feminin)	중성(neutral)	복수(Plural)
1격(Nominativ)	der gute Mann	die junge Frau	das süße Kind	die guten Leute
2격(Genitiv)	des guten Mannes	der jungen Frau	des süßen Kindes	der guten Leute
3격(Dativ)	dem guten Mann	der jungen Frau	dem süßen Kind	den guten Leuten
4격(Akkusativ)	den guten Mann	die junge Frau	das süße Kind	die guten Leute

- 복수의 경우 형용사 어미는 항상 -en으로 끝납니다(또한 모든 종류의 관사가 앞에 붙으면 이 원칙을 따릅니다. 36장 참조).
- 정관사뿐 아니라 정관사류에 속하는 관사들(dieser, jener, solcher, jeder, mancher, welcher, derjenige, derselbe)이 앞에 붙었을 때도 위와 같은 규칙으로 어미변화 합니다.

  예 dieser gute Mann　　jene junge Frau
- alle, beide, sämtliche가 앞에 붙었을 때도 역시 같은 규칙으로 변화합니다.

  예 alle neuen Schuhe　　beide großen Männer

연습문제 ÜBUNGEN

1 다음 제시된 단어들을 형용사의 어미변화에 유의하여 알맞게 바꾸세요. (단, 모두 1격)

❶ das Kleid – grün ➡ das grüne Kleid

❷ der Pullover – rot ➡ ______

❸ die Socken – braun ➡ ______

❹ die Jacke – blau ➡ ______

❺ der Koffer – schwarz ➡ ______

❻ das Hemd – weiß ➡ ______

❼ der Computer – klein ➡ ______

❽ der Wein – süß ➡ ______

❾ die Äpfel – rot ➡ ______

❿ die Hefte – bunt ➡ ______

2 다음 빈칸을 알맞은 형용사 어미로 채우세요. (단, 필요없는 경우 x 표시)

❶ Das ist der klein______ Mann, die klein______ Frau, das klein______ Kind; Das sind die krank______ Menschen.

❷ Der Mann ist alt______. Die Frau ist jung______; Das nett______ Ehepaar hat ein Kind.

❸ Die Frau läuft schnell______. Das Kind schreit laut______.

3 다음 빈칸에 알맞은 형용사 어미를 채우세요. MP3 079

❶ Vor dem klein______ Mann steht die groß______ Frau. Hinter der groß______ Frau liegt das klein______ Buch.

❷ Am hell______ Morgen bekommen die zärtlich______ Eltern die neu______ Zeitung vor der blau______ Tür.

❸ Im breit______ Zimmer lernen die schläfrig______ Studenten Deutsch mit den alt______ Büchern.

4 다음 빈칸에 알맞은 형용사 어미를 채우세요. MP3 080

❶ Die Waren dieses neu______ Geschäftes kosten viel. Ich muss das Geld von mein______ Vater leihen.

❷ Der Akku dieses alt______ Handys ist schnell leer. Ich will das Handy meines jung______ Bruders haben.

❸ Die Katze der nett______ Frau sieht das Essen der spielend______ Tochter.

5 다음 빈칸에 알맞은 형용사 어미를 채우세요. MP3 081

❶ Die laut______ Touristen reisen in allen bekannt______ Städten.

❷ Siehst du das toll______ Gebäude dieses leise______ Gebietes? Das ist das teur______ Haus dieser reich______ Leute!

❸ Ich kenne den Lehrer der freundlich______ Studenten. Er ist zufrieden mit den freundlich______ Studenten.

연습문제 정답 **1** ❷ der rote Pullover ❸ die braunen Socken ❹ die blaue Jacke ❺ der schwarze Koffer ❻ das weiße Hemd ❼ der kleine Computer ❽ der süße Wein ❾ die roten Äpfel ❿ die bunten Hefte **2** ❶ e / e / e / en ❷ x / x / e ❸ x / x **3** ❶ en / e / en / e ❷ en / en / e / en ❸ en / en / en **4** ❶ en / em ❷ en / en ❸ en / en **5** ❶ en / en ❷ e / n / e / en ❸ en / en

36 부정관사에 따른 형용사 어미변화
Adjektivendungen nach dem unbestimmten Artikel

부정관사에 따른 형용사 어미변화를 배웁니다.

부정관사에 따른 형용사 어미변화

	남성(maskulin)	여성(feminin)	중성(neutral)	복수(Plural)
1격(Nominativ)	ein guter Mann	eine junge Frau	ein süßes Kind	하단 설명 참조
2격(Genitiv)	eines guten Mannes	einer jungen Frau	eines süßen Kindes	
3격(Dativ)	einem guten Mann	einer jungen Frau	einem süßen Kind	
4격(Akkusativ)	einen guten Mann	eine junge Frau	ein süßes Kind	

- 부정관사류에 속하는 관사들(kein 관사, 소유관사, irgendein)이 앞에 붙었을 때도 부정관사와 같은 규칙으로 어미변화 합니다(단수만 참조).

  예 kein guter Mann   meine schöne Frau

- 부정관사의 복수 형태는 없으므로(ein Kind → Kinder) 부정관사가 아닌 무관사에 따른 형용사 어미변화를 하게 됩니다(37장의 표 복수 참조). 다른 부정관사류의 경우 정관사에 따른 형용사 어미변화를 따릅니다(즉, 어미가 모두 -en이 됨).

  예 ein guter Mann ➡ gute Männer   kein guter Mann ➡ keine guten Männer

연습문제 ÜBUNGEN

1 다음에 제시된 단어들을 형용사의 어미변화에 유의하여 알맞게 쓰세요. (단, 모두 1격)

❶ ein Auto – neu ➡ ein neues Auto.

❷ meine Butter – salzig ➡ ______

❸ kein Schrank – braun ➡ ______

❹ deine Tasche – teuer ➡ ______

❺ euer Lehrer – intelligent ➡ ______

❻ unsere Schule – schön ➡ ______

❼ ihr Zimmer – klein ➡ ______

❽ seine Antwort – richtig ➡ ______

2 다음 빈칸에 알맞은 형용사 어미를 채우세요. MP3 082

❶ Ist der Roman gut geschrieben? – Nein, das ist ein schlecht geschrieben______ Roman.

❷ War das Seminar langweilig? – Nein, das war ein spannend______ Seminar.

❸ Ist deine Frau nett? – Ja, sie ist wirklich eine nett______ Frau.

3 다음 빈칸에 알맞은 형용사 어미를 채우세요.

❶ Ich brauche einen schnell______ Wagen, damit ich schnell zu meiner schön______ Freundin fahre.

❷ Ein sonnig______ Frühlingstag ist immer angenehm.

❸ Ein kurz______ Leben möchte kein normal______ Mensch haben.

4 다음 빈칸에 알맞은 형용사 어미를 채우세요.

MP3 083

❶ An einem regnerisch______ Tag kann man keine schön______ Zeit verbringen.

❷ Wir kommen in einem leer______ Zug. Gestern saßen wir in einer voll______ Straßenbahn.

❸ Ich fahre mit einem langsam______ Fahrrad. Das gehört meiner älter______ Schwester.

5 다음 빈칸에 알맞은 형용사 어미를 채우세요.

MP3 084

❶ Das ist das Klavier eines vielversprechend______ Klavierspielers.

❷ Ich finde den Rucksack des klein______ Mädchens toll. Die Tasche meiner arm______ Mutter ist lahm.

❸ Das ist das Projekt einer groß______ Firma. Das Projekt meines dumm______ Chefs gefällt mir nicht.

6 주어진 문장의 명사를 복수형으로 바꾸고 필요하다면 형용사 어미도 맞게 고치세요.

❶ Er hat keinen teuren Ring gekauft.

➡ Er hat keine teuren Ringe gekauft.

❷ Er glaubt seinem kleinen Sohn.

➡ ______________________________

❸ Ich telefonierte mit meiner deutschen Freundin.

➡ ______________________________

❹ Unsere neue Nähmaschine war teuer.

➡ ______________________________

❺ Wer hat meinen roten Bleistift?

➡ ______________________________

연습문제 정답 1 ❷ meine salzige Butter ❸ kein brauner Schrank ❹ deine teure Tasche ❺ euer intelligenter Lehrer ❻ unsere schöne Schule ❼ ihr kleines Zimmer ❽ seine richtige Antwort 2 ❶ er ❷ es ❸ e 3 ❶ en / en ❷ er ❸ es / er 4 ❶ en / e ❷ en / en ❸ en / en 5 ❶ en ❷ en / en ❸ en / en 6 ❷ Er glaubt seinen kleinen Söhnen. ❸ Ich telefonierte mit meinen deutschen Freundinnen. ❹ Unsere neuen Nähmaschinen waren teuer. ❺ Wer hat meine roten Bleistifte?

37 무관사에 따른 형용사 어미변화
Adjektivendungen nach dem Nullartikel

관사가 없이 사용된 명사의 경우, 즉 무관사에 따라 형용사가 어떻게 어미변화하는지를 배웁니다.

무관사에 따른 형용사 어미변화

	남성(maskulin)	여성(feminin)	중성(neutral)	복수(Plural)
1격(Nominativ)	frischer Saft	warme Milch	kaltes Bier	gute Freunde
2격(Genitiv)	frischen Saftes*	warmer Milch	kalten Bieres*	guter Freunde
3격(Dativ)	frischem Saft	warmer Milch	kaltem Bier	guten Freunden
4격(Akkusativ)	frischen Saft	warme Milch	kaltes Bier	gute Freunde

- 관사가 없는 대신 그 명사에 해당하는 정관사 어미가 형용사 어미 자리에 오게 됩니다. *남성, 중성 2격 예외

  der frische Saft → frischer Saft　　die warme Milch → warme Milch　　das kalte Bier → kaltes Bier

주의 숫자, viele, einige, mehrere, wenige 등도 위와 같은 규칙을 갖습니다.

예 zwei gute Freunde / viele gute Freunde / mehrere gute Freunde

- 결국 형용사 복수 어미변화의 패턴은 2가지뿐입니다. 관사가 있다면(부정관사류라고 하더라도) 정관사에 따른 형용사 어미변화를, 관사가 없다면 무관사에 따른 형용사 어미변화를 따릅니다.

연습문제 ÜBUNGEN

1 다음에 제시된 단어들을 형용사의 어미변화에 유의하여 알맞게 쓰세요. (단, 모두 1격)

❶ Bier – kalt ➡ kaltes Bier　　❷ Milch – frisch ➡ ____________

❸ Wasser – heiß ➡ ____________　　❹ Schokolade – bitter ➡ ____________

❺ Wind – mild ➡ ____________　　❻ Käse – salzig ➡ ____________

❼ Menschen – klein ➡ ____________　　❽ Nachrichten – gut ➡ ____________

❾ Kaffee – schwarz ➡ ____________　　❿ Säfte – japanisch ➡ ____________

2 다음 빈칸에 알맞은 형용사 어미를 채우세요.

❶ Rot ____________ Wein schmeckt mir nicht gut, weiß ____________ Wein schmeckt mir besser.

❷ Spanisch ____________ Äpfel sind süßer als französisch ____________ Äpfel.

❸ Hier gibt es viele verschieden ____________ Brote: deutsch ____________ Vollkornbrot, gelb ____________ Brot, weiß ____________ Brot…

3 다음 빈칸에 알맞은 형용사 어미를 채우세요.

❶ Ich muss abnehmen. Ich trinke nur fettarm ____________ Milch.

❷ Ich kaufe meistens nur teur ____________ Saft aus dem Bioladen, weil er gesünder ist.

❸ Wir möchten heute Abend deutsch ____________ Bier trinken.

4 다음 빈칸에 알맞은 형용사 어미를 채우세요.

❶ Frisch ____________ Fleisch mit gekocht ____________ Kartoffeln schmeckt am besten, nicht wahr?

❷ Ich lasse meine Kinder mit sauber ____________ Schnee spielen.

❸ Um erfolgreich zu sein, muss ich mit groß ____________ Mühe arbeiten.

5 다음을 형용사 어미변화에 유의하여 알맞은 문장으로 완성하세요.

MP3 085

❶ bei / schlecht / Wetter / fliege / ich / nicht ➡ Bei schlechtem Wetter fliege ich nicht.

❷ wer / schreibt / mit / grün / Kreide / ? ➡ ____________

❸ nach / kurz / Zeit / wurde / es / still ➡ ____________

❹ das Messer / ist / aus / rostfrei / Stahl ➡ ____________

❺ warum / schwimmt / er / in / eiskalt / Wasser / ? ➡ ____________

❻ der Dieb / kam / bei / helllicht / Tag ➡ ____________

❼ ich / kenne / ihn / seit / lang / Zeit ➡ ____________

❽ er / trank / nichts / außer / viel / stark / Kaffee ➡ ____________

6 다음을 읽고 빈칸에 형용사 어미를 채워 대화를 완성하세요.

MP3 086

A: Guten Tag. Verkaufen Sie Weine aus aller Welt?

B: Ja. Wir haben alles.

A: Hmm··· Ist das hier ❶ deutsch ____________ Wein?

B: Nein, das ist kein deutscher Wein. Der ist aus Frankreich.

Möchten Sie ❷ deutsch ____________ Wein probieren?

A: Ja, bitte. Oh! Das ist Riesling. Der schmeckt süß!

B: ❸ Deutsch ____________ Weine sind fein, vor allem Weißweine.

A: Ich nehme den Riesling und hätte gerne noch 200g ❹ frisch ____________ Käse.

연습문제 정답

1 ❷ frische Milch ❸ heißes Wasser ❹ bittere Schokolade ❺ milder Wind ❻ salziger Käse ❼ kleine Menschen ❽ gute Nachrichten ❾ schwarzer Kaffee ❿ japanische Säfte 2 ❶ er / er ❷ e / e ❸ e / es / es / es 3 ❶ e ❷ en ❸ es 4 ❶ es, en ❷ em ❸ er 5 ❷ Wer schreibt mit grüner Kreide? ❸ Nach kurzer Zeit wurde es still. ❹ Das Messer ist aus rostfreiem Stahl. ❺ Warum schwimmt er in eiskaltem Wasser? ❻ Der Dieb kam bei helllichtem Tag. ❼ Ich kenne ihn seit langer Zeit. ❽ Er trank nichts außer viel starkem Kaffee. 6 ❶er ❷en ❸e ❹en

38 서수
Ordnungszahlen

기수(Grundzahlen 혹은 Kardinalzahlen)는 기본이 되는 수를 말하며, 서수(Ordnungszahlen)는 사물의 순서를 나타내는 수를 말합니다.

기수와 서수의 비교

1~19			20~		
수	기수	서수(기수 + te)	수	기수	서수(기수 + ste)
1	eins	erste-	20	zwanzig	zwanzigste-
2	zwei	zweite-	21	einundzwanzig	einundzwanzigste-
3	drei	dritte-	22	zweiundzwanzig	zweiundzwanzigste-
4	vier	vierte-	23	dreiundzwanzig	dreiundzwanzigste-
5	fünf	fünfte-	24	vierundzwanzig	vierundzwanzigste-
6	sechs	sechste-	...	...	...
7	sieben	siebte-	30	dreißig	dreißigste-
8	acht	achte-	31	einunddreißig	einunddreißigste-
9	neun	neunte-	32	zweiunddreißig	zweiunddreißigste-
10	zehn	zehnte-	33	dreiunddreißig	dreiunddreißigste-
11	elf	elfte-	...	...	...
12	zwölf	zwölfte-	40	vierzig	vierzigste-
13	dreizehn	dreizehnte-	50	fünfzig	fünfzigste-
14	vierzehn	vierzehnte-	60	sechzig	sechzigste-
15	fünfzehn	fünfzehnte-	70	siebzig	siebzigste-
16	sechzehn	sechzehnte-	80	achtzig	achtzigste-
17	siebzehn	siebzehnte-	90	neunzig	neunzigste-
18	achtzehn	achtzehnte-	100	hundert	hundertste-
19	neunzehn	neunzehnte-	1,000	tausend	tausendste-

서수의 형용사 어미변화

	der Weltkrieg 세계대전	die Liebe 사랑	das Mal 번, 회
1격(Nominativ)	der erste Weltkrieg 제1차 세계대전	die erste Liebe 첫사랑	das erste Mal 첫 번째, 첫 회
2격(Genitiv)	des ersten Weltkrieg(e)s	der ersten Liebe	des ersten Mal(e)s
3격(Dativ)	dem ersten Weltkrieg	der ersten Liebe	dem ersten Mal
4격(Akkusativ)	den ersten Weltkrieg	die erste Liebe	das erste Mal

• 서수는 명사 앞에서 형용사 어미변화하며, 규칙은 동일합니다.

• 서수를 숫자로 쓸 경우 점(Punkt)을 찍어 표시하며, 읽을 때는 서수의 표현대로 읽습니다.

예 Wir wohnen im 8. (=achten) Stock. 우리는 8층에 산다.
Heute ist der 5. (=fünfte) Mai. 오늘은 5월 5일이다.
Mein Geburtstag ist am 3.(=dritten) November. 내 생일은 11월 3일이다.

연습문제 ÜBUNGEN

1 빈칸 뒤에 제시된 숫자를 예시와 같이 독일어로 쓰세요. MP3 087

• A: Den Wievielten haben wir heute?

B: Moment, gestern war Samstag, der ❶ dreizehnte (13.), dann haben wir heute Sonntag, den ❷ ________ (14.).

• A: Chef! Wann bekommen wir unser Gehalt in diesem Monat?

B: Erst am ❸ ________ (4.) könnt ihr es bekommen.

• A: Unser Geschäft ist vom ❹ ________ (15.) August bis zum ❺ ________ (3.) September geschlossen.

B: Wann öffnen wir wieder?

A: Ab dem ❻ ________ (1.) Oktober sind wir wieder da.

In diesem Jahr dauert das Oktoberfest vom ❼ ________ (16.) September bis zum ❽ ________ (3.) Oktober.

2 서수에 유의하여 독일어로 작문하세요.

❶ 이게 내 두 번째 맥주야. ➡ Das ist mein zweites Bier.

❷ 나는 나의 두 번째 집을 샀어요. ➡ ________

❸ 여기는 그의 두 번째 부인입니다. ➡ ________

❹ 그는 세 번째 길의 왼쪽에 살고 있어요. ➡ ________

❺ 클라우스 씨는 매 5번째 주에 나를 방문합니다. ➡ ________

3 올바른 대화가 이루어지도록 다음 회화를 알맞게 연결하세요. MP3 088

❶ Wie viele Leute seid ihr in eurem Team?
❷ Wann hat Laura noch mal Geburtstag?
❸ Welchen Tag haben wir heute?
❹ Willst du noch eine Tasse Kaffee?
❺ Auf welchen Platz bist du beim Lauf gekommen?

a. Eine dritte Tasse? Nein, danke.
b. Wir sind zu dritt.
c. Den dritten November.
d. Auf den dritten.
e. Am dritten Dezember.

연습문제 정답 1 ❷ vierzehnten ❸ vierten ❹ fünfzehnten ❺ dritten ❻ ersten ❼ sechzehnten ❽ dritten 2 ❷ Ich habe mein zweites Haus gekauft. ❸ Das ist seine zweite Frau. ❹ Er wohnt in der dritten Straße links. ❺ Herr Klaus besucht mich jede fünfte Woche. 3 ❶-b ❷-e ❸-c ❹-a ❺-d

39 형용사 비교 변화: 원급
Steigerung der Adjektive: Positiv

기본적인 형용사를 활용하여 비교 변화(Steigerung)의 표현을 만들 수 있습니다. 비교 변화란 어떤 둘 이상의 대상들을 비교하여 성질이나 상태의 정도 등을 표현할 때 사용합니다. 이 장에서는 형용사의 원급(Positiv)을 활용하여 대상들의 차이가 없이 '~만큼 ~하다'라는 뜻을 나타내는 동등비교급을 배웁니다.

비교급에 자주 쓰이는 형용사

jung 젊은	**alt** 늙은	**gut** 좋은	**schlecht** 나쁜
neu 새로운	**alt** 낡은	**klein** 작은	**groß** 큰
kalt 추운	**warm** 따뜻한	**langsam** 느린	**schnell** 빠른
krank 아픈	**gesund** 건강한	**leicht** 가벼운	**schwer** 무거운
kurz 짧은	**lang** 긴	**einfach** 간단한	**schwierig** 어려운
schwach 약한	**stark** 센	**schmal** 좁은	**breit** 넓은
hell 밝은	**dunkel** 어두운	**dünn** 날씬한	**dick** 뚱뚱한
billig 싼	**teuer** 비싼	**nah** 가까운	**fern** 먼
arm 가난한	**reich** 돈이 많은, 부자인	**leer** 빈	**voll** 가득 찬
niedrig 낮은	**hoch** 높은	**wenig** 적은	**viel** 많은

- 서로 반대되는 의미의 형용사들을 함께 암기하세요.
- 비교급이나 최상급이 아닌 본래의 형용사를 원급(Positiv)이라고 합니다.

동등비교급의 형태

A	동사 + so + 형용사	wie B
Max 막스는	**ist** so **gesund** 똑같이 건강하다	wie **Hans.** 한스만큼
Diese Hose 이 바지는	**kostet** so **viel** 똑같이 비싼 가격이다	wie **das Kleid.** 이 원피스만큼

- wie 이후에 나오는 명사는 비교 대상인 주어와 같은 격으로 사용해야 합니다.
- so를 대신해 ebenso, genauso, etwa so 등을 사용할 수 있습니다.
- nicht를 넣어 '~만큼은 ~하지 않다'는 표현으로 확장할 수 있습니다.
  예 Er ist nicht so groß wie sein Bruder. 그는 그의 형제만큼 키가 크진 않다.
- so schnell wie möglich(가능한 한 빨리), so früh wie möglich(가능한 한 일찍) 등과 같은 표현이 가능합니다.
  예 Wir rufen Sie so schnell wie möglich zurück. 우리가 당신에게 가능한 빨리 회신하겠습니다.

연습문제 ÜBUNGEN

1 예시와 같이 형용사들의 반의어로 아래 빈칸을 채우세요.

jung ⟷ alt		gut ⟷ ❺ ______	
❶ ______ ⟷ warm		klein ⟷ ❻ ______	
krank ⟷ ❷ ______		❼ ______ ⟷ schnell	
schwach ⟷ ❸ ______		❽ ______ ⟷ schwer	
❹ ______ ⟷ hoch		❾ ______ ⟷ neu	

2 주어진 단어를 사용하여 동등비교급 문장을 만드세요.

MP3 089

❶ Deine Nägel sind lang. (Katzenkrallen) ➡ Deine Nägel sind so lang wie Katzenkrallen.

❷ Juna ist groß. (Inge) ➡ ______

❸ Die Jacke ist nicht warm. (Mantel) ➡ ______

❹ Deine Augen sind blau. (Himmel) ➡ ______

❺ Heute ist es kalt. (im Winter) ➡ ______

❻ Menke ist stark. (Sven) ➡ ______

❼ Die Hose ist teuer. (Pullover) ➡ ______

❽ Großmutter ist alt. (Großvater) ➡ ______

❾ Renate schreit laut. (ich) ➡ ______

❿ Mein Bruder schreibt viel. (sein Freund) ➡ ______

3 비교급에 유의하여 한국어 지문을 독일어로 작문하세요.

MP3 090

❶ A: Sissi는 몇 살이니? ➡ Wie alt ist Sissi?

B: Sissi는 Amelie랑 비슷해. ➡ Sissi ist ebenso alt wie Amelie.

❷ A: Lia는 키가 어떻게 되니? ➡ ______

B: Lia는 Irina랑 비슷해. ➡ ______

❸ A: 함부르크는 얼마나 큰가요? ➡ ______

B: 함부르크는 밴쿠버만큼 큽니다. ➡ ______

❹ A: 에펠탑은 얼마나 높나요? ➡ ______

B: 에펠탑은 월드 트레이드 센터만큼 높지 않아요. ➡ ______

연습문제 정답

1 ❶kalt ❷gesund ❸stark ❹niedrig ❺schlecht ❻groß ❼langsam ❽leicht ❾alt 2 ❷Juna ist so groß wie Inge. ❸Die Jacke ist nicht so warm wie der Mantel. ❹Deine Augen sind so blau wie der Himmel. ❺Heute ist es so kalt wie im Winter. ❻Menke ist so stark wie Sven. ❼Die Hose ist so teuer wie der Pullover. ❽Großmutter ist so alt wie Großvater. ❾Renate schreit so laut wie ich. ❿Mein Bruder schreibt so viel wie sein Freund. 3 ❷A: Wie groß ist Lia? B: Lia ist genauso groß wie Irina. ❸A: Wie groß ist Hamburg? B: Hamburg ist etwa so groß wie Vancouver. ❹A: Wie hoch ist der Eiffelturm? B: Der Eiffelturm ist nicht so hoch wie das World Trade Center.

40 형용사 비교 변화: 비교급
Steigerung der Adjektive: Komparativ

형용사의 어형변화를 통한 비교급으로 '~보다 ~하다'라는 뜻을 표현을 하는 법을 배웁니다.

형용사의 비교급 변화 (규칙 변화)

형용사(Adjektiv)	비교급(Komparativ)
klein	kleiner
arm	ärmer
alt	älter
jung	jünger

- 어미에 -er이 붙으며 변모음(Umlaut)되는 경우도 있습니다.
- 비교급 형태 역시 형용사의 일종이므로 명사와 함께 쓰일 경우 형용사 어미변화를 해야 합니다.
  예 Max ist sein älterer Bruder.
  막스는 그의 더 나이 든 형제이다(형이다).

형용사의 비교급 변화 (불규칙 변화)

형용사(Adjektiv)	비교급(Komparativ)
gut	besser
hoch	höher
gern*	lieber
viel	mehr

- 예외적으로 mehr와 weniger는 명사 앞에서 형용사 어미변화하지 않습니다.

* gern은 부사이지만 형용사와 같은 비교급 변화를 겪습니다.

als를 활용한 비교급 표현하기

A	동사 + 형용사 어형 변화	als B
Lena 레나는	ist freundlicher 더 친절하다	als Emma. 엠마보다
Der Kuchen 이 케이크는	ist besser 더 낫다	als der andere.* 다른 케이크보다
Der Ring 이 반지는	ist teurer 더 비싸다	als die Kette. 이 목걸이보다

* der andere (Kuchen)과 같이 명사가 생략된 형태입니다.

- 동등비교급에서의 wie와 마찬가지로, als 이후에 나오는 명사는 비교 대상인 주어와 같은 격으로 사용해야 합니다.

연습문제 ÜBUNGEN

1 주어진 단어를 비교급으로 바꾸어 대화를 완성하세요. MP3 091

A: Hallo! Heute ist es ❶ ____________ (kalt) als gestern.
B: Ja, stimmt. Es ist so kalt. Wie ist deine neue Wohnung?

A: Hmm··· Meine neue Wohnung ist viel ❷ __________ (klein) als deine. Guck mal, ich zeige dir die Fotos.

B: Es sieht nicht so aus. Ich finde sie ❸ __________ (groß).

A: Auf jeden Fall, das neue Sofa ist ❹ __________ (schön) als das alte.

B: Das ist gut.

2 형용사 비교급에 유의하여 빈칸을 채우세요.

MP3 092

❶ Inge spricht viel, aber ich spreche mehr als Inge.

❷ Sie ist dick, aber er ist __________ sie.

❸ Frankfurt ist groß, aber Köln ist __________ Frankfurt.

❹ Der BMW ist teuer, aber der Porsche ist __________ der BMW.

❺ Ich trinke gern Tee, aber ich trinke Milch __________ Tee.

❻ Der Brocken ist hoch, aber die Zugspitze ist __________ der Brocken.

❼ Tina ist nett, aber du bist __________ Tina.

❽ Du bist jung, aber ich bin __________ du.

❾ Gestern war es dunkel, aber heute ist es __________ gestern.

❿ Eisen ist hart, aber Stahl ist __________ Eisen.

3 주어진 단어를 사용하여 비교급 문장을 만드세요.

❶ Der Februar ist kurz. (der Januar) ➡ Der Februar ist kürzer als der Januar.

❷ Das Kleid ist teuer. (die Bluse) ➡ __________

❸ Die Mutter isst viel. (das Baby) ➡ __________

❹ Ben kann gut Spanisch. (Julia) ➡ __________

❺ Im Haus ist es warm. (im Garten) ➡ __________

❻ Das Auto fährt schnell. (das Motorrad) ➡ __________

❼ Robert ist arm. (Helmut) ➡ __________

❽ Mein Vater ist stark. (mein Bruder) ➡ __________

❾ Die Lilie ist schön. (die Rose) ➡ __________

❿ Die Limonade ist kalt. (das Wasser) ➡ __________

연습문제 정답 **1** ❶kälter ❷kleiner ❸größer ❹schöner **2** ❷dicker als ❸größer als ❹teurer als ❺lieber als ❻höher als ❼netter als ❽ jünger als ❾dunkler als ❿härter als **3** ❷Das Kleid ist teurer als die Bluse. ❸Die Mutter isst mehr als das Baby. ❹ Ben kann besser Spanisch als Julia. ❺Im Haus ist es wärmer als im Garten. ❻Das Auto fährt schneller als das Motorrad. ❼Robert ist ärmer als Helmut. ❽Mein Vater ist stärker als mein Bruder. ❾Die Lilie ist schöner als die Rose. ❿Die Limonade ist kälter als das Wasser.

41 형용사 비교 변화: 최상급
Steigerung der Adjektive: Superlativ

형용사의 최상급(Superlativ)은 비교 대상이 되는 것 가운데 성질이나 상태의 정도가 가장 큰 것을 나타냅니다.

형용사의 최상급 변화(규칙 변화)

형용사(Adjektiv)	최상급(Superlativ)	
	der/die/das …ste	am …sten
klein	kleinste → die kleinste Wohnung	am kleinsten → Die Wohnung ist am kleinsten.
arm	ärmste → der ärmste Mann	am ärmsten → Der Mann ist am ärmsten.
alt	älteste → die älteste Frau	am ältesten → Die Frau ist am ältesten.
jung	jüngste → das jüngste Kind	am jüngsten → Das Kind ist am jüngsten.

- 최상급은 형용사에 -ste를 어미에 붙여 만들며, 비교급과 마찬가지로 변모음(Unlaut)이 붙는 경우도 있습니다.
- am …sten 형태에서는 명사가 함께 쓰이지 않습니다.
- 최상급 표현은 반드시 정관사와 함께 쓰입니다(am 역시 an + dem 형태로 정관사가 사용되어 있습니다).
- 형용사의 끝이 -d, -ß, -sch, -t, -tz, -x, -z으로 끝나는 경우 e를 어미 앞에 붙입니다.
  예 am hübschesten

형용사의 최상급 변화(불규칙 변화)

형용사(Adjektiv)	최상급(Superlativ)	
	der/die/das …ste	am …sten
gut	beste	am besten
hoch	höchste	am höchsten
viel	meiste	am meisten
gern*	liebste	am liebsten

* gern은 부사이지만 형용사와 같은 최상급 변화를 겪습니다.

연습문제 ÜBUNGEN

1 형용사와 그 비교급 및 최상급을 사용하여 알맞게 작문하세요. MP3 093

(Das Fahrrad, das Motorrad, das Auto) fährt schnell.
➡ Das Fahrrad fährt schnell. Das Motorrad fährt schneller. Das Auto fährt am schnellsten

❶ (Der Brocken, das Matterhorn, die Zugspitze) ist hoch.
➡ ______________________________

❷ Ich trinke gern (Wasser, Limonade, Bier).
➡ ______________________________

❸ (Das Gedicht, die Geschichte, der Roman) ist lang.
➡ ______________________________

❹ (Der Vogel, der Hubschrauber, das Düsenflugzeug) fliegt schnell.
➡ ______________________________

2 주어진 단어를 사용하여 최상급 문장을 만드세요.

Karl und Hans sind stark. (Gustav) ➡ Gustav ist am stärksten.

❶ Inge und Kowalski springen hoch. (ich)
➡ ______________________________

❷ Peter und Josef sind groß. (Karl)
➡ ______________________________

❸ Stefi und Simon singen gut. (wir)
➡ ______________________________

❹ Jan und Christian sprechen schnell. (meine Mutter)
➡ ______________________________

❺ Renate und Rosa sind krank. (Klaus)
➡ ______________________________

❻ Jochen und Ralf sparen viel. (mein Bruder)
➡ ______________________________

3 주어진 단어를 사용하여 빈칸을 최상급으로 채우세요.

❶ Max ist ____________ in unserer Schule. (fleißig)

❷ Dieses Hotel ist ____________. (billig)

❸ Das Sofa ist ____________.(bequem)

❹ Gestern war ____________ Tag in meinem Leben. (schlimm)

❺ Dieses Restaurant ist ___________.(teuer)

❻ Die Häuser sind ___________.(modern)

❼ ___________ Geschenk ist für meine Eltern.(teuer)

4 주어진 단어를 사용하여 빈칸을 최상급으로 채우세요. MP3 094

❶ A: Der Mops ist der ___________ (hässlich) Hund der Welt.

B: Jetzt übertreibst du aber!

A: OK, aber er ist einer der hässlichsten Hunde der Welt.

❷ A: Rothenburg ist die ___________ (hübsch) Stadt in Deutschland.

B: So ein Unsinn!

A: Naja··· aber sie ist eine der hübschesten Städte Deutschlands.

❸ A: In München gibt es das ___________ (gut) technische Museum Europas.

B: Das stimmt einfach nicht.

A: Na gut.. aber dort gibt es eines der besten technischen Museen Europas.

❹ A: Ben ist wirklich der ___________ (nett) Mensch der Welt!

B: Ich finde nicht.

A: Gut, aber er ist einer der nettesten Menschen der Welt.

연습문제 정답 **1** ❶ Der Brocken ist hoch. Das Matterhorn ist höher. Die Zugspitze ist am höchsten. ❷ Ich trinke gern Wasser. Ich trinke lieber Limonade. Ich trinke Bier am liebsten. ❸ Das Gedicht ist lang. Die Geschichte ist länger. Der Roman ist am längsten. ❹ Der Vogel fliegt schnell. Der Hubschrauber fliegt schneller. Das Düsenflugzeug fliegt am schnellsten. **2** ❶ Ich springe am höchsten. ❷ Karl ist am größten. ❸ Wir singen am besten. ❹ Meine Mutter spricht am schnellsten. ❺ Klaus ist am kränksten. ❻ Mein Bruder spart am meisten. **3** ❶ der Fleißigste ❷ am billigsten ❸ am bequemsten ❹ der schlimmste ❺ am teuersten ❻ am modernsten ❼ Das teuerste **4** ❶ hässlichste ❷ hübscheste ❸ beste ❹ netteste

42 등위접속사
Konjunktionen

접속사는 문장과 문장을 연결해주는 역할을 하며, 등위접속사(Konjunktion)와 종속접속사(Subjunktion)로 나뉩니다. 그중 등위접속사란 주문장(Hauptsatz)과 주문장을 연결해주는 기능을 합니다. 주문장은 지금까지 보았던 대부분의 문장과 같이 동사의 위치가 문장 요소 중 두 번째에 위치하는 경우의 문장에 해당됩니다.

등위접속사의 종류와 문장 구조

주문장 1 (Hauptsatz 1)	등위접속사 (Konjuktion)	주문장 2 (Hauptsatz 2)
Ich nehme den Bus	und	du nimmst den Zug.
Du kannst das Buch in der Buchhandlung kaufen	oder	(du kannst das Buch) in der Bibliothek lesen.
Sie will langsam zu Fuß gehen,	aber	sie hat keine Zeit.
Er kommt nicht aus Japan,	sondern	(er kommt) aus China.
Ihr sollt zu Hause bleiben,	denn	es regnet sehr stark draußen.

- 접속사 앞과 뒤에서 중첩되는 부분이 있는 경우, 그 중첩되는 부분(접속사 뒤에 위치한 주문장 부분)이 생략될 수 있습니다.
  - 예 Möchtest du Schokolade essen oder (möchtest du) lieber ein Eis (essen)?
- 등위접속사를 사용할 때 동사의 위치는 주문장의 형태를 그대로 유지합니다.
  - 예 Ich trinke (동사) Wasser und du trinkst (동사) Kaffee.

등위접속사의 역할과 주의 사항

und	부가(Addition)	• 등위접속사는 항상 주문장과 주문장 사이에 위치합니다. • und, oder 앞에서 쉼표(Komma)는 대개 생략됩니다. • aber, sondern, denn 앞에서는 쉼표(Komma)를 반드시 써야 합니다. • sondern는 aber와 달리, 앞 문장이 부정문일 때 쓰입니다(nicht ··· sondern ···).
oder	대안(Alternative)	
aber	대조(Kontrast)	
sondern		
denn	이유(Grund)	

연습문제 ÜBUNGEN

1 다음 빈칸에 알맞은 접속사를 넣으세요.

❶ Ich studiere in Hannover, ____________ wohne in Braunschweig.

❷ Mareika wohnt in Göttingen ____________ studiert auch dort.

❸ Die Wohnung gefällt mir sehr, ____________ sie hat einen tollen Balkon.

❹ Ich möchte kein Brot, ____________ ein Stück Pizza.

❺ Macht ihr jetzt euer Zimmer sauber ____________ kocht ihr erst Abendessen?

2 두 문장을 알맞게 연결하세요.

MP3 095

❶ Ich mag Bananen

❷ Ich mag keine Äpfel,

❸ Die US-amerikanische Serie „Breaking Bad" ist sehr beliebt in Korea,

❹ Wir fahren nicht nach Frankreich,

❺ Ich muss jetzt ein Taxi nehmen,

a. aber nicht in Deutschland.

b. sondern nach Österreich.

c. aber sie sind doch so gesund.

d. und ich esse sie immer am Morgen.

e. denn ich habe den Zug verpasst.

3 다음 두 문장을 접속사 und로 연결하고, 생략이 가능한 부분을 찾아 지우세요.

❶ Meine Schwester mag Goethe. Ich mag Schiller.

➡ ______________________________

❷ Sie will mit mir für die Klausur lernen. Sie will mit mir Fußball spielen.

➡ ______________________________

❸ Ich muss jetzt einen neuen Laptop kaufen. Ich muss jetzt eine Kamera kaufen.

➡ ______________________________

4 적절한 접속사를 활용해 다음 문장들을 한 문장으로 연결하세요.

MP3 096

❶ Ich gehe in die Sprachschule. Ich möchte Spanisch lernen.

➡ Ich gehe in die Sprachschule, denn ich möchte Spanisch lernen.

❷ Wir lieben Katzen. Wir haben eine Allergie gegen Katzen.

➡ ______________________________

❸ Maria kauft kein neues Handy. Maria kauft ein neues Radio.

➡ ______________________________

❹ Meine Mutter sitzt am Tisch. Meine Mutter liest ein Buch.

➡ ______________________________

❺ Die nette Lehrerin wird mir helfen. Ich kann einen anderen Lehrer um Hilfe bitten.

➡ ______________________________

연습문제 정답 **1** ❶ aber ❷ und ❸ denn ❹ sondern ❺ oder **2** ❶-d ❷-c ❸-a ❹-b ❺-e **3** ❶ Meine Schwester mag Goethe und ich Schiller. ❷ Sie will mit mir für die Klausur lernen und Fußball spielen. ❸ Ich muss jetzt einen neuen Laptop und eine Kamera kaufen. **4** ❷ Wir lieben Katzen, aber (wir) haben eine Allergie gegen Katzen. ❸ Maria kauft kein neues Handy, sondern ein neues Radio. ❹ Meine Mutter sitzt am Tisch und (sie) liest ein Buch. ❺ Die nette Lehrerin wird mir helfen oder ich kann einen anderen Lehrer um Hilfe bitten.

43 접속부사
Konjunktionaladverbien

접속부사란 문장들을 연결해주는 역할을 하는 부사로서, 이를 통해 문장들 사이의 관계를 보다 밀접하게 설명합니다. 등위접속사와 마찬가지로 주문장과 주문장을 연결해줍니다. 다만 등위접속사와 달리 접속부사는 일종의 부사이기 때문에, 뒤에 이어지는 주문장의 문장 요소가 되며 접속부사에 이어 바로 동사가 위치합니다.

접속부사

주문장 1 (Hauptsatz 1)	주문장 2 (Hauptsatz 2)	
	접속부사	동사 + …
Ich habe heute verschlafen,	deshalb	komme ich spät zum Kurs.
Du musst dich beeilen,	sonst	verpasst du den Zug.
Ich räume erst den Tisch ab,	dann	kochen wir zusammen.

- 앞에서 배운 등위접속사의 경우, 이어지는 주문장에서 문장의 순서에 영향을 주지 않고 동사는 두 번째 위치(예. 등위접속사+주어+동사)에 왔습니다. 반면 접속부사의 경우, 이어지는 주문장에서(혹은 접속부사가 포함된 주문장에서) 동사는 접속부사에 바로 이어서(접속부사+동사+주어) 위치해야 합니다.

  예 Ich habe Hunger, aber ich esse nichts. 나는 배가 고프다. 그러나 아무것도 먹지 않는다.
  Ich habe Hunger, deshalb esse ich viel. 나는 배가 고프다. 그래서 많이 먹는다.

접속부사의 종류

시간 (temporal)	da 그 순간, 그때	Der Lehrer hat ihm eine Frage gestellt, da hat er geantwortet.
	dann*/ danach 그리고 나서	Zuerst muss ich meine Arbeit erledigen, danach kann ich mit dir spielen.
	vorher 그 전에	Er geht jetzt ins Bett, vorher hat er sich die Zähne geputzt.
	dabei 동시에	Wir kochen oft zusammen, dabei hören wir sehr gern Musik.
장소 (lokal)	dort 거기(에서)	Ich fahre nach Frankfurt, dort treffe ich mich mit meinem Chef.
	hier 여기(에서)	Mein Freund besucht mich in Berlin, hier zeige ich ihm Sehenswürdigkeiten.
인과관계 / 원인 (kausal)	deshalb / deswegen 그렇기 때문에, 그래서	Ich bin heute krank, deshalb habe ich den Termin verschoben.
	daher / darum 그런 까닭에	Ich bin heute ziemlich gestresst, daher esse ich viel Schokolade.
인용 (konzessiv)	trotzdem/ dennoch 그럼에도 불구하고	Deutsch ist schwierig zu lernen, trotzdem lohnt es sich.

* dann은 '그렇다면'이라는 뜻도 있습니다.

연습문제 ÜBUNGEN

1 다음 문장들을 알맞게 연결하세요.

❶ Eine Wohnung ist praktischer als ein Haus,
❷ Die WG gefällt mir sehr gut,
❸ Sie müssen sich für den Kurs heute anmelden,
❹ Kannst du mir bitte helfen,
❺ Sie fährt zuerst nach Afrika,

a. sonst wird er voll sein.
b. sonst fällt es mir schwer allein zu lernen.
c. deswegen werde ich den Mietvertrag abschließen.
d. deshalb wohne ich in einer Wohnung.
e. danach reist sie allein herum.

2 다음 빈칸에 알맞은 접속부사를 넣으세요.

MP3 097

❶ Du wusstest, dass unser Termin um 14 Uhr war. __________ hast du noch einen Mittagsschlaf gehalten.

❷ Sie hat gerade noch den Bus erreicht. __________ ist sie pünktlich zur Arbeit gekommen.

❸ Eigentlich ist meine Freundin sehr beschäftigt. __________ versucht sie mit mir möglichst viel Zeit zu verbringen.

❹ Möchtest du ein spannendes, tolles Buch? __________ empfehle ich dir Stephen King!

3 다음 주어진 단어들을 사용하여 알맞은 문장을 완성하세요.

MP3 098

❶ Ich möchte Deutsch lernen, (gehe / deshalb / ich / die Sprachschule / in)

____

❷ Wir möchten Pasta richtig kochen, (wir / vorher / sollen / einen richtigen Topf / wählen)

____

❸ Du hast den Schlüssel verlegt, (verlassen / kannst / deshalb / die Wohnung / du / nicht)

____

❹ Ich lerne zuerst Deutsch, (möchte / in Berlin / studieren / ich / danach / Kunst)

____

❺ Sie mag keine Filme, (ins Kino / trotzdem / geht / für ihr Kind / sie / sehr oft)

____

연습문제 정답 **1** ❶-d ❷-c ❸-a ❹-b ❺-e **2** ❶ Trotzdem(Dennoch) ❷ Deshalb(Deswegen) ❸ Trotzdem(Dennoch) ❹ Dann **3** ❶ deshalb gehe ich in die Sprachschule. ❷ vorher sollen wir einen richtigen Topf wählen. ❸ deshalb kannst du nicht die Wohnung verlassen. ❹ danach möchte ich in Berlin Kunst studieren. ❺ trotzdem geht sie für ihr Kind sehr oft ins Kino.

44 종속접속사
Subjunktionen

종속접속사는 부문장을 주문장에 접속시킴으로써, 주문장의 이유나 조건 등을 부가적으로 설명하도록 돕습니다. 부문장이란 동사의 위치가 문장 가장 뒤에 오는 문장을 말합니다. 이 장에서는 이러한 부문장을 이끄는 종속접속사 weil(왜냐하면), dass(~라는 것), wenn(~할 때), obwohl(~임에도 불구하고)에 대해 배웁니다.

종속접속사 weil, dass, wenn, obwohl

주문장 (Hauptsatz)	종속접속사 (Subjunktionen)	부문장(Nebensatz)	
		주어 + …	동사
Ich esse keine Schokolade mehr,	weil	ich mit einer Diät	anfange.
Ich glaube,	dass	Sie in diesem Job eine gute Chance	haben.
Du kannst es noch mal versuchen,	wenn	du in der Prüfung	durchfällst.
Er hat viel Stress,	obwohl	er nicht	arbeiten muss.

- 종속접속사가 속해 있는 문장은 부문장이므로 동사가 문장 가장 뒤에 위치합니다.
  - 예 Diese Hausaufgabe ist zu schwierig, deshalb brauche ich deine Hilfe. (접속부사, 동사가 접속부사 뒤에 위치)
    이 과제는 너무 어려워. 그래서 나는 너의 도움이 필요해.
    Ich brauche deine Hilfe, weil diese Hausaufgabe zu schwierig ist. (종속접속사, 동사가 가장 뒤에 위치)
    나는 너의 도움이 필요해, 왜냐하면 이 과제가 어렵기 때문에.
- 분리동사(Trennbare Verben)는 분리되지 않은 상태로 문장 가장 뒤에 위치합니다.
  - 예 Ich bin sehr froh, dass du lädst mich zum Abendessen ein. (x)
    Ich bin sehr froh, dass du mich zum Abendessen einlädst. (o)
    나는 굉장히 기뻐, 네가 날 저녁 식사에 초대했다는 것에.
- 화법조동사(Modalverben)가 함께 쓰인 경우 화법조동사가 더 뒤에 위치합니다(이미 뒤에 위치한 동사보다 더 뒤로 보냄).
  - 예 Ich komme immer mit, wenn meine Kinder wollen ins Kino gehen. (x)
    Ich komme immer mit, wenn meine Kinder ins Kino gehen wollen. (o)
    나는 항상 함께 간다, 아이들이 영화관 가길 원할 때.

dass절과 함께 많이 쓰이는 동사들

동사	주문장	dass절
behaupten 주장하다	Ich behaupte,	dass man auf dem Mars leben kann.
denken 생각하다	Leute denken,	dass man hier in Seoul mit der U-Bahn sehr günstig fahren kann.
glauben 믿다	Ich glaube,	dass eine Sprache auch eine bestimmte Kultur zeigt.
vermuten 추측하다	Wir vermuten,	dass Anika und Theo ausgehen.
meinen 생각하다	Meinst du,	dass du meine Hilfe nicht mehr brauchst?
sagen 말하다	Sie sagt,	dass sie einmal in ein schönes Restaurant gehen möchte.
wissen 알다	Wissen Sie,	dass Koreanisch relativ einfach ist?

연습문제 ÜBUNGEN

1 다음 단어들을 순서대로 연결하여 옳은 문장을 완성하세요. MP3 099

❶ Ich erwarte, du / dass / mir / gibst / einen Rat
➡ ______________________________

❷ Er hat vergessen, wir / einen Termin / heute / haben / dass
➡ ______________________________

❸ Ich sage, ich / dass / mich / heute / treffen / will / mit dir
➡ ______________________________

❹ Erika meint, dir / sollst / eine neue Hose / dass / du / kaufen
➡ ______________________________

❺ Sie behauptet, dass / einmal / reisen / nach Europa / ich / muss
➡ ______________________________

2 다음 문장을 읽고 weil, dass, obwohl 또는 wenn을 올바른 칸에 넣으세요. MP3 100

❶ Wir müssen uns beeilen, __________ der Supermarkt um 22 Uhr schließt.

❷ Ich schreibe Ihnen einen Brief, __________ Sie keine Telefonnummer haben.

❸ Ich muss in den Buchladen gehen, __________ ich einen neuen Roman von Alice Munro kaufen möchte.

❹ Ich werde vorher nichts essen, __________ wir uns zum Abendessen treffen.

❺ Wir haben das Licht nicht angemacht, __________ es so dunkel war.

3 보기의 문장을 이용해 weil 문장으로 답하세요. MP3 101

> Wir haben schöne Klamotten von Zara durchs Schaufenster gesehen. / Ich habe damals geduscht. / Ich muss heute Englisch lernen. / Mein Auto ist kaputt. / Heute wird es regnen.

❶ Warum bist du zur Autowerkstatt gegangen? – ______________________________

❷ Warum möchtet ihr shoppen gehen? – ______________________________

❸ Warum kannst du nicht so viel Zeit mit mir verbringen? – ______________________________

❹ Warum haben Sie den Regenschirm mitgebracht? – ______________________________

❺ Warum hast du das Telefon nicht beantwortet? – ______________________________

연습문제 정답 **1** ❶ dass du mir einen Rat gibst. ❷ dass wir heute einen Termin haben. ❸ dass ich mich heute mit dir treffen will. ❹ dass du dir eine neue Hose kaufen sollst. ❺ dass ich einmal nach Europa reisen muss. **2** ❶ weil ❷ wenn / weil ❸ weil ❹ wenn / weil ❺ obwohl **3** ❶ Weil mein Auto kaputt ist. ❷ Weil wir schöne Klamotten von Zara durchs Schaufenster gesehen haben. ❸ Weil ich heute Englisch lernen muss. ❹ Weil es heute regnen wird. ❺ Weil ich damals geduscht habe.

45 장소의 부사
lokale Adverbien

위치나 방향을 표현해주는 장소의 부사들에 대해 배웁니다.

장소를 나타내는 부사들

위치(Ort)	방향(Richtung)		설명
어디? (Wo?)	어디로? (Wohin?)	어디에서? (Woher?)	
da 거기에, 그곳에	dahin 거기로, 그곳으로	von da (daher : 격식) 그곳에서	각 위치 및 방향에 맞는 장소의 부사를 아래 빈칸에 넣을 수 있습니다. Wo? Mein Bruder ist ______. Wohin? Er geht ______. Woher? Er kommt ______. 예 Mein Bruder ist dort. 내 형제는 거기에 있어. Er geht nach rechts. 그는 오른쪽으로 가. Er kommt von oben. 그는 위에서 와.
dort 거기에, 그곳에	dorthin 거기로, 그곳으로	von dort (dorther : 격식) 그곳에서	
drinnen (건물) 안에	nach drinnen = rein (건물) 안으로	von drinnen (건물) 안에서	
draußen (건물) 밖에	nach draußen = raus (건물) 밖으로	von draußen (건물) 밖에서	
drüben 여기에, 거기에 (근처 다른 곳)	nach drüben = rüber 여기로, 거기로	von drüben 여기에서, 거기에서	
oben 위에	nach oben = rauf 위로	von oben 위에서	
unten 아래에	nach unten = runter 아래로	von unten 아래에서	
vorn(e) 앞에	nach vorn(e) 앞으로	von vorn(e) 앞에서	
hinten 뒤에	nach hinten 뒤로	von hinten 뒤에서	
rechts 오른쪽에	nach rechts 오른쪽으로	von rechts 오른쪽에서	
links 왼쪽에	nach links 왼쪽으로	von links 왼쪽에서	

- 장소의 부사는 wo, wohin, woher의 질문에 대한 대답에 상응합니다.

  예 Wo ist das Buch? – Da vorne ist es.
  그 책이 어디 있니? 그것은 여기 앞(쪽)에 있어.

  Wo ist Peter? – Er ist oben.
  패터는 어디 있니? 그는 위(층)에 있어.

- wo는 어딘가에 있는 장소의 위치를 묻는 의문사이므로 **sein**(있다), **bleiben**(머무르다), **stehen**(서 있다), **liegen**(놓여 있다), **wohnen**(살다), **haben**(갖고 있다) 등 머물러 있다는 표현들과 어울립니다. 반면, wohin과 woher는 이동이나 방향을 묻는 의문사이므로 **gehen**(가다), **kommen**(오다), **fahren**(차로 가다), **fliegen**(비행기로 가다) 등 움직임을 나타내는 동사와 어울립니다.
- **da**는 장소의 부사이면서 동시에 시간을 표현하는 시간의 부사이기도 합니다.

  예 Am Wochenende **werde ich nicht zu Hause sein,** da(= am Wochenende) **gehe ich in den Zoo mit meiner Familie.**
  나는 주말에 집에 있지 않을 거야, 그때(= 주말에) 가족들과 동물원에 가거든.

- 장소의 부사는 전치사가 아니므로 명사 없이 홀로 쓰입니다. 혹은 전치사구와 별도로 사용해야 합니다.

  예 **Komm, wir gehen** nach unten **Keller. (X)**
  Komm, wir gehen nach unten. **(O)**
  어서 와, 우리 (지하실로) 내려갈 거야.

  예 **Wir haben eine Flasche Wein** unten im Keller.
  우리는 지하실에 한 병의 와인을 갖고 있다.

연습문제 ÜBUNGEN

1 다음 그림을 맞는 부사를 보기에서 찾아 문장을 완성하세요.

oben / nach oben / unten / nach unten

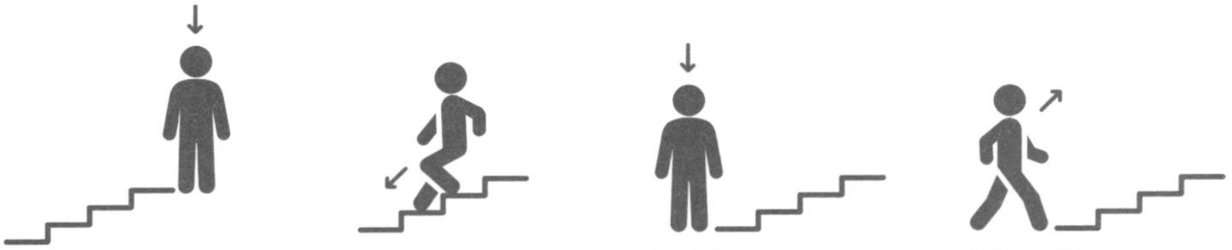

❶ Er steht ________. ❷ Er kommt ________. ❸ Er ist ________. ❹ Er geht ________.

2 다음 빈칸에 nach 또는 von 중 적절한 것을 골라 채우세요. (단, 필요 없는 경우 x 표시)

❶ Ein Auto steht ________ hier vorne. ________ vorne sieht dieses Auto sehr gut aus.

❷ Das Buch muss ________ hinten im Auto liegen.

❸ Wir wohnen im dritten Stock. Ich gehe ________ unten, weil es ________ dort einen Spielplatz gibt.

3 빈칸에 알맞은 어휘를 보기에서 골라 넣으세요. MP3 102

nach links / dorthin / im / nach unten / in / hier oben

❶ Ich suche nach meinem Regenschirm. Wo ist er?
– Der Schirm ist ________ Keller. Ich gehe gleich ________ und hole ihn.

❷ Wo ist Ihre Wohnung? – ________ im 17. Stock.

❸ Dürfen wir bei der Kreuzung geradeaus fahren? – Nein, wir müssen ________ abbiegen.

4 빈칸에 알맞은 장소의 부사를 넣으세요. MP3 103

❶ ________ sind zwei Leute. 앞에 두 명의 사람이 있다.

❷ ________ ist ein Hund. 뒤에 한 마리의 개가 있다.

❸ ________ steht ein Mann. 왼쪽에 한 남자가 서 있다.

❹ ________ steht ein Mädchen. 오른쪽에 한 소녀가 서 있다.

연습문제 정답 1 ❶ oben ❷ nach unten ❸ unten ❹ nach oben 2 ❶ x, Von ❷ x ❸ nach, x 3 ❶ im, nach unten ❷ Hier oben ❸ nach links 4 ❶ Vorn(e). ❷ Hinten ❸ Links ❹ Rechts

46 불변화사
Partikeln

불변화사(Partikel 혹은 Modalpartikel)는 문장의 어느 위치에 놓이든 형태의 변화가 없는 단어로 문장의 뉘앙스를 다소 바꾸어주는 역할을 합니다. 이 장에서는 불변화사 가운데 denn, doch, mal에 대해 배웁니다.

불변화사 denn, doch, mal

denn	질문에서: 문맥상 보다 풍부한 어감	Warum? 왜? Warum denn? 도대체 왜?
doch	1. 상대 의견이나 상황에 대한 의아함, 기대에 어긋남	Das habe ich dir doch schon gesagt! 그거 내가 너한테 진작 말했는데 그래!
	2. 의혹, 확실치 않은 상황에 대한 어감	Du besuchst mich doch noch, oder? 그래도 나 보러 오기는 할 거지, 아냐?
	3. 거의 알려진 사실 또는 결론을 짓는 어감 (어쨌든, 아무튼, 결국에는)	Es ist doch jedem bekannt, dass er gewinnt. 그가 이길 거라는 것은 어쨌든 누구나 알고 있다.
doch(mal)	명령문에서: 보다 개인적이고 친근한 어감	Komm doch mal vorbei. 한 번 좀 들르지 그래.
mal	질문 또는 명령문에서: 보다 개인적이고 친근한 어감	Können Sie mir bitte mal helfen? 저 좀 도와주시겠어요?
	명령문 또는 평서문에서: 불확실한 어감	Mal sehen, ob du recht hast. 네가 맞는지 어디 한 번 보자. (=Ich bin mir nicht sicher, ob du recht hast.)

- 불변화사는 다양한 뜻으로 쓰이기 때문에 추임새, 화자의 어조, 즉 미묘한 뉘앙스를 파악하는 게 중요합니다.

불변화사의 주의 사항

등위접속사 denn과 구별	불변화사 denn	Was ist denn mit dir los? Warum trinkst du so viel kaltes Wasser? 너는 대체 어떻게 된 일이야? 왜 찬물을 그렇게 많이 마셔?
	접속사 denn	Ich trinke viel kaltes Wasser, denn es ist zu warm. 나는 찬물을 많이 마셔, 왜냐하면 날이 너무 더우니까.
부정의문문에 대한 답 doch와 구별	불변화사 doch	Esst doch genug, wir müssen noch mehrere Stunden lang weiter gehen. 충분히 좀 먹어. 우리 아직 몇 시간은 더 가야 해.
	대답의 doch	Du hast nicht genug gegessen, oder? 너 충분히 안 먹었지, 그렇지 않니? – Doch, ich habe sogar zwei Hamburger verschlungen! – 먹었고 말고, 햄버거 두 개나 해치웠는걸!
불변화사 강세 없음에 주의하기 (밑줄로 강세 표시)		Das geht <u>doch</u> nicht. (x) Das <u>geht</u> doch nicht. (o) 그러면 안돼. 그렇게는 안 돼.
		Warum brichst du <u>denn</u> dein Wort? (x) Warum brichst du denn dein <u>Wort?</u> (o) 도대체 너는 왜 약속을 어기는 거야?

연습문제 ÜBUNGEN

1 다음 중 불변화사에 밑줄을 치세요.

❶ Haben wir denn diese Geschichte nicht schon gehört?

❷ Erinnerst du dich nicht? Ich habe die Flasche doch von dir bekommen!

❸ Also müssen wir bis morgen die Aufgabe zu Ende bringen? Wieso das denn?

❹ Wie spät ist es denn?

❺ Schaltest du mal bitte das Licht an?

2 다음 질문을 읽고 보기에서 알맞은 답을 골라 적절한 불변화사와 함께 답을 완성하세요. MP3 104

> zu teuer / ~~zu spät~~ / gar nicht durstig / eine Frage / etwas Angst / angerufen
>
> Kann ich dich um 8 Uhr oder so besuchen? – Nein, das ist ___doch zu spät___.

❶ Möchten Sie etwas trinken? – Nein, ich bin ____________!

❷ Wie findest du das Auto? – Ziemlich gut. Aber das ist ____________!

❸ Warum hast du mich nicht angerufen? – Was? Ich habe dich ____________!

❹ Es sieht so aus, dass du alles gut verstanden hast. – Aber ich habe ____________!

❺ Sie sind sehr mutig, dass Sie allein nach Deutschland gekommen sind, um Musik zu studieren!
– Ach, aber ich habe ____________!

3 다음 질문을 보다 풍부한 어감을 살려 다시 표현하세요.

> Wie heißt dein Freund? ➡ ___Wie heißt denn dein Freund?___.

❶ Hast du schon Mittag gegessen? Was hast du gegessen?

➡ ____________________?

❷ Du hast alles wieder kaputt gemacht! Was soll das?

➡ ____________________?

❸ Ich habe gehört, dass ihr gestern im Zoo wart. Wie war es im Zoo?

➡ ____________________?

❹ Ihr Aufsatz ist interessant. Wie lange haben Sie Literatur studiert?

➡ ____________________?

❺ Ich habe dein Foto bei Facebook gesehen. Wie war dein Urlaub in Spanien?

➡ ____________________?

4 빈칸에 각 단어의 쓰임을 구분해 써보세요. (등위접속사, 대답, 불변화사)

MP3 105

Komm doch(= 불변화사) mal, ich warte schon lange auf dich!

❶ Sei doch(=__________) nicht traurig, alles wird wieder gut!

❷ Ich habe dir einen Brief geschrieben, denn(=__________) ich vermisse dich und möchte mit dir sprechen!

❸ Was für ein Chaos! Was ist hier denn(=__________) los?

❹ Kommst du nicht mit? Der Film ist doch(=__________) richtig gut!

– Doch(=__________), ich wollte sowieso etwas mit dir zusammen machen!

❺ Wieso beeilen Sie sich denn(=__________) so?

– Ich muss mich beeilen, denn(=__________) die Zeit ist sehr knapp.

연습문제 정답 1 ❶ denn ❷ doch ❸ denn ❹ denn ❺ mal 2 ❶ doch gar nicht durstig ❷ doch zu teuer ❸ doch angerufen ❹ (verschiedene mögliche Antworten) doch eine Frage / doch noch eine Frage / noch eine Frage / eine Frage noch ❺ doch etwas Angst 3 ❶ Was hast du denn gegessen? ❷ Was soll das denn? ❸ Wie war es denn im Zoo? ❹ Wie lange haben Sie denn Literatur studiert? ❺ Wie war denn dein Urlaub in Spanien? 4 ❶ 불변화사 ❷ 등위접속사 ❸ 불변화사 ❹ 불변화사 / 대답 ❺ 불변화사 / 등위접속사

47 명사의 합성
Komposition

두 개 이상의 단어가 합쳐져 새로운 명사를 만들기도 합니다(명사+명사, 동사+명사, 형용사+명사, 부사+명사). 이와 같이 만들어진 명사를 합성어(Kompositum)라고 합니다.

합성어

합성 형태	단어 1	단어 2	합성어
명사 + 명사	das Bett (침대)	die Decke (덮개)	die Bettdecke (이불)
동사 + 명사	warten (기다리다)	das Zimmer (방)	das Wartezimmer (대기실)
형용사 + 명사	falsch (잘못된)	das Geld (돈)	das Falschgeld (위조화폐)
부사 + 명사	nicht (~이 아닌)	der Raucher (흡연자)	der Nichtraucher (비흡연자)

- 합성어를 만들 때 단어 사이에 -(e)n, -er, -e, -(e)s를 붙이기도 합니다. 명확한 규칙은 없으나, -(e)n, -er의 경우처럼 명사의 복수 형태를 취하거나, -heit, -schaft 등으로 끝나는 경우 -(e)s를 붙이거나, 혹은 동사의 경우 -n이나 -en 어미를 떼기도 합니다.
  - 예 die Familie + der Name = der Familienname
  - sprechen + die Stunde = die Sprechstunde
  - das Jahr + der Ausgleich = der Jahresausgleich
  - das Kind + die Schokolade = die Kinderschokolade
- 합성어의 성은 항상 마지막 단어(명사)의 성을 따릅니다.
  - 예 das Auto + der Schlosser = der Autoschlosser
- 강세는 대부분 첫 번째 단어에 있습니다.
  - 예 der Tisch + die Decke = die Tischdecke
- 세 단어 이상의 결합도 가능합니다.
  - 예 der Brief + der Kasten + der Schlitz = der Briefkastenschlitz 편지 투입구

연습문제 ÜBUNGEN

1 다음 단어들을 결합한 합성어를 관사를 포함해 만드세요.

das Haar + die Farbe = die Haarfarbe

❶ der Park + der Platz = ______

❷ das Haus + die Nummer = ______

❸ das Internet + der Anschluss = ______

❹ der Kredit + die Karte = ______

❺ die Stadt + das Zentrum = ______

❻ der Fuß + der Ball + der Platz = ______________________

❼ das Zimmer + der Schlüssel = ______________________

❽ das Kind + der Arzt = ______________________

2 다음 단어들을 결합한 합성어를 관사를 포함해 만드세요. (단, 중간에 n 또는 en을 넣어야 함)

die Blume + der Kohl = der Blumenkohl

❶ die Spezialität + das Restaurant = ______________________

❷ die Hose + der Bügler = ______________________

❸ die Dame + der Schuh = ______________________

❹ die Straße + der Verkehr = ______________________

❺ das Ohr + der Schmerz = ______________________

3 다음 단어들을 결합한 합성어를 관사를 포함해 만드세요. (단, 중간에 s를 넣어야 함)

die Liebe + der Brief = der Liebesbrief

❶ die Abfahrt + die Strecke = ______________________

❷ die Armut + die Grenze = ______________________

❸ die Geschichte + das Buch = ______________________

❹ die Zeitung + der Artikel = ______________________

❺ die Geburt + der Tag + die Feier = ______________________

4 다음 뜻과 일치하는 단어를 고르세요.

❶ (책) 표지	a. Tischdecke
❷ 피아노 덮개	b. Bettdecke
❸ 천장	c. Grasdecke
❹ 식탁보	d. Daunendecke
❺ 여행용 담요	e. Reisedecke
❻ 잔디 덮개	f. Einbanddecke
❼ 깃털 이불	g. Flügeldecke
❽ 이불	h. Zimmerdecke

연습문제 정답 1 ❶ der Parkplatz ❷ die Hausnummer ❸ der Internetanschluss ❹ die Kreditkarte ❹ das Stadtzentrum ❻ der Fußballplatz ❼ der Zimmerschlüssel ❽ der Kinderarzt 2 ❶ das Spezialitätenrestaurant ❷ der Hosenbügler ❸ der Damenschuh ❹ der Straßenverkehr ❺ der Ohrenschmerz 3 ❶ die Abfahrtsstrecke ❷ die Armutsgrenze ❸ das Geschichtsbuch ❹ der Zeitungsartikel ❺ die Geburtstagsfeier 4 ❶-f ❷-g ❸-h ❹-a ❺-e ❻-c ❼-d ❽-b

48 명사의 파생
Ableitung

명사, 동사, 형용사의 어미(Endung)를 변환 및 추가함으로써 새로운 명사를 만드는 법에 대해 배웁니다. 이렇게 생성된 명사를 파생어(Derivat)라고 합니다. 이 파생어는 합성어와 달리 의미가 있는 단 하나의 단어를 변형시켜 만든 명사입니다.

파생어

단어의 성	추가 어미	특징	예시
남성 명사	–er	❶ 그것을 하는 사람이나 사물 혹은 그에 속하는 사람 등을 표현할 때 ❷ 복수형은 단수와 동일	**rechnen** 계산하다 → **der Rechner** 계산하는 사람 또는 컴퓨터 **Korea** 한국 → **der Koreaner** 한국인 복수: **die Koreaner** 한국인들
여성 명사	–ung	❶ 동사로부터 명사를 만들 때 ❷ 복수형: -en	**bedingen** 요구하다 → **die Bedingung** 요구, 조건 복수: **die Bedingungen** 조건들
	–heit, –keit	❶ 형용사로부터 명사를 만들 때 ❷ 복수형: -en	**frech** 뻔뻔한 → **die Frechheit** 뻔뻔스러움 복수: **die Frechheiten** 뻔뻔스러움들
	–in	❶ 여성을 표현할 때 ❷ 복수형: –nen	**der Koreaner** 한국 남자 → **die Koreanerin** 한국 여자 복수: **die Koreanerinnen** 한국여자들
중성 명사	–chen, –lein	❶ 단어의 성질을 작게 만들 때 ❷ 변모음(Umlaut)이 자주 쓰임 ❸ 복수형은 단수와 동일	**die Blume** 꽃 → **das Blümchen** 작은 꽃 **das Buch** 책 → **das Büchlein** 작은 책 복수: **die Büchlein** 작은 책들
	–	❶ 동사 원형을 그대로 사용하며 중성 명사가 됨(명사이므로 첫 글자는 대문자) ❷ 복수형이 존재하지 않음	**lesen** 읽다 → **das Lesen** 읽기, 독서 Beim **Lesen schlafe ich oft ein.** 나는 독서 중 자주 잠든다.

• 특히 동사와 형용사에서 명사를 만들 때 의미를 가진 부분(동사의 경우 어간)은 그대로 사용하며 어미만 명사형으로 변환시킵니다.

예 **erzählen** 이야기하다 → **die Erzählung** 이야기
lehren 가르치다 → **der Lehrer** 선생님
faul 게으른 → **die Faulheit** 게으름
erklären 설명하다 → **die Erklärung** 설명
einbrechen 침입하다 → **der Einbrecher** 강도
frei 자유의, 자유로운 → **die Freiheit** 자유

연습문제 ÜBUNGEN

1 예시와 같이 다음 단어들에 어미 –chen을 붙여 더 작은 의미의 새로운 단어를 만드세요.

der Hahn ➡ das Hähnchen

❶ die Stadt ➡ ___________ ❷ der Rock ➡ ___________ ❸ das Kind ➡ ___________

❹ die Katze ➡ ___________ ❺ der Hund ➡ ___________ ❻ der Baum ➡ ___________

2 다음은 어떤 기계일까요? 맞는 기계를 골라 연결하세요.

❶ Man kann mit dem Apparat fernsehen.

❷ Man kann mit dem Apparat Wasser trinken.

❸ Man kann mit dem Apparat Wasser kochen.

❹ Man kann mit dem Apparat Entfernungen messen.

❺ Man kann mit dem Apparat staubsaugen.

a. der Fernseher

b. der Wasserkocher

c. der Staubsauger

d. der Entfernungsmesser

e. der Wasserspender

3 다음은 나라 이름입니다. 보기와 같이 그 나라에 사는 사람들에 적합한 명사들로 채우세요.

나라 (das Land / Länder)	남성		여성	
	단수	복수	단수	복수
Österreich	der Österreicher	die Österreicher	die Österreicherin	die Österreicherinnen
❶ Iran	a.	b.	c.	d.
❷ Thailand	a.	b.	c.	d.
❸ Spanien	a.	b.	c.	d.
❹ die Schweiz	a.	b.	c.	d.
❺ Italien	a.	b.	c.	d.

4 다음 동사의 어미를 –ung으로 바꾼 후 뜻을 쓰세요.

wohnen ➡ 명사 : die Wohnung 뜻 : 집

❶ vorbereiten 준비하다 ➡ 명사 : ___________ 뜻 : ___________

❷ enttäuschen 실망시키다 ➡ 명사 : ___________ 뜻 : ___________

❸ verbreiten 넓히다, 전파시키다 ➡ 명사 : ___________ 뜻 : ___________

❹ entdecken 발견하다 ➡ 명사 : ___________ 뜻 : ___________

❺ entscheiden 결정하다 ➡ 명사 : ___________ 뜻 : ___________

5 주어진 동사와 명사를 참고하여 문맥에 알맞은 단어를 채우세요.

MP3 106

❶ vorbereiten – die Vorbereitung

a.__________ für die Rede war stressig. Trotzdem hat er sie gar nicht gut b.__________, weil die Zeit zu knapp war.

❷ enttäuschen – die Enttäuschung

Sarah hat uns a.__________, indem sie unsere Situation einfach ignoriert hat. b.__________ vergessen wir nie.

❸ verbreiten – die Verbreitung

Diese Krankheit a.__________ sich schnell. Wenn b.__________ von der Krankheit nicht bald aufgehalten wird, gibt es eine Katastrophe.

연습문제 정답

1 ❶ das Städtchen ❷ das Röckchen ❸ das Kindchen ❹ das Kätzchen ❺ das Hündchen ❻ das Bäumchen 2 ❶-a ❷-e ❸-b ❹-d ❺-c 3 ❶ a. der Iraner b. die Iraner c. die Iranerin d. die Iranerinnen ❷ a. der Thailänder b. die Thailänder c. die Thailänderin d. die Thailänderinnen ❸ a. der Spanier b. die Spanier c. die Spanierin d. die Spanierinnen ❹ a. der Schweizer b. die Schweizer c. die Schweizerin d. die Schweizerinnen ❺ a. der Italiener b. die Italiener c. die Italienerind. die Italienerinnen 4 ❶ die Vorbereitung, 준비 ❷ die Enttäuschung, 실망, 환멸 ❸ die Verbreitung 넓힘, 전파 ❹ die Entdeckung 발견 ❺ die Entscheidung 결정 5 ❶ a. Die Vorbereitung b. vorbereitet ❷ a. enttäuscht b. Die Enttäuschung ❸ a. verbreitet b. die Verbreitung

49 명사의 성 결정
Genusbestimmung

명사 중에는 의미에 따라, 혹은 어미에 따라 직관적으로 그 성을 쉽게 유추할 수 있는 경우가 많습니다. 이 장에서는 명사의 성을 쉽게 파악할 수 있는 방법을 배웁니다.

명사의 성 구분

남성 명사	여성 명사	중성 명사
술 이름(Alkohol) **der Gin, der Wodka, der Wein, der Schnaps, der Whisky, …** 예외: **das Bier**	-heit, -keit, -ung, -ion, -in, -schaft, -ei, -tät, -ie, -ik로 끝나는 모든 명사 **die Gesundheit, die Persönlichkeit, die Ausbildung, die Fassung, die Information, die Position, die Lehrerin, die Informatikerin, die Politik, die Universität, die Familie, die Partei**	다음과 같은 어미로 끝나는 명사들 • **chen: das Mädchen, das Brötchen** • **lein: das Äuglein, das Brötlein** • **o: das Kino, das Büro** (예외: die Disko) • **um: das Museum, das Visum** • **ment: das Dokument**
기간(Zeiträume) **der Morgen** (아침, 점심, 저녁 등) **der Januar,** … (1~12월) **der Montag,** … (월~일요일) **der Frühling,** … (봄~겨울) 예외: **die Nacht**		
날씨(Wetter) **der Regen, der Schnee, der Blitz, der Donner, der Hagel, der Nebel, …** 예외: **das Gewitter, die Wolke**	-e로 끝나는 많은 명사(80%) **die Liebe, die Tasche** 예외: N 변화 명사들 외	Ge-로 시작하는 명사들(90%) **das Gemüse, das Gepäck, das Geschenk, das Geschirr, …** 예외: **die Gesundheit, die Geburt, die Geschichte, der Geschmack, …**
-ling으로 끝나는 모든 명사 **der Liebling, der Frühling, der Flüchtling, …**	기온(Temperatur) **die Hitze, die Wärme, die Kälte, die Kühle**	

- 그 외 -er로 끝나는 기계나 장비, -us로 끝나는 단어들, 자동차 상표 등은 많은 경우 남성 명사에 속합니다.
  예 der Computer, der Kapitalismus, der BMW, …
- 단, 어미가 같다고 해서 같은 성인 것은 아닙니다.
  예 nis로 끝나는 단어: die Erkenntnis, die Erlaubnis, … 반면: das Ereignis, das Geheimnis, …
  tum으로 끝나는 단어: der Irrtum, der Reichtum, … 반면: das Bürgertum, das Christentum, …

연습문제 ÜBUNGEN

1 다음 보기의 단어들을 명사의 성에 맞게 구분하세요.

> ~~Sauberkeit~~ / Tasche / Tequila / Arbeitnehmerin / Fähnchen / Emotion / Chefin / Sommer / Gesundheit / Gefühl / Chef / Geschlecht / Winter / Trägheit / Beamtin / Verbreitung / Rezeption / Geschrei / Herbst / Farbe / Beamter

der	die	das
❶	❷ Sauberkeit	❸

2 다음 복수형으로 쓰인 단어들을 단수형으로 고치고 관사의 성을 함께 쓰세요.

> die Personen – die Person

❶ die Stürme – ________
❷ die Abende – ________
❸ die Bänke – ________
❹ die Uhren – ________
❺ die Tassen – ________
❻ die Töpfe – ________
❼ die Künste – ________
❽ die Museen – ________
❾ die Schmerzen – ________
❿ die Geschenke – ________

3 다음 나열된 단어들을 보고 알맞은 관사의 성을 쓰고 어떤 규칙이 적용되었는지 쓰세요.

> das Bänkchen, Fräulein, Kindchen • Regel: -chen/-lein으로 끝남

❶ ________ Geheimnis, Gesicht, Gewehr • Regel: ________
❷ ________ Sturm, Schnee, Wind • Regel: ________
❸ ________ Dienstag, Mittwoch, Freitag • Regel: ________
❹ ________ Irritation, Addition, Diskretion • Regel: ________
❺ ________ Februar, April, September • Regel: ________
❻ ________ Dunkelheit, Neuheit, Sicherheit • Regel: ________

4 아래는 명사의 성을 구분한 목록입니다. 이 중 같은 성에 속하지 않은 단어를 골라 그 명사의 성을 쓰세요.

❶ 술(Alkohol)	❷ 기간(Zeitraum)	❸ 날씨(Wetter)	❹ -o로 끝나는 단어 (Wörter mit-o)	❺ -e로 끝나는 단어 (Wörter mit-e)
______ Wein	______ Morgen	______ Regen	______ Kino	______ Sprache
______ Glühwein	______ Mittag	______ Gewitter	______ Radio	______ Schule
______ Bier	______ Abend	______ Wind	______ Foto	______ Auge
______ Schnaps	______ Nacht	______ Schnee	______ Disko	______ Dose

연습문제 정답

1 ❶ Tequila, Sommer, Chef, Winter, Herbst, Beamter ❷ Tasche, Arbeitnehmerin, Emotion, Chefin, Gesundheit, Trägheit, Beamtin, Verbreitung, Rezeption, Farbe ❸ Fähnchen, Gefühl, Geschlecht, Geschrei **2** ❶ der Sturm ❷ der Abend ❸ die Bank ❹ die Uhr ❺ die Tasse ❻ der Topf ❼ die Kunst ❽ das Museum ❾ der Schmerz ❿ das Geschenk **3** ❶ das – Ge-로 시작 ❷ der – 날씨관련 명사 ❸ der – 요일 ❹ die – Ende – -ion으로 끝남 ❺ der – 달 ❻ die – Ende –heit (-heit로 끝남) **4** ❶ das Bier ❷ die Nacht ❸ das Gewitter ❹ die Disko ❺ das Auge

50 합성동사
Zusammengesetzte Verben

동사 역시 형용사, 부사, 명사, 전치사 혹은 다른 동사와 결합하거나 한 문장에 함께 사용하여 다른 의미의 동사를 만드는데, 이를 합성동사라고 합니다. 우선 sein 동사와 haben 동사가 부사 및 전치사와 결합하여 만들어진 다양한 합성동사를 배운 후 그 밖에 형용사나 명사, 동사와 결합하는 합성동사들을 배웁니다.

sein의 합성동사

an **sein** 켜져 있다 • **Das Radio ist an.** 라디오가 켜져 있다.	↔	aus **sein** 꺼져 있다 • **Das Radio ist aus.** 라디오가 꺼져 있다.
auf **sein** 열려 있다 • **Das Restaurant ist noch auf.** 레스토랑이 아직 열려 있다.	↔	zu **sein** 닫혀 있다 • **Das Restaurant ist schon zu.** 레스토랑은 이미 닫았다.
da **sein** 저기(여기) 있다 • **Das Wörterbuch ist da.** 사전이 거기 있다.	↔	weg **sein** 여기 없다, 가버리다 • **Das Wörterbuch ist weg.** 사전이 사라졌다. (여기 없다.)
dafür **sein** 그것에 찬성하다 • **Wir sind dafür.** 우리는 그것에 찬성한다.	↔	dagegen **sein** 그것에 반대하다 • **Wir sind dagegen.** 우리는 그것에 반대한다.
los **sein** 일어나다 • **Es ist immer viel los hier.** 여기는 항상 뭔가 일어난다. dran **sein** 차례다 • **Ich bin dran.** 내 차례야.		

haben의 합성동사

an**haben** 입고 있다 • **Ich habe den Mantel an.** 나는 재킷을 입고 있다.	↔	aus**haben** 벗고 있다 • **Ich habe den Mantel aus.** 나는 코트를 벗고 있다.
vor**haben** ~할 계획이다 • **Ich habe für diesen Sommer eine Reise nach Europa vor.** 나는 이번 여름에 유럽으로 여행할 계획이다.		
dabei**haben** 가지고 있다 • **Hast du etwas Süßes dabei?** 혹시 군것질거리 좀 갖고 있니?		

• 이러한 합성동사는 준말과 비슷한 형태이므로 문어체보다는 구어체에서 주로 쓰입니다.

• 합성동사는 앞서 배운 분리동사와 마찬가지로 함께 결합된 품사를 문장 제일 뒤에 위치시킵니다.

그 밖의 합성동사

합성 형태	단어 1	단어 2	합성동사
형용사 + 동사	leicht	fallen	leichtfallen (쉽다)
명사 + 동사	das Eis	laufen	eislaufen (스케이트 타다)
동사 + 동사	spazieren	gehen	spazieren gehen (산책하러 가다)

- 형용사 + 동사 형태의 합성동사: blau sein 취하다 / gut gehen 잘 진행되다 / rot werden 얼굴을 붉히다
- 명사 + 동사 형태의 합성동사: Auto fahren 드라이브하다 / Ski fahren 스키를 타다 / Spaß machen 재미있다
- 동사 + 동사 형태의 합성동사: ruhen lassen 중지하다 / baden gehen 목욕하러 가다 / lieben lernen 좋아하게 되다

연습문제 ÜBUNGEN

1 알맞은 단어를 넣어 문장을 완성하세요. MP3 107

❶ Ich öffne die Tür. Jetzt ist sie ___________.

❷ Das Fenster ist von selbst ___________ gegangen, weil es heute so windig ist.

❸ Es ist so hell, weil die Lampe ___________ ist.

❹ Wieso ist das Zimmer so dunkel? Ist das Licht ___________?

2 anhaben과 dabeihaben의 차이에 유의하여 빈칸에 알맞은 단어를 넣으세요. MP3 108

❶ Sie hat immer schöne Kleider ___________. Sie muss viel Kleidung haben.

❷ Ich habe keinen Regenschirm ___________. Könntest du mich zum Bahnhof bringen?

❸ Gestern hatte er neue Schuhe ___________. Er hat sie aber schon vor langem gekauft.

❹ Du hast eine tolle Hose ___________. Du siehst wirklich gut aus.

❺ Wir hatten bei der Prüfung kein Handy ___________, weil es wegen des Täuschungsversuchs verboten war.

3 da와 weg의 차이에 유의하여 빈칸에 알맞은 단어를 넣으세요.

❶ Paul, komm bitte schnell. Ich bin schon ___________.

❷ Die neue Erfindung ist unglaublich. So etwas ist noch nie ___________ gewesen.

❸ In meine Wohnung wurde gestern eingebrochen! Mein Geld und meine Sachen sind jetzt ___________.

❹ Klaus war für einen Monat im Urlaub. Jetzt ist er wieder ___________.

❺ Zur Tür hinaus und ___________ war sie.

연습문제 정답 1 ❶ auf ❷ zu ❸ an ❹ aus 2 ❶ an ❷ dabei ❸ an ❹ an ❺ dabei 3 ❶ da ❷ da ❸ weg ❹ da ❺ weg

51 과거형: 규칙 변화
Regelmäßige Verben im Präteritum

과거형(Präteritum)의 기본 형태에 대해 배웁니다. 과거형은 주로 문어체에서 쓰는 표현인데, 특히 이야기나 동화, 사설 등 제한적인 상황에서만 사용하므로 구어체에서는 주의해서 사용해야 합니다.

과거형의 기본 형태(규칙)

동사의 어간 + te = 기본 형태	예시
kaufen → kauf + te = kaufte	Er kaufte ein Buch.

- 동사 어간에 te 를 붙여 기본 형태를 만드는 경우 이를 규칙으로 분류합니다. 이 기본 형태 뒤에서 주어에 따라 어미변화를 합니다.

과거형의 어미변화

	현재형(Präsens)	과거형(Präteritum)
ich	besuche	besuchte
du	besuchst	besuchtest
er/sie/es	besucht	besuchte
wir	besuchen	besuchten
ihr	besucht	besuchtet
sie/Sie	besuchen	besuchten

분리동사의 과거형 어미변화

	현재형(Präsens)	과거형(Präteritum)
ich	räume auf	räumte auf
du	räumst auf	räumtest auf
er/sie/es	räumt auf	räumte auf
wir	räumen auf	räumten auf
ihr	räumt auf	räumtet auf
sie/Sie	räumen auf	räumten auf

- 주요 특징: 1인칭 단수와 3인칭 단수가 같습니다.
- 독일어에서 과거를 이야기할 때는 두 경우로 나누어 구어체에서는 현재완료형을, 문어체에서는 과거형을 씁니다. sein, haben, 화법조동사, 그리고 아주 일부 동사(wissen, finden, gehen 등)의 경우는 구어체에서도 과거형을 사용합니다.

  예 일상 대화인 경우: Sahst du Mark? (X) ➡ Hast du Mark gesehen? (O)

  문어체인 경우: Es war einmal Schneewittchen, sie wohnte mit sieben Zwergen.

연습문제 ÜBUNGEN

1 다음의 모든 동사는 과거형 규칙동사입니다. 이 동사들의 동사 원형 형태를 빈칸에 쓰세요.

❶ kaufte	kaufen	❹ hatte	______	❼ suchte	______	❿ sagte	______
❷ lebte	______	❺ musste	______	❽ verkaufte	______	⓫ kochte	______
❸ atmete	______	❻ sollte	______	❾ sammelte	______	⓬ wohnte	______

2 다음 예시와 같이 주어에 일치시켜 과거형은 현재형으로, 현재형은 과거형으로 어미변화를 하세요. MP3 109

Du hattest ja gute Laune und sangst. ➡ Du hast ja gute Laune und singst.

❶ Es regnet. ➡ ______

❷ Kauft ihr Schokolade? ➡ ______

❸ Ich spielte gern mit meinem Bruder. ➡ ______

❹ Brauchen Sie etwas? ➡ ______

❺ Wir lachen so viel, dass wir wieder Hunger haben. ➡ ______

3 다음은 마리(Marie)의 일기입니다. 올바른 동사를 골라 현재형 또는 과거형에 맞게 채우세요. MP3 110

~~gehen~~ / sein / kochen / arbeiten / reden
machen / hören / verbringen / loben / spielen

Nach der Arbeit ❶ ging ich mit meinen Kollegen in eine Bar. Wir ❷ ______ gute Musik, ❸ ______ über vieles. Freitags ❹ ______ wir Zeit und ❺ ______ etwas zusammen. Am letzten Freitag ❻ ______ sie Fußball, aber ich ❼ ______ nicht da, weil ich nicht Fußball spiele. Draußen zu spielen mag ich nicht so gern. Stattdessen ❽ ______ ich zu Hause und meine Mitbewohnerin ❾ ______ mich für das Essen. Morgen ❿ ______ ich nicht, deswegen werde ich jetzt noch ein Buch lesen und spät ins Bett gehen.

연습문제 정답 **1** ❷ leben ❸ atmen ❹ haben ❺ müssen ❻ sollen ❼ suchen ❽ verkaufen ❾ sammeln ❿ sagen ⓫kochen ⓬ wohnen **2** ❶ Es regnete. ❷ Kauftet ihr Schokolade? ❸ Ich spiele gern mit meinem Bruder. ❹ Brauchten Sie etwas? ❺ Wir lachten so viel, dass wir wieder Hunger hatten. **3** ❷ hörten ❸ redeten ❹ verbringen ❺ machen ❻ spielten ❼ war ❽ kochte ❾ lobte ❿ arbeite

52 과거형: 불규칙 변화

Unregelmäßige Verben im Präteritum

과거형의 기본 형태가 앞 장에서 배운 것과 다른 경우, 불규칙 동사에 해당됩니다. 따로 규칙이 없으나 어느 정도 예측 가능한 패턴이 존재합니다. 규칙 변화든 불규칙 변화든 기본 형태만 다를 뿐 어미변화는 같습니다.

과거형의 기본 형태(불규칙 변화)

동사의 어간이 불규칙 변화한 기본 형태	예시
gehen → ging	Er ging in den Wald.

- 기본 형태는 예측이 어렵지만 이 기본 형태를 중심으로 주어에 따른 어미변화는 규칙 변화와 똑같습니다.

과거형 어미변화

	werden	wissen	geben	finden	gehen
ich	wurde	wusste	gab	fand	ging
du	wurdest	wusstest	gabst	fand(e)st	gingst
er/sie/es	wurde	wusste	gab	fand	ging
wir	wurden	wussten	gaben	fanden	gingen
ihr	wurdet	wusstet	gabt	fandet	gingt
sie/Sie	wurden	wussten	gaben	fanden	gingen

- 규칙 형태의 어미변화와의 차이점은, 발음상의 이유로 기본 형태가 -t, -d로 끝나는 경우 2인칭에서 기본 형태 뒤에 -e를 추가합니다. 또한 기본 형태가 -e로 끝나지 않는 경우 1인칭/3인칭 복수 어미는 -en이 됩니다.
- 특히 위 동사들은 과거형임에도 구어체에서 사용할 수 있습니다.

과거형 불규칙 동사의 패턴

❶ 현재형 - 과거형 - 과거분사
(현재형과 과거분사가 같은 패턴)

현재형	과거형	과거분사
lesen	las	gelesen
tragen	trug	getragen
heißen	hieß	geheißen

❷ 현재형 - 과거형 - 과거분사
(과거형과 과거분사가 같은 패턴)

현재형	과거형	과거분사
schreiben	schrieb	geschrieben
bleiben	blieb	geblieben
fliegen	flog	geflogen

❸ 현재형 - 과거형 - 과거분사
(현재형, 과거형, 과거분사 모두 다른 패턴)

현재형	과거형	과거분사
helfen	half	geholfen
beginnen	begann	begonnen
sprechen	sprach	gesprochen

- 불규칙 동사의 경우 위 표와 같이 현재형–과거형–과거분사를 함께 외우면 좋습니다

연습문제 ÜBUNGEN

1 다음의 모든 동사는 과거형 불규칙 동사입니다. 이 동사들의 동사 원형 형태를 빈칸에 쓰세요.

❶ befahl befehlen ❹ fiel ______ ❼ schnitt ______ ❿ bog ______

❷ empfahl ______ ❺ lief ______ ❽ schrieb ______ ⓫ floss ______

❸ stahl ______ ❻ rief ______ ❾ blieb ______ ⓬ roch ______

2 다음 표를 보고 주어에 일치시켜 과거형 어비변화를 쓰세요.

	binden	essen	kommen	kennen	schlafen
ich	band	❶ a.	b.	c.	d.
du	band(e)st	❷ a.	b.	c.	d.
er/sie/es	band	❸ a.	b.	c.	d.
wir	banden	❹ a.	b.	c.	d.
ihr	bandet	❺ a.	b.	c.	d.
sie/Sie	banden	❻ a.	b.	c.	d.

3 과거형은 현재형 문장으로, 현재형은 과거형 문장으로 바꿔 쓰세요.

Ich bin beim Arzt. Wo bist du? ➡ Ich war beim Arzt. Wo warst du?

❶ Ich habe endlich eine größere Wohnung. ➡ ______

❷ Wir sitzen nachts bei einem Lehrer. ➡ ______

❸ Das Lied kannte ich aber noch nicht. ➡ ______

❹ Sie bekam ein paar CDs und machte Musik an. ➡ ______

❺ Mit viel Mühe gelang es ihm, befördert zu werden. ➡ ______

4 주어진 단어들을 참고하여 알맞은 시제(현재형, 과거형, 완료형)를 골라 답변을 완성하세요. MP3 111

Julia, was hast du gestern gemacht? (Pizza backen) ➡ Ich habe Pizza gebacken.

❶ Hans, wo warst du gestern? (zu Hause sein)

➡ ______________________________

❷ Andi, wie war die Präsentation von der Chefin? (gut finden)

➡ ______________________________

❸ Was macht ihr meistens am Wochenende? (sich ausruhen)

➡ ______________________________

❹ Was habt ihr letzten Abend gemacht? (sich einen Film ansehen)

➡ ______________________________

❺ Nils, wieso konnte ich dich auf der Party nicht sehen? (in der Bibliothek Deutsch lernen)

➡ ______________________________

연습문제 정답

1 ❷empfehlen ❸stehlen ❹fallen ❺laufen ❻rufen ❼schneiden ❽schreiben ❾bleiben ❿biegen ⓫fließen ⓬riechen
2 ❶ a. aß b. kam c. kannte d. schlief ❷ a. aßest b. kamst c. kanntest d. schliefst ❸ a. aß b. kam c. kannte d. schlief ❹ a. aßen b. kamen c. kannten d. schliefen ❺ a. aßt b. kamt c. kanntet d. schlieft ❻ a. aßen b. kamen c. kannten d. schliefen
3 ❶ Ich hatte endlich eine größere Wohnung. ❷ Wir saßen nachts bei einem Lehrer. ❸ Das Lied kenne ich aber noch nicht. ❹ Sie bekommt ein paar CDs und macht Musik an. ❺ Mit viel Mühe gelingt es ihm, befördert zu werden. **4** ❶ Ich war gestern zu Hause. ❷ Ich fand sie gut. ❸ Wir ruhen uns aus. ❹ Wir haben uns einen Film angesehen. ❺ Ich habe in der Bibliothek Deutsch gelernt.

53 과거완료형
Plusquamperfekt

과거완료형은 과거의 일들끼리 시제를 비교하여 보다 더 이전에 있었던 일임을 표현할 때 사용합니다. 시간이 오래 되었다고 쓰는 것이 아니라, 두 과거의 일을 비교하여 비교적 더 과거의 일인 것을 표현할 때에만 제한적으로 사용합니다.

과거완료형의 기본 형태

sein / haben의 과거형(war/hatte) + 과거분사(Partizip II)	예시
putzen → hatte geputzt	Ich hatte schon das Fenster geputzt.

- 과거완료형은 현재완료형과 과거형이 동시에 활용된 형태입니다. 기본적으로 현재완료형의 형태에서 sein이나 haben 동사를 과거형으로 바꿔주기만 하면 됩니다.
- 어떤 동사(sein 혹은 haben)와 결합해 과거완료형을 만드는지의 구분은 현재완료형과 같습니다. 즉, 장소의 이동이나 상태의 변화는 sein과 결합하고, 타동사를 비롯하여 대부분의 동사는 haben과 결합하여 과거완료형을 표현합니다.

  예 Ich habe erst um 11 Uhr geduscht und bin sofort eingeschlafen.
  Denn ich hatte um 6 Uhr Freunde getroffen und war nach 9 Uhr zu Hause angekommen.
  나는 11시가 되어서야 샤워를 하고 곧바로 잠이 들었다.
  왜냐하면 6시에 친구들을 만나서 9시가 넘어 집에 도착했기 때문이다.

- 과거완료형은 '~보다, ~이전'이라는 시간상 전후 관계를 나타내기 때문에 혼자 쓰이지 않고 반드시 현재완료형이나 과거형 표현과 나란히 쓰여 시제를 비교하기 위해 사용됩니다. 참고로 접속사 nachdem은 부문장을 이끄는 시간의 접속사로,nachdem이 이끄는 부문장의 시제는 항상 주문장의 시제와 차이가 있습니다.

  예 Nachdem er gefrühstückt hatte, putzte er sich die Zähne.
  아침 식사 후에(이전에 일어난 일), 그는 양치를 했다(이후에 일어난 일).
  Nachdem er das Haus verlassen hatte, traf er seine Freundin.
  집을 나선 후에(이전에 일어난 일), 그는 여자 친구를 만났다(이후에 일어난 일).

현재완료형과 과거완료형의 비교

haben 동사와 결합		sein 동사와 결합	
현재완료 (Perfekt)	Ich habe das gehört.	현재완료 (Perfekt)	Ich bin spät angekommen.
과거완료 (Plusquamperfekt)	Ich hatte das gehört.	과거완료 (Plusquamperfekt)	Ich war spät angekommen.

연습문제 ÜBUNGEN

1 다음 주어와 동사의 형태를 보고 알맞은 과거완료형 문장을 만드세요.

sie(3인칭 복수), denken – Sie hatten gedacht.

❶ ich, laufen – ________

❷ ich, haben – ________

❸ du, bleiben – ________

❹ sie(3인칭 단수), tun – ________

❺ sie(3인칭 복수), gehen – ________

❻ Sie, kontrollieren – ________

❼ er, schreiben – ________

❽ ihr, nennen – ________

❾ ihr, genießen – ________

❿ wir, kommen – ________

2 접속사 nachdem(~이후에)의 뜻에 유의하여 빈칸을 채우세요. MP3 112

~~damit zufrieden sein~~, in Seoul reisen, traurig sein, auf das Fest gehen, ausgelaugt sein, ein neues Shampoo kaufen

❶ Nachdem wir die Hausaufgabe erledigt hatten, waren wir damit zufrieden.

❷ Nachdem Phillip und Rabea joggen gegangen waren, ________.

❸ Nachdem ich mich von meinem Freund getrennt hatte, ________.

❹ Nachdem die Kollegen viel gearbeitet hatten, ________.

❺ Nachdem sie nach Korea geflogen war, ________.

❻ Nachdem sich Mark die Haare schneiden lassen hatte, ________.

3 다미안(Damian)은 독일어 시험에 합격했습니다. 어떻게 준비했을까요? 과거완료형으로 답하세요. MP3 113

❶ im Unterricht gut aufpassen
➡ Er hatte im Unterricht gut aufgepasst.

❷ oft deutsche Musik hören
➡ ________

❸ jeden Tag deutsche Zeitungen lesen
➡ ________

❹ immer die Hausaufgaben machen
➡ ________

연습문제 정답 **1** ❶Ich war gelaufen. ❷Ich hatte gehabt. ❸Du warst geblieben. ❹Sie hatte getan. ❺Sie waren gegangen. ❻Sie hatten kontrolliert. ❼Er hatte geschrieben. ❽Ihr hattet genannt. ❾Ihr hattet genossen. ❿Wir waren gekommen. **2** ❷waren sie ausgelaugt ❸war ich traurig ❹gingen sie auf das Fest ❺reiste sie in Seoul ❻kaufte er ein neues Shampoo **3** ❷Er hatte oft deutsche Musik gehört. ❸Er hatte jeden Tag deutsche Zeitungen gelesen. ❹Er hatte immer die Hausaufgaben gemacht.

54 재귀동사 1
Reflexive Verben 1

재귀동사는 재귀대명사와 함께 사용하는데, 3격 재귀대명사를 수반하는 재귀동사와 4격 재귀대명사를 수반하는 재귀동사로 구분할 수 있습니다. 이 장에서는 4격 재귀대명사를 수반하는 동사를 배웁니다.

4격 재귀대명사를 수반하는 대표적인 재귀동사

재귀동사		예시
sich erholen= sich ausruhen	쉬다, 휴식하다	Ich möchte mich heute einfach erholen.
sich beeilen	서두르다	Du musst dich beeilen, sonst verpasst du den Bus.
sich bewerben um etwas	~에 지원하다, ~를 구하려 애쓰다	Er bewirbt sich um eine Stelle bei der Firma.
sich entschuldigen für etwas	~때문에 사과하다	Sie entschuldigt sich für ihre Verspätung.
sich entscheiden für etwas	~로 결정하다	Wir entscheiden uns für Deutschland.
sich kümmern um etwas	~을 돌보다, 책임지다	Ihr sollt euch um eure Schüler kümmern.
sich wundern über etwas	~에 대하여 놀라다	Sie haben sich über die Größe des Zoos gewundert.
sich freuen auf etwas	(앞으로 일어날 일)에 대하여 기뻐하다	Ich freue mich auf die Party nächste Woche.
sich freuen über etwas	(이미 일어난 일)에 대하여 기뻐하다	Ich freute mich über die Party letzte Woche.
sich interessieren für etwas	~에 대하여 흥미가 있다	Paul interessiert sich für Maria.

- 재귀동사를 쓰는 경우 반드시 재귀대명사가 필요합니다.
  예 Ich erhole. (X) ➡ Ich erhole mich. (O)
- 재귀동사에는 반드시 주어와 일치하는 재귀대명사만 올 수 있습니다.
  예 Ich freue dich. (X) ➡ Ich freue mich. (O)

연습문제 ÜBUNGEN

1 알맞은 재귀동사를 넣어 문장을 완성하세요. MP3 114

~~sich beeilen~~, sich bewerben, sich entschuldigen, sich entscheiden, sich freuen, sich interessieren

❶ Beeile dich doch, ich warte auf dich schon lang!

❷ Wieso ________ du ________ bei Audi? Seit wann ________ du ________ für Autos?

❸ Juls hat ________ darüber ________, dass sie endlich ihr Studium abgeschlossen hat.

❹ Ich habe ________ dafür ________, an diesem Wochenende Basketball zu spielen.

❺ Mein Professor ________ ________ dafür, dass die Vorlesung ausfällt.

2 주어에 유의하여 문장을 읽고, 알맞은 재귀대명사에 밑줄을 그으세요.

❶ Ich ziehe [mich / sich / uns] schnell an.

❷ Meine Kinder waschen [dich / mich / sich] jeden Tag.

❸ Setzen Sie [sich / euch / dich], bitte.

❹ Hanna schminkt [sich / uns / mich] immer sehr schön.

❺ Freust du [mich / sich / dich] schon auf die Ferien?

❻ Wir kümmern [euch / uns / sich] sorgfältig um unsere Wohnung.

3 다음 예시를 참고하여 알맞은 문장을 쓰세요.

Leute – sich freuen – das warme Wetter : Leute freuen sich auf das warme Wetter.

❶ Ich – sich ärgern – wegen seiner Unhöflichkeit : ____________________

❷ Katarina – sich wundern – so viele Leute kommen : ____________________

❸ Pascal – sich verhalten – sehr tapfer und mutig : ____________________

❹ wir – sich beeilen – wegen der knappen Zeit : ____________________

❺ Ihr – sich amüsieren – gut : ____________________

4 다음은 아니카(Anika)가 니나(Nina)에게 보내는 편지입니다. 빈칸에 들어갈 알맞은 재귀대명사를 쓰세요.

MP3 115

Liebe Nina,

wie geht's dir?

Ich genieße den letzten Tag meines Urlaubs in Griechenland.

Erinnerst du ❶ __________ an den Sommer letztes Jahr? Wir haben ❷ __________ über die Reise sehr gefreut.

Du bist wahrscheinlich mit dem Lernen viel beschäftigt, oder?

Ich habe gehört, dass unsere Klausur auf August vorverlegt wurde.

Könntest du mir bitte einen Tipp geben, wie ich ❸ __________ gut auf sie vorbereite?

Vielleicht habe ich ❹ __________ zu viel ausgeruht.

Morgen fliege ich wieder nach Berlin und wir sehen ❺ __________ bald.

Bis dann!

Beste Grüße

Anika

연습문제 정답 **1** ❷ bewirbst – dich, interessierst – dich ❸ sich – gefreut ❹ mich – entschieden ❺ entschuldigt – sich **2** ❷ sich ❸ sich ❹ sich ❺ dich ❻ uns **3** ❶ Ich ärgere mich wegen seiner Unhöflichkeit. ❷ Katarina wundert sich (darüber), dass so viele Leute kommen. ❸ Pascal verhält sich sehr tapfer und mutig. ❹ Wir beeilen uns wegen der knappen Zeit. ❺ Ihr amüsiert euch gut. **4** ❶ dich ❷ uns ❸ mich ❹ mich ❺ uns

55 재귀동사 2
Reflexive Verben 2

이 장에서는 3격 재귀대명사를 수반하는 재귀동사에 대해 배웁니다. 또한 재귀동사가 4격(목적어)와 함께 쓰여 4격이 아닌 3격 재귀대명사를 쓰는 경우에 대해 알아봅니다.

3격 재귀대명사를 수반하는 대표적인 재귀동사

재귀동사		예시
sich etwas kaufen⋯	~를 사다	Ich kaufe mir ein neues Handy.
sich etwas wünschen	~을 원하다	Du wünschst dir ein teures Auto.
sich etwas aussuchen	~을 찾다, 뒤지다	Er sucht sich ein Heft aus.
sich etwas vornehmen	마음먹다	Ich nehme mir das Projekt vor.
sich etwas vorstellen	~을 상상하다, 생각하다	Ich stelle mir immer eine romantische Beziehung vor.

4격 대신 3격 재귀대명사를 사용하는 경우

4격 재귀대명사 사용	3격 재귀대명사로 대체
Ich wasche mich. 나는 씻는다.	Ich wasche mir die Hände. 나는 손을 씻는다.
Er putzt sich. 그는 닦는다.	Er putzt sich die Zähne. 그는 이를 닦는다.

재귀대명사의 종류

	3격	4격
ich	mir	mich
du	dir	dich
er/sie/es	sich	
wir	uns	
ihr	euch	
sie/Sie	sich	

연습문제 ÜBUNGEN

1 재귀대명사 3격과 4격 중 알맞은 것을 골라 빈칸을 채우세요. MP3 116

❶ Du sollst ____________ einen Mantel anziehen.

❷ Ich sehe ____________ im Spiegel, wenn ich ____________ das Gesicht wasche.

❸ Ich habe eine Katze. Sie putzt ____________ häufig.

❹ Maria zieht ____________ immer sehr schick an. Sie hat wohl viel Kleidung.

❺ Rafael, wasch ____________ bitte die Hände.

❻ Es war schön, dich wiederzusehen. Wir sehen ____________ bald wieder, oder?

2 다음 보기 중 알맞은 것끼리 짝지어 문장을 완성하세요.

❶ Ich kaufe	a. sich immer zu viel vor.
❷ Meine Freunde nehmen	b. mir ein neues Kleid.
❸ Wir haben	c. uns beim Unfall verletzt.
❹ Ich kann	d. sich etwas aus.
❺ Beim Kochen suchen sie	e. mir nicht vorstellen, dass das Feuerwerk bald stattfindet!

3 예시와 같이 동사 wünschen을 이용하여 알맞은 문장을 완성하세요.

Ich wünsche mir ein gutes Heft.

❶ Anna / leckere Schokolade ➡ ______

❷ Lara / eine Tochter ➡ ______

❸ du / ein guter Freund ➡ ______

❹ ich / die Unterstützung meiner Eltern ➡ ______

4 예시와 같이 주어진 단어들을 활용하여 올바른 문장을 완성하세요.

MP3 117

sich durchlesen sollen : der Student / der Text / aufmerksam

➡ Der Student soll sich den Text aufmerksam durchlesen.

❶ sich waschen müssen : Krankenschwestern / die Hände / vor der Operation

➡ ______

❷ sich machen : ich / Sorgen / um mein Kind

➡ ______

❸ sich vornehmen : ich / der Plan / schon lange

➡ ______

❹ sich vorstellen : wir / ein gutes Leben / immer

➡ ______

❺ sich kaufen wollen : du / eine neue Klimaanlage / in diesem Sommer

➡ ______

연습문제 정답 1 ❶ dir ❷ mich, mir ❸ sich ❹ sich ❺ dir ❻ uns 2 ❶-b ❷-a ❸-c ❹-e ❺-d 3 ❶ Anna wünscht sich leckere Schokolade. ❷ Lara wünscht sich eine Tochter ❸ Du wünschst dir einen guten Freund. ❹ Ich wünsche mir die Unterstützung meiner Eltern. 4 ❶ Krankenschwestern müssen sich vor der Operation die Hände waschen. ❷ Ich mache mir Sorgen um mein Kind. ❸ Ich nehme mir den Plan schon lange vor. ❹ Wir stellen uns immer ein gutes Leben vor. ❺ Du willst dir in diesem Sommer eine neue Klimaanlage kaufen

56 비분리동사
Untrennbare Verben

분리가 되는 전철(Präfix)과 결합하여 새로운 동사로 확장되는 분리동사에 대해 배운 바 있습니다. 여기서는 분리가 되지 않는 전철과 결합해 새로운 단어로 확장되는 비분리동사에 대해 알아봅니다.

비분리동사

전철+동사	뜻
be**stellen**	주문하다
emp**fehlen**	추천하다
ent**ziehen**	빼앗다
er**finden**	발명하다, 창작하다
ge**winnen**	이기다
ver**zeihen**	용서하다
zer**brechen**	부수다, 쪼개다
miss**lingen**	실패하다

비분리 전철의 종류
be-
emp-
ent-
er-
ge-
ver-
zer-
miss-
⋮

- 비분리동사는 어떠한 경우에도 전철을 분리시키지 않습니다.
  예 Du ziehst mir das Wort ent. (X) ➡ Du entziehst mir das Wort. (O)
- 비분리동사의 과거분사(Partizip II) 형태를 만들 때 ge-를 사용하지 않습니다.
  예 besuchen ➡ besucht / entkommen ➡ entkommen / zerbrechen ➡ zerbrochen

분리동사 vs 비분리동사

동사의 형태	분리동사	비분리동사
현재형	**Ich** rufe **dich** an.	**Ich** gewinne **das Spiel.**
과거형	**Ich** rief **dich** an.	**Ich** gewann **das Spiel.**
현재완료형	**Ich** habe **dich** angerufen.	**Ich** habe **das Spiel** gewonnen.
명령형	Ruf(e) **an!**	Gewinn(e)**!**

- 분리동사와 비분리동사의 차이점은 분리동사는 전철에, 비분리동사는 동사에 강세가 오며, 분리동사는 본래의 일반 동사가 갖는 의미에서 크게 벗어나지 않는 반면, 비분리동사는 유추가 불가능할 정도로 의미가 달라지는 경우가 많다.

연습문제 ÜBUNGEN

1 다음 보기의 단어들을 분리동사와 비분리동사로 분류하세요.

~~anfangen~~ / verbieten / anmachen / ausmachen / verraten / einsteigen / bezahlen / einladen / erzählen / vergessen

분리(trennbar)	비분리(untrennbar)
❶ anfangen	❷

2 주어진 동사들을 현재형(Präsens), 과거형(Präteritum), 현재완료형(Perfekt) 형태로 알맞게 채우세요.

	❶ anfangen	❷ verbieten	❸ anmachen	❹ ausmachen	❺ verraten
현재형	a. fangen an				
과거형	b. fing an				
현재완료형	c. haben angefangen				

	❻ einsteigen	❼ bezahlen	❽ einladen	❾ erzählen	❿ vergessen
현재형	a.				
과거형	b.				
현재완료형	c.				

3 보기와 같이 주어진 동사를 활용하여 문장을 완성하세요. (단, 필요 없을 경우 X 표시)

bestellen – 현재형 : Wir __bestellen__ heute Pizza __x__. – 현재완료형 : Wir __haben__ heute Pizza __bestellt__.

❶ bekommen

– 현재형 : Peter ________ ein Geschenk ________.

– 현재완료형 : Peter ________ ein Geschenk ________.

❷ erfinden

– 현재형 : Achim ________ die Geschichte ________.

– 현재완료형 : Achim ________ die Geschichte ________.

❸ abfahren

– 현재형 : Der Zug ____________ schon ____________.

– 현재완료형 : Der Zug ____________ schon ____________.

❹ verreisen

– 현재형 : Ich ____________ schon für 3 Monate ____________.

– 현재완료형 : Ich ____________ schon für 3 Monate ____________.

❺ kommen

– 현재형 : Sie ____________ aus einer guten Familie ____________.

– 현재완료형 : Sie ____________ aus einer guten Familie ____________.

❻ aufwachsen

– 현재형 : Meine Kinder ____________ unglaublich schnell ____________.

– 현재완료형: Meine Kinder ____________ unglaublich schnell ____________.

연습문제 정답

1 ❶ anmachen, ausmachen, einsteigen, einladen ❷ verbieten, verraten, bezahlen, erzählen, vergessen 2 ❷ a. verbieten b. verbot c. haben verboten ❸ a. machen an b. machte an c. haben angemacht ❹ a. machen aus b.machte aus c. haben ausgemacht ❺ a. verraten b. verriet c. haben verraten ❻ a. steigen ein b. stieg ein c. sein eingestiegen ❼ a. bezahlen b. bezahlte c. haben bezahlt ❽ a. laden ein b. lud ein c. haben eingeladen ❾ a. erzählen b. erzählte c. haben erzählt ❿ a. vergessen b. vergaß c. haben vergessen 3 ❶ bekommt, x – hat, bekommen ❷ erfindet, x – hat, erfunden ❸ fährt, ab – ist, abgefahren ❹ verreise, x – bin, verreist ❺ kommt, x – ist, gekommen ❻ wachsen, auf – sind, aufgewachsen

57 전치사를 수반하는 동사
Verben mit Präpositionen

동사 중에는 어떤 의미를 표현하기 위해 반드시 특정 전치사를 수반하는 동사가 있습니다. 이런 경우 일종의 숙어처럼 동사와 전치사를 함께 기억해야 합니다. 더불어 해당 전치사가 어떤 격(3격 혹은 4격)과 함께 사용되는지도 정확히 알아야 독일어 구사가 가능합니다.

전치사 + 4격(Akkusativ)을 수반하는 동사

동사	의미	예시
achten auf + 4격	~를 주의하다, 유의하다	Tara, bitte achte auf den Straßenverkehr!
aufpassen auf + 4격	~를 주의하다, 돌보다	Pass beim Radfahren auf dich auf!
sich erinnern an + 4격	~를 기억하다	Erinnerst du dich an den Mann?
glauben an + 4격	~를 믿다	Wir glauben an den Sieg.
sorgen für + 4격	~를 돌보다	Die Mutter sorgt für das Baby.
sich sorgen um + 4격	~를 걱정하다, 염려하다	Der Vater sorgt sich um das Geschäft .
diskutieren über + 4격	~에 대해 토론하다	Wir diskutieren viel über die Politik.

전치사 + 3격(Dativ)을 수반하는 동사

동사	의미	예시
fragen nach + 3격	~에 대해 묻다	Ich frage nach der Anmeldung.
sich fürchten vor + 3격	~를 두려워하다	Wir fürchten uns vor dem Ergebnis.
gehören zu + 3격	~에 속하다	Goethe gehört zu den größten Dichtern.
rechnen mit + 3격	~을 예상하다, 고려하다	Ich rechne mit großem Erfolg.
riechen nach + 3격	~의 향이 나다	Du riechst nach Alkohol!

전치사와 의문사의 결합

	결합 형태	예시
사람(Personen)에 대한 질문	전치사 + wen(4격) / wem(3격)	**Für wen? / Zu wem?**
사물(Dinge)에 대한 질문	wo + 전치사	**Wofür? / Wozu?**

- 전치사를 수반하는 동사를 활용하여 의문문을 만드는 경우 위와 같은 전치사+의문사 형태가 요구됩니다.
  예 Woran erinnerst du dich? 무엇이 기억나니?
  Ich erinnere mich an den Strand. 그 해변이 기억나.
- wo+전치사의 경우, 모음으로 시작하는 전치사(auf, über, um…) 앞에는 r이 붙습니다.
  예 Woauf? (x) ➡ Worauf? (o)

연습문제 ÜBUNGEN

1 다음 보기 중 알맞은 것끼리 짝지어 문장을 완성하세요.

❶ Der Vater hat sich
❷ Ich mache mir Sorgen
❸ Ich habe mich
❹ Denkst du oft
❺ Hilft sie dir

a. an deine Familie?
b. über seinen Sohn geärgert.
c. über das Geschenk gefreut.
d. bei der Hausarbeit?
e. um meine kranke Mutter.

2 주어진 동사와 짝을 이루는 전치사를 빈칸에 넣고 그 전치사를 활용한 의문사를 만드세요.

동사	❶ 전치사	❷ 사람에 대한 의문사	❸ 사물에 대한 의문사
warten	auf	Auf wen?	Worauf?
achten	a.		
sich erinnern	b.		
sich interessieren	c.		
sich wundern	d.		
sich streiten	e.		

3 질문에 알맞은 대답을 연결하세요. MP3 118

❶ Mit wem schimpft er?
❷ Worauf freut sich Julia?
❸ Wovon wirst du erzählen?
❹ Woran erinnern Sie sich?
❺ An wen erinnert ihr euch?
❻ Für wen interessiert sich der Kollege?

a. Für die neue Angestellte.
b. Mit seiner Frau.
c. Von meiner Reise.
d. Auf die Beziehung.
e. An den Arzt.
f. An den Baum.

4 예시와 같이 대화를 완성하세요. MP3 119

> __Wofür__ danken Sie? – __Ich danke ihnen für ihre Mühe__. (ihre Mühe)

❶ ________ denken Sie? • ________________. (das Ergebnis der Prüfung)
❷ ________ müssen Sie sich vorbereiten? • ________________. (die Rede)
❸ ________ hängen Sie ab? • ________________. (meine Eltern)
❹ ________ rechnen Sie? • ________________. (günstiger Preis)

5 다음에 주어진 단어들을 알맞은 전치사와 함께 구성하여 문장을 완성하세요.

ich / gratulieren / dir / Geburtstag – Ich gratuliere dir zum Geburtstag.

❶ Wir / sprechen / unsere Lehrerin – ______

❷ Er / sorgen / die ganze Familie – ______

❸ Maria und Karl / diskutieren / das Thema – ______

❹ Die Kinder / lachen / der Witz – ______

❺ Ich / sich gewöhnen / das Wetter – ______

연습문제 정답 **1** ❶-b ❷-e ❸-c ❹-a ❺-d **2** ❶ a. auf, b. an, c. für, d. über, e. über ❷ a. Auf wen?, b. An wen?, c. Für wen?, d. Über wen?, e. Über wen? ❸ a. Worauf?, b. Woran?, c. Wofür?, d. Worüber?, e. Worüber? **3** ❶-b ❷-d ❸-c ❹-f ❺-e ❻-a **4** ❶ Woran – Ich denke an das Ergebnis der Prüfung. ❷ Worauf – Ich muss mich auf die Rede vorbereiten. ❸ Von wem – Ich hänge von meinen Eltern ab. ❹ Womit – Ich rechne mit einem günstigeren Preis. **5** ❶ Wir sprechen mit unserer Lehrerin ❷ Er sorgt für die ganze Familie. ❸ Maria und Karl diskutieren über das Thema. ❹ Die Kinder lachen über den Witz. ❺ Ich gewöhne mich an das Wetter.

58 대명사적 부사
Pronominaladverbien

부사와 전치사를 결합하여 대명사 역할을 하는 부사를 만드는 법과 그 활용에 대해 배웁니다.

대명사적 부사

분류	결합 형태	예시
사물(Dinge)에 대한 지칭	da + (r) + 전치사	dafür / dazu

- 사람을 지칭하는 경우 대명사적 부사를 사용할 수 없으며 인칭대명사 등을 활용해 답해야 합니다.
  예 Interessieren Sie sich für den Mann? – Ja, ich interessiere mich dafür. (x) ➡ für ihn. (o)
- 모음으로 시작하는 전치사(auf, über, um…) 앞에는 r이 붙습니다.
  예 daauf (x) ➡ darauf (o)

대명사적 부사의 활용

분류	예시
장소	**Hier gibt es eine Bank, und daneben (=neben der Bank) ist eine Schule.** 여기 은행이 있습니다. 그리고 그 옆에 (=은행 옆에) 학교가 있습니다.
시간	**Ich soll erst Geld abheben, danach (=nach dem Abheben) kann ich lernen.** 나는 먼저 돈을 인출하고, 그 후에 (=돈을 인출한 후에) 공부할 수 있습니다
사물	**Interessieren Sie sich für das Projekt? – Ja, ich interessiere mich dafür (=für das Projekt).** 그 프로젝트에 대해 관심이 있습니까? – 네, 저는 그것에 (=그 프로젝트에) 관심이 있습니다.

연습문제 ÜBUNGEN

1 다음을 장소에 유의하여 읽고, 빈칸을 알맞게 채우세요.

> Ein kleines Zimmer
>
> Eine Klimaanlage steht links. In der Mitte gibt es einen Schreibtisch mit einem Stuhl.
>
> Auf dem Tisch liegen ein paar Hefte und Lehrbücher. Ganz rechts steht ein Kleiderschrank.
>
> Im Schrank gibt es viele Kleidungsstücke.

In der Mitte steht ein Schreibtisch.

❶ ___________ gibt es ein paar Hefte und Lehrbücher.

❷ Links ___________ steht eine Klimaanlage.

❸ Rechts ___________ steht ein Kleiderschrank.

❹ ___________ hängen Kleidungsstücke.

2 대명사적 부사를 활용해 다음 질문에 알맞은 대답을 완성하세요.

MP3 120

❶ Interessierst du dich für klassische Musik? – Ja, ____________

❷ Interessierst du dich für Mozart? – Ja, ____________

❸ Gewöhnst du dich an das Wetter in England? – Ja, ____________

❹ Gewöhnst du dich an Engländer? – Ja, ____________

❺ Sprecht ihr von dem bemerkenswerten Thema? – Ja, ____________

❻ Sprecht ihr von dem bemerkenswerten Chef? – Ja, ____________

3 알맞은 대명사적 부사를 이용하여 다음의 분리된 문장을 하나의 문장으로 연결하세요.

MP3 121

Ich lerne alleine Mathematik. Ich höre beim Lernen gern klassische Musik.
➡ Ich lerne alleine Mathematik, ich höre dabei gern klassische Musik.

❶ Ich muss jetzt staubsaugen. Nach dem Staubsaugen putze ich die ganze Wohnung.

➡ ____________

❷ Wir gehen auf Reise. Vor der Abfahrt müssen wir das Gepäck überprüfen.

➡ ____________

❸ Karl und seine Frau werden heute für uns kochen. Beim Kochen können wir uns gut unterhalten.

➡ ____________

❹ Maria soll ihren Freund anrufen. Nach dem Anruf treffen sie sich wahrscheinlich.

➡ ____________

❺ Meine Kinder sprechen ganz oft miteinander. Sie streiten sich aber manchmal beim Gespräch.

➡ ____________

연습문제 정답 1 ❶ Darauf ❷ daneben ❸ daneben ❹ Darin 2 ❶ Ich interessiere mich dafür. ❷ Ich interessiere mich für ihn. ❸ Ich gewöhne mich daran. ❹ Ich gewöhne mich an sie. ❺ Wir sprechen davon. ❻ Wir sprechen von ihm. 3 ❶ Ich muss jetzt staubsaugen, danach putze ich die ganze Wohnung. ❷ Wir gehen auf Reise, davor müssen wir das Gepäck überprüfen. ❸ Karl und seine Frau werden heute für uns kochen, dabei können wir uns gut unterhalten. ❹ Maria soll ihren Freund anrufen, danach treffen sie sich wahrscheinlich. ❺ Meine Kinder sprechen ganz oft miteinander, dabei streiten sie sich aber manchmal.

59 접속법 2식 현재형
Konjunktiv II im Präsens

접속법 2식(Konjunktiv II)은 비현실적 조건문, 공손함, 제안, 추측 등을 나타냅니다.

접속법 2식 현재형의 2가지 형태와 어미변화

형태 1 würden + 동사 원형		
ich	würde	geben
du	würdest	
er/sie/es	würde	
wir	würden	
ihr	würdet	
sie/Sie	würden	

형태 2 (변모음) + 과거형 + (e)			
gäbe	käme	wüsste	ließe
gäbest	kämest	wüsstest	ließest
gäbe	käme	wüsste	ließe
gäben	kämen	wüssten	ließen
gäbet	kämet	wüsstet	ließet
gäben	kämen	wüssten	ließen

- 대부분 형태1을 통해 접속법 2식을 표현합니다. 단, sein, haben, 화법조동사, 몇몇 동사(geben, kommen, lassen, wissen, …)는 보통 형태 2를 통해 접속법 2식을 표현합니다.

sein, haben, 화법조동사의 접속법 2식 현재형 어미변화

	sein	haben	화법조동사(Modalverben)				
			können	wollen	müssen	dürfen	sollen
ich	wäre	hätte	könnte	wollte	müsste	dürfte	sollte
du	wär(e)st	hättest	könntest	wolltest	müsstest	dürftest	solltest
er/sie/es	wäre	hätte	könnte	wollte	müsste	dürfte	sollte
wir	wären	hätten	könnten	wollten	müssten	dürften	sollten
ihr	wär(e)t	hättet	könntet	wolltet	müsstet	dürftet	solltet
sie/Sie	wären	hätten	könnten	wollten	müssten	dürften	sollten

- 위 동사들도 würden + 동사 원형 형태를 통해 접속법 2식을 만들 수 있지만, 보통 위 방식을 더 선호합니다.
- 화법조동사 wollen과 sollen의 경우 과거형과 접속법 2식의 형태가 같으므로 주의해야 합니다.

연습문제 ÜBUNGEN

1 다음 보기 중 알맞은 것끼리 짝지어 문장을 완성하세요.

❶ Wenn ich mehr Zeit hätte,
❷ Wenn ich mehr essen würde,
❸ Wenn meine Eltern nicht so streng wären,
❹ Wenn ich nicht so viel Angst vor ihm hätte,

a. wäre ich dick.
b. würde ich mehr lernen.
c. würde ich einfach jeden Tag faulenzen.
d. würde ich ihn danach fragen.

2 주어진 단어를 활용해 다음 빈칸을 알맞게 채우세요.

MP3 122

Wenn er keine langen Haare tragen würde (tragen), würde er nicht auffallen (auffallen).

❶ Wenn ich eine gute Tänzerin ___________ (sein), ___________ ich mit Fabian ___________ (tanzen).

❷ Wenn es nicht ___________ (regnen), ___________ wir nicht zu Hause ___________ (bleiben).

❸ Wenn es einen Krieg in Korea ___________ (geben), ___________ es den Leuten nicht gut ___________ (gehen).

❹ Wenn er viel ___________ (lesen), ___________ er keine Schwierigkeiten mit dem Schreiben. (haben).

❺ Wenn ich sicher ___________ (sein), ___________ ich es dir ___________ (sagen).

❻ Wenn mein Handy kaputt ___________ (sein), ___________ ich endlich Ruhe (haben).

3 문장 안에 주어진 화법조동사를 접속법 2식의 형태로 바꿔 넣으세요.

MP3 123

Die Kinder ~~sollen~~ sollten in die Schule gehen, aber sie haben keine Lust.

❶ Katarina müssen ___________ jetzt aufräumen, aber sie ist zu müde.

❷ Ich müssen ___________ eigentlich Koreanisch lernen, aber ich bin zu schläfrig.

❸ Du sollen ___________ kein Kleid kaufen, weil du kein Geld hast.

❹ Er können ___________ mir bei dem Umzug helfen, aber er muss zur Arbeit gehen.

❺ Wir dürfen ___________ hier rauchen, aber wir sind keine Raucher.

연습문제 정답 **1** ❶-b ❷-a ❸-c ❹-d **2** ❶ wäre, würde, tanzen ❷ regnen würde, würden, bleiben ❸ geben würde, würde, gehen ❹ lesen würde, hätte ❺ wäre, würde, sagen ❻ wäre, hätte **3** ❶ müsste ❷ müsste ❸ solltest ❹ könnte ❺ dürften

60 접속법 2식의 의미
Bedeutung des Konjunktivs II

접속법 2식의 다양한 의미에 대해 배웁니다.

접속법 2식의 의미

의미	예시	참고 사항
소망, 바람 (Wunsch)	**Ich hätte gern einen Freund.** 나는 남자 친구가 있었으면 좋겠다. **Ich wäre gern ein aufmerksamer Mensch.** 나는 자상한 사람이고 싶다.	바람을 나타낼 때는 부사 gern(혹은 lieber, am liebsten)이 자주 함께 쓰입니다.
비현실적 조건문 (irreale Bedingung)	**Wenn ich einen Freund hätte, wäre ich aufmerksam.** 내가 남자 친구가 있다면, 나는 자상했을 텐데.	불변화사 bloß, doch 등이 함께 쓰이기도 합니다.
공손함 (Höflichkeit)	**Entschuldigung, könnten Sie mir bitte helfen?** 실례지만 저를 도와주실 수 있습니까? **Ich hätte gern noch ein Bier.** 맥주 한 잔 더 주세요.	공손한 부탁이나 청원, 혹은 주문 등을 할 때 쓸 수 있습니다.
충고 (Ratschlag)	**Du solltest weniger Kaffee trinken.** 너는 커피를 좀 줄여야 해.	여기서 사용된 sollten은 과거형이 아닌 접속법 2식 현재형입니다.
제안 (Vorschlag)	**Wir könnten zusammen lernen.** 우리 같이 공부하자.	계획을 표현할 때 사용합니다.

- 비현실적 조건문의 경우 wenn 문장에서 접속사 wenn을 생략하고 동사를 문장 가장 앞으로 도치시킬 수 있습니다.

  예 <u>Wenn</u> ich reich <u>wäre</u>, würde ich die Wohnung nicht kaufen.
  = <u>Wäre</u> ich reich, würde ich die Wohnung nicht kaufen.

연습문제 ÜBUNGEN

1 다음 문장을 소망, 바람의 표현으로 고쳐 쓰세요.

Mein Sohn hat kein Fahrrad. ➡ Er hätte gern ein Fahrrad.

❶ Ich bin nicht klug. (klüger) ➡ ____________

❷ Mein Vater ist klein. (größer) ➡ ____________

❸ Wir wohnen nicht zusammen. (zusammen wohnen) ➡ ____________

❹ Wir bleiben immer zu Hause. (draußen spielen) ➡ ____________

❺ Ich singe nicht gut. (besser singen) ➡ ____________

2 다음 문장들이 어떠한 의미를 담고 있는지 보기 중 골라 넣으세요.

소망(Wunsch) / 비현실적인 조건(irreale Bedingung) / 공손함(Höflichkeit) / 충고(Ratschlag) / 제안(Vorschlag)

❶ Ich sollte lieber die Aufgabe erledigen. ➡ ____________

❷ Würdest du kurz auf meine Tasse aufpassen? ➡ ____________

❸ Ich würde gern eine Tasse Tee trinken. ➡ ____________

❹ Wir könnten zusammen ins Kino gehen. ➡ ____________

❺ Wenn ich ein Millionär wäre, würde ich dir ein Haus kaufen. ➡ ____________

3 다음 문장들의 관계에 유의하여 알맞게 짝지은 뒤 wenn을 이용하여 한 문장으로 연결하세요. MP3 124

Ich koche nicht gut. / Meine Kinder mögen mein Essen nicht.
➡ Wenn ich gut kochen würde, würden meine Kinder mein Essen mögen.

❶ Nicht alle Menschen sind ehrlich. — a. Ich habe keine Katze.

❷ Katzen sind nicht so loyal wie Hunde. — b. Meine Eltern kaufen mir kein Klavier.

❸ Ich kann nicht Klavier spielen. — c. Mein Mitbewohner ist glücklich.

❹ Ich bin sehr aufmerksam und leise. — d. Die ganze Welt ist nicht so schön.

❺ Sie hat keine starken Beine. — e. Sie kann nicht stundenlang laufen.

❶ ➡ ____________

❷ ➡ ____________

❸ ➡ ____________

❹ ➡ ____________

❺ ➡ ____________

4 다음 문장들을 보다 공손한 표현으로 고쳐 쓰세요.

MP3 125

❶ Hast du Lust, ins Kino zu gehen? ➡ Hättest du Lust, ins Kino zu gehen?

❷ Bist du so nett und leihst mir 20 Euro? ➡ ____________________

❸ Kannst du mir das Brot reichen? ➡ ____________________

❹ Sind Sie so nett und machen das Fenster auf? ➡ ____________________

❺ Haben Sie einen kleinen Beutel für mich? ➡ ____________________

❻ Ist es möglich, dass…? ➡ ____________________

❼ Rufst du mich an? ➡ ____________________

❽ Tust du mir bitte einen Gefallen? ➡ ____________________

❾ Das ist nett von Ihnen. ➡ ____________________

❿ Es ist nett, wenn er mich zurückruft. ➡ ____________________

5 주어진 문장이 충고인지 제안인지 골라 표시하세요.

❶ Du solltest weniger Kleidung kaufen. [충고(Ratschlag) / 제안(Vorschlag)]

❷ Du könntest dich heute einfach ausruhen. [충고(Ratschlag) / 제안(Vorschlag)]

❸ Du könntest mit mir zum Tanzen gehen. [충고(Ratschlag) / 제안(Vorschlag)]

❹ Du solltest mehr arbeiten. [충고(Ratschlag) / 제안(Vorschlag)]

❺ Du könntest zu Hause fernsehen. [충고(Ratschlag) / 제안(Vorschlag)]

연습문제 정답

1 ❶ Ich wäre gern klüger. ❷ Er wäre gern größer. ❸ Wir würden gern zusammen wohnen. ❹ Wir würden gern draußen spielen. ❺ Ich würde gern besser singen. **2** ❶ 충고(Ratschlag) ❷ 공손함(Höflichkeit) ❸ 소망(Wunsch) ❹ 제안(Vorschlag) ❺ 비현실적인 조건(irreale Bedingung) **3** ❶-d: Wenn alle Menschen ehrlich wären, wäre die ganze Welt so schön. ❷-a: Wenn Katzen so loyal wie Hunde wären, hätte ich eine Katze. ❸-b: Wenn ich Klavier spielen könnte, würden meine Eltern mir ein Klavier kaufen. ❹-c: Wenn ich nicht sehr aufmerksam und leise wäre, wäre mein Mitbewohner nicht glücklich. ❺-e: Wenn sie starke Beine hätte, könnte sie stundenlang laufen. **4** ❷ Wärest du so nett und würdest mir 20 Euro leihen? ❸ Könntest du mir das Brot reichen? ❹ Wären Sie so nett und würden das Fenster aufmachen? ❺ Hätten Sie einen kleinen Beutel für mich? ❻ Wäre es möglich, dass…? ❼ Würdest du mich anrufen? ❽ Würdest du mir bitte einen Gefallen tun? ❾ Das wäre nett von Ihnen. ❿ Es wäre nett, wenn er mich zurückrufen würde . **5** ❶ 충고(Ratschlag) ❷ 제안(Vorschlag) ❸ 제안(Vorschlag) ❹ 충고(Ratschlag) ❺ 제안(Vorschlag)

61 수동태 현재형
Passiv im Präsens

지금까지 능동태 문장만 다루었습니다. 능동태란 동작의 주체가 중요한 반면, 주체가 아닌 행위가 중요할 때 수동태를 사용하게 됩니다. 본래 수동태는 동작수동태(Vorgangspassiv)와 상태수동태(Zustandspassiv)로 나뉩니다. 초중급편에서는 동작수동태만 다룹니다.

수동태 현재형의 기본 형태: werden + 과거분사

주어	werden	과거분사
ich	werde	gerufen
du	wirst	
er/sie/es	wird	
wir	werden	
ihr	werdet	
sie/Sie	werden	

수동태의 문장 활용

문장	예시
평서문	Die Autos werden gewaschen.
분리동사	Er wird angerufen.
의문문1	Wird das Auto repariert?
의문문2	Was wird bestellt?
화법조동사	Das Fenster muss geputzt werden.

화법조동사와 함께 쓰일 때

주어	화법조동사	과거분사	동사 원형
Das Haus	muss	gebaut	~~wird~~ ➡ werden.
Das Auto	soll	repariert	~~wird~~ ➡ werden.

주의 수동태가 조동사와 함께 쓰일 때는 werden이 문장 마지막에 위치하며 동사 원형으로 쓰입니다.

- 부문장에서 쓰이는 경우 화법조동사는 werden보다 더 뒤로 위치합니다.
  - 예 Ich glaube, dass die Rechnung nicht bezahlt werden muss.
    나는 그 계산서가 지불될 필요가 없다고 생각해.

능동태와 수동태의 차이

능동태(Aktiv)	**Der Baumeister** baut **die Häuser.** 건축 기술자가 그 집들을 짓는다. (주어 Der Baumeister가 동작의 주체)
수동태(Passiv)	**Die Häuser** werden gebaut. 그 집들이 지어진다. (주어 Die Haüser가 동작의 대상)

- 각 주어에 따른 동사의 어미변화에 주의해야 합니다. (능동태의 주어: 3인칭 단수 – 수동태의 주어 3인칭 복수)

연습문제 ÜBUNGEN

1 다음 주어와 동사를 활용하여 수동태를 만드세요.

❶ ein Brief – senden : Ein Brief wird gesendet.

❷ ich – abholen : ______

❸ der Kuchen – backen : ______

❹ die Schuhe – putzen : ______

❺ die Kinder – zur Schule bringen : ______

2 주어진 단어들을 활용해 수동태를 완성하세요. MP3 126

❶ mein Fahrrad / müssen / kontrollieren ➡ ______

❷ ich / möchten / gut behandeln ➡ ______

❸ Wir alle / sollen / respektieren ➡ ______

❹ der Park / sollen / sauber halten ➡ ______

❺ Pizza / können / bestellen ➡ ______

3 화법조동사 können과 müssen 중 무엇이 어울릴지 골라 수동태 문장으로 고쳐 쓰세요.

~~reparieren~~ / helfen / korrigieren / kaufen / trinken

❶ Mein Computer ist kaputt. ➡ Mein Computer muss repariert werden.

❷ Ich würde ein neues Handy haben. ➡ ______

❸ Es gibt viele Fehler im Text. ➡ ______

❹ Die alte Frau braucht Hilfe. ➡ ______

❺ Beim Unterricht darf man kein Bier trinken. ➡ ______

4 dass 문장을 유의하여 주어진 단어들을 문장의 순서에 맞게 쓰세요. MP3 127

❶ Wir denken, dass die Party spätestens 2 Wochen vorher vorbereitet werden muss .(vorbereiten müssen)

❷ Ich wusste nicht, dass Lastkraftwagen hier nicht ______. (parken können)

❸ Man sagt, dass mit der Zeit alle Wunden ______. (heilen)

❹ Ich denke, dass der Raum ______. (aufräumen sollen)

❺ Meine Eltern glauben, dass mein Bruder regelmäßig ______. (untersuchen müssen)

연습문제 정답 **1** ❷ Ich werde abgeholt. ❸ Der Kuchen wird gebacken. ❹ Die Schuhe werden geputzt. ❺ Die Kinder werden zur Schule gebracht. **2** ❶ Mein Fahrrad muss kontrolliert werden. ❷ Ich möchte gut behandelt werden. ❸ Wir alle sollen respektiert werden. ❹ Der Park soll sauber gehalten werden. ❺ Pizza kann bestellt werden. **3** ❷ Ein neues Handy kann gekauft werden. ❸ Der Text muss korrigiert werden. ❹ Der alten Frau muss geholfen werden. ❺ Beim Unterricht kann kein Bier getrunken werden. **4** ❷ geparkt werden können ❸ geheilt werden ❹ aufgeräumt werden soll ❺ untersucht werden muss

62 수동태의 주어
Subjekt des Passivs

능동태에서 수동태로 옮기는 과정에서 능동태의 주어를 처리하는 방법에 대해 배웁니다.

von + 3격을 활용한 능동태 주어의 변형

능동태(Aktiv)	Der Klempner	repariert	unsere Rinnen.	
수동태(Passiv)	Unsere Rinnen	werden	von dem(= vom) Klempner	repariert

- 능동태 주어(1격)를 수동태 문장에서 von + 3격 표현으로 바꿀 수 있습니다. 이때 관사의 변화에 유의해야 합니다. 또한 수동태에서는 동작의 주체가 중요하지 않기 때문에 von + 3격는 필요에 따라 생략될 수 있습니다.
  - 예 능동태 : Der Schriftsteller schreibt den Roman.
    수동태 : Der Roman wird (vom Schriftsteller) geschrieben.
- 능동태 문장에서 man이 주어인 경우, 이는 이미 불특정한 사람들을 가리키므로, 동작의 주체가 중요하지 않은 수동태에서 von + 3격으로 표현할 필요가 없기 때문에 생략됩니다.
  - 예 능동태 : Man muss das Zimmer aufräumen.
    수동태 : Das Zimmer muss aufgeräumt werden.
- 수동태 문장에서 꼭 1격 주어가 있어야 하는 것은 아닙니다. 다만 주어가 없을 때 es를 대체하여 넣을 수는 있습니다. 이 es는 의미가 없으며, 문장 제일 앞에만 쓸 수 있습니다.
  - 예 능동태 : Man muss arbeiten.
    수동태 : Es muss gearbeitet werden.
- 능동태에서 수동태로 변형될 때 관여하는 격은 1격과 4격뿐이며, 3격은 능동태든 수동태든 그대로 사용해야 합니다. 이런 경우 주어가 없거나 대체된 es밖에 없으므로 동사는 3인칭 단수 취급하여 어미변화합니다.
  - 예 능동태 : Du kannst ihm helfen.
    수동태 : Ihm kann (von dir) geholfen werden. (= Es kann ihm (von dir) geholfen werden.)

연습문제 ÜBUNGEN

1 보기와 같이 주어진 단어들을 수동태 형식으로 알맞게 바꾸세요. MP3 128

> Der Schüler schreibt ein Diktat.
> ➡ Ein Diktat wird von dem Schüler geschrieben.

❶ das Essen / kochen / meine Mutter

➡ Das Essen wird von meiner Mutter gekocht.

❷ die Betten / machen / ich

➡ ______

❸ Bier/ trinken / viele Leute

➡ ______

❹ Mariella / lieben / du

➡ ______

❺ das Buch / bringen / sie (3인칭 단수)

➡ ______

❻ der Schrank / tragen / Sie (존칭의 Sie)

➡ ______

2 주어진 능동태 문장을 수동태로 바꾸세요. MP3 129

❶ Du musst darauf aufpassen, dass die Diebe dein teures Fahrrad nicht stehlen.

➡ Du musst darauf aufpassen, dass dein teures Fahrrad von den Dieben nicht gestohlen wird.

❷ Der Arzt untersucht den Patienten in seiner Praxis.

➡ ______

❸ Die Eltern stecken das Kind in ein Internat.

➡ ______

❹ In der Stadtmitte plant der Bürgermeister eine neue Bahn.

➡ ______

❺ Im Museum stellen die Mitarbeiter ein neues Werk aus.

➡ ______

❻ In unserem Hotel bedienen wir unsere Kunden gastfreundlich.

➡ ______

3 능동태는 수동태로, 수동태는 능동태로 바꾸세요.

❶ Die Bäume sollen nicht gefällt werden. ➡ Man soll die Bäume nicht fällen.

❷ Die Wohnung muss renoviert werden. ➡ ______

❸ Man muss viel arbeiten. ➡ ______

❹ Hier darf nicht fotografiert werden. ➡ ______

❺ Ihm wird einfach geholfen. ➡ ______

4 능동태는 수동태로, 수동태는 능동태로 바꾸세요.

❶ Das Examen kann von den Studenten geschafft werden.

➡ Die Studenten können das Examen schaffen.

❷ Die ganze Wohnung wird von der Frau geputzt.

➡ ______

❸ Die Ärzte untersuchen den Patienten.

➡ ______

❹ Die Tische werden von dem Mann gebracht.

➡ ______

❺ Die schweren Bilder müssen von den Männern aufgestellt werden.

➡ ______

❻ Der Sekretär muss das Meeting vorbereiten.

➡ ______

연습문제 정답

1 ❷ Die Betten werden von mir gemacht. ❸ Bier wird von vielen Leuten getrunken. ❹ Mariella wird von dir geliebt. ❺ Das Buch wird von ihr gebracht. ❻ Der Schrank wird von Ihnen getragen. **2** ❷ Der Patient wird vom Arzt in seiner Praxis untersucht. ❸ Das Kind wird von den Eltern in ein Internat gesteckt. ❹ In der Stadtmitte wird eine neue Bahn von dem Bürgermeister geplant. ❺ Im Museum wird ein neues Werk von den Mitarbeitern ausgestellt. ❻ In unserem Hotel werden unsere Kunden von uns gastfreundlich bedient. **3** ❷ Man muss die Wohnung renovieren. ❸ Es muss viel gearbeitet werden. ❹ Man darf hier nicht fotografieren. ❺ Man hilft ihm einfach. **4** ❷ Die Frau putzt die ganze Wohnung. ❸ Der Patient wird von den Ärzten untersucht. ❹ Der Mann bringt die Tische. ❺ Die Männer müssen die schweren Bilder aufstellen. ❻ Das Meeting muss vom Sekretär vorbereitet werden.

63 수동태 과거형
Passiv im Präteritum

수동태 역시 과거의 일을 말할 수 있습니다. 이 장에서는 수동태의 과거형에 대해 알아봅니다.

수동태 과거형의 기본 형태: wurden + 과거분사

	wurden	과거분사	예시
ich	wurde	angerufen	수동태 현재형: Das Haus wird in diesem Jahr gebaut. 수동태 과거형: Das Haus wurde im letzten Jahr gebaut.
du	wurdest		
er/sie/es	wurde		
wir	wurden		
ihr	wurdet		
sie/Sie	wurden		

• 수동태의 현재형 werden을 과거형으로 바꾸면 수동태의 과거형 표현이 됩니다.

연습문제 ÜBUNGEN

1 다음 단어들을 수동태 현재형(Präsens)과 과거형(Präteritum)으로 알맞게 바꾸세요.

die Zeitung / lesen / ich

Präsens: Heute wird die Zeitung von mir gelesen.

Präteritum : Gestern wurde die Zeitung von mir gelesen.

❶ Bio-Bananen / essen / mit der Schale / die Affen

a. Präsens : ______________________

b. Präteritum : ______________________

❷ das Konzert / erwarten / schon lange / viele Leute

a. Präsens : ______________________

b. Präteritum : ______________________

❸ Rafael / lieben / im Konzert / die Zuschauer

a. Präsens : ______________________

b. Präteritum : ______________________

❹ die Tore / öffnen / endlich / der Direktor

a. Präsens : ______________________

b. Präteritum : ______________________

2 다음 문장을 수동태로 알맞게 바꾸세요. (단, 시제는 동일)

MP3 130

❶ Christine baute dieses Haus.

➡ ______________________________

❷ Jonas und Hermann gaben mir das Geld zurück.

➡ ______________________________

❸ Der Arzt operiert den Hasen.

➡ ______________________________

❹ Den Hasen fanden wir in unserem Garten.

➡ ______________________________

❺ Mein Chef rief mich am Montag an.

➡ ______________________________

❻ Ich bezahle die Rechnung, nachdem ich Geld abgehoben habe.

➡ ______________________________

3 예시와 같이 주어진 문장을 능동태 과거형과 수동태 과거형으로 바꾸세요.

Ich trinke den Saft. ➡ Ich trank den Saft. ➡ Der Saft wurde von mir getrunken.

❶ Die Gäste bezahlen die Rechnung.

a. ______________ ➡ b. ______________

❷ Die Putzfrau macht den Raum sauber.

a. ______________ ➡ b. ______________

❸ Die laute Musik ärgert uns.

a. ______________ ➡ b. ______________

❹ Meine Mutter gibt mir ein Handtuch.

a. ______________ ➡ b. ______________

연습문제 정답

1 ❶ a. Heute werden Bio-Bananen von den Affen mit der Schale gegessen. b. Gestern wurden Bio-Bananen von den Affen mit der Schale gegessen. ❷ a. Heute wird das Konzert schon lange von vielen Leuten erwartet. b. Gestern wurde das Konzert schon lange von vielen Leuten erwartet. ❸ a. Heute wird Rafael im Konzert von den Zuschauern geliebt. b. Gestern wurde Rafael im Konzert von den Zuschauern geliebt. ❹ a. Heute werden die Tore endlich vom Direktor geöffnet. b. Gestern wurden die Tore endlich vom Direktor geöffnet. 2 ❶ Dieses Haus wurde von Christine gebaut. ❷ Das Geld wurde mir von Jonas und Hermann zurückgegeben. ❸ Der Hase wird vom Arzt operiert. ❹ Der Hase wurde von uns in unserem Garten gefunden. ❺ Ich wurde am Montag angerufen. ❻ Die Rechnung wird von mir bezahlt, nachdem Geld von mir abgehoben worden ist. 3 ❶ a. Die Gäste bezahlten die Rechnung. b. Die Rechnung wurde von den Gästen bezahlt. ❷ a. Die Putzfrau machte den Raum sauber. b. Der Raum wurde von der Putzfrau saubergemacht. ❸ a. Die laute Musik ärgerte uns. b. Wir wurden von der lauten Musik geärgert. ❹ a. Meine Mutter gab mir ein Handtuch. b. Ein Handtuch wurde mir von meiner Mutter gegeben.

64 수동태 현재완료형
Passiv im Perfekt

수동태 문장의 현재완료형(Perfekt)을 배웁니다.

수동태의 현재완료형 기본 형태: sein + 과거분사 + worden

	sein	과거분사	worden	예시
ich	bin	angerufen	worden	수동태 현재형: Das Haus wird in diesem Jahr gebaut. 수동태 과거형: Das Haus wurde im letzten Jahr gebaut. 수동태 현재완료형: Das Haus ist im letzten Jahr gebaut worden.
du	bist			
er/sie/es	ist			
wir	sind			
ihr	seid			
sie/Sie	sind			

- geworden이 아니라 worden을 사용한다는 것을 주의하세요. 오직 수동태에서만 사용하는 단어입니다.

연습문제 ÜBUNGEN

1 다음 단어들을 수동태 과거형(Präteritum)과 현재완료형(Perfekt)으로 알맞게 바꾸세요.

die Zeitung / lesen / ich

Präteritum: Die Zeitung wurde von mir gelesen.

Perfekt: Die Zeitung ist von mir gelesen worden.

❶ die Schlüssel / finden / nicht / Karl

a. Präteritum : ______________________

b. Perfekt : ______________________

❷ Bianca / ansprechen / der hübsche Mann

a. Präteritum : ______________________

b. Perfekt : ______________________

❸ Lieder / singen / den ganzen Tag / das Mädchen

a. Präteritum : ______________________

b. Perfekt : ______________________

2 주어진 단어들을 이용해 수동태 현재완료형으로 의문문을 만드세요.

MP3 131

wir / einladen / wann ? ➡ Wann sind wir eingeladen worden?

❶ wie / die Party / vorbereiten ? ➡ ____________________

❷ das Buch / von wem / schreiben ? ➡ ____________________

❸ das Essen / wie lange / im Kühlschrank / aufbewahren ? ➡ ____________________

❹ wo / ihr / abholen ? ➡ ____________________

❺ die Hausaufgaben / fertig machen / wann ? ➡ ____________________

3 다음 보기에서 질문에 알맞은 동사를 찾은 뒤 수동태 현재완료형 문장으로 완성하세요.

~~bezahlen~~ / staubsaugen / schreiben / waschen / beantworten / lesen

❶ die Miete ➡ Die Miete ist schon bezahlt worden.

❷ die Klausur ➡ ____________________

❸ die Nachricht ➡ ____________________

❹ die Zimmer ➡ ____________________

❺ die Zeitung ➡ ____________________

❻ die Hände vom Kind ➡ ____________________

4 주어진 동사를 활용하여 수동태 현재완료형으로 빈칸을 알맞게 채우세요.

MP3 132

❶ Von der Regierung ___ist___ diese Umfrage ___geplant worden___. (planen)

❷ Die Freundin ________ von anderen Leuten ____________. (überreden)

❸ Viele Fahrräder ________ auf der Straße ____________. (abstellen)

❹ Das Fleisch ________ von dem Metzger ____________. (schneiden)

❺ Mir ________ für meine Hilfe ____________. (danken)

❻ Der Salat ________ von der Käuferin ____________. (wiegen)

연습문제 정답 1 ❶ a. Die Schlüssel wurden von Karl nicht gefunden. b. Die Schlüssel sind von Karl nicht gefunden worden. ❷ a. Bianca wurde von dem hübschen Mann angesprochen. b. Bianca ist von dem hübschen Mann angesprochen worden. ❸ a. Lieder wurden den ganzen Tag von dem Mädchen gesungen. b. Lieder sind den ganzen Tag von dem Mädchen gesungen worden. 2 ❶ Wie ist die Party vorbereitet worden? ❷ Von wem ist das Buch geschrieben worden? ❸ Wie lange ist das Essen im Kühlschrank aufbewahrt worden? ❹ Wo seid ihr abgeholt worden? ❺ Wann sind die Hausaufgaben fertig gemacht worden? 3 ❷ Die Klausur ist schon geschrieben worden. ❸ Die Nachricht ist schon beantwortet worden. ❹ Die Zimmer sind schon gestaubsaugt worden. ❺ Die Zeitung ist schon gelesen worden. ❻ Die Hände vom Kind sind schon gewaschen worden. 4 ❷ ist, überredet worden ❸ sind, abgestellt worden ❹ ist, geschnitten worden ❺ ist, gedankt worden ❻ ist, gewogen worden

65 수동태와 화법조동사
Passiv und Modalverben

수동태는 화법조동사와 함께 쓰일 수 있습니다. 이때 한 문장에 여러 동사가 함께 쓰이므로 동사의 문장 순서에 유의하여야 합니다.

화법조동사를 포함한 수동태 현재형/과거형의 기본 형태: 화법조동사 + 과거분사 + werden

		화법조동사		Partizip II + werden
수동태 현재형	Das Haus	muss	heute	gebaut werden.
수동태 과거형		musste	gestern	

• 부문장에서 화법조동사는 werden 뒤에 위치해야 합니다.

예 Der Arzt sagt, dass die Kinder heute untersucht werden sollen.

연습문제 ÜBUNGEN

1 다음 단어들을 수동태의 현재형(Präsens)과 과거형(Präteritum) 문장으로 알맞게 바꾸세요.

der Patient / müssen / heilen

a. Präsens : Der Patient muss geheilt werden.

b. Präteritum : Der Patient musste geheilt werden.

❶ die alte Wohnung / sollen / renovieren

a. Präsens : ______________________

b. Präteritum : ______________________

❷ die jungen Kinder / können / waschen

a. Präsens : ______________________

b. Präteritum : ______________________

❸ über das Geheimnis / nicht dürfen / aussprechen

a. Präsens : ____________________

b. Präteritum : ____________________

❹ im Raum / nicht dürfen / rauchen

a. Präsens : ____________________

b. Präteritum : ____________________

❺ du / wollen / ernstnehmen

a. Präsens : ____________________

b. Präteritum : ____________________

2 화법조동사 sollen과 müssen을 사용하여 알맞은 수동태 문장을 쓰세요.

> Eva kocht das Wasser.
>
> ➡ sollen : Eva soll das Wasser kochen.
>
> ➡ müssen : Das Wasser muss von Eva gekocht werden.

❶ Kinder putzen das Fenster.

a. sollen : ____________________ ➡ b. müssen : ____________________

❷ Ich mache die Hausaufgabe.

a. sollen : ____________________ ➡ b. müssen : ____________________

❸ Mein Vater entleert den Mülleimer.

a. sollen : ____________________ ➡ b. müssen : ____________________

❹ Du hängst die Wäsche auf.

a. sollen : ____________________ ➡ b. müssen : ____________________

3 주어에 유의하여 알맞은 수동태 문장을 쓰세요. (a.는 es를 활용할 것)

❶ ich – helfen – müssen:

a. Es muss mir geholfen werden. ➡ b. Mir muss geholfen werden.

❷ meine Oma – zuhören – müssen:

a. ____________________ ➡ b. ____________________

❸ er – folgen – sollen :

a. ____________________ ➡ b. ____________________

❹ Sie – danken – müssen :

a. ____________________ ➡ b. ____________________

4 다음을 읽고 알맞게 짝지어 수동태 문장을 완성하세요. MP3 133

> einen Kredit aufnehmen – der Bankbeamte
>
> ➡ Ein Kredit muss von dem Bankbeamten aufgenommen werden.

❶ das Badezimmer saubermachen — a. der Chef

❷ der Roman schreiben — b. die Managerin

❸ das Projekt fördern — c. eine Putzfrau

❹ der Fisch schuppen — d. die Schriftstellerin

➡ ______

➡ ______

➡ ______

➡ ______

연습문제 정답

1 ❶ a. Die alte Wohnung soll renoviert werden. b. Die alte Wohnung sollte renoviert werden . ❷ a. Die jungen Kinder können gewaschen werden. b. Die jungen Kinder konnten gewaschen werden. ❸ a. Über das Geheimnis darf nicht ausgesprochen werden. b. Über das Geheimnis durfte nicht ausgesprochen werden. ❹ a. Es darf im Raum nicht geraucht werden. b. Es durfte im Raum nicht geraucht werden. ❺ a. Du willst ernstgenommen werden. b. Du wolltest ernstgenommen werden. **2** ❶ a. Kinder sollen das Fenster putzen. b. Das Fenster muss von Kindern geputzt werden. ❷ a. Ich soll die Hausaufgabe machen. b. Die Hausaufgabe muss von mir gemacht werden. ❸ a. Mein Vater soll den Mülleimer entleeren. b. Der Mülleimer muss von meinem Vater entleert werden. ❹ a. Du sollst die Wäsche aufhängen. b. Die Wäsche muss von dir aufgehängt werden. **3** ❷ a. Es muss meiner Oma zugehört werden. b. Meiner Oma muss zugehört werden. ❸ a. Es soll ihm gefolgt werden. b. Ihm soll gefolgt werden. ❹ a. Es muss Ihnen gedankt werden. b. Ihnen muss gedankt werden. **4** ❶-c. Das Badezimmer muss von einer Putzfrau saubergemacht werden. ❷-d. Der Roman muss von der Schriftstellerin geschrieben werden. ❸-b. Das Projekt muss von der Managerin gefördert werden. ❹-a. Der Fisch muss von dem Chef geschuppt werden.

66 미래형 1식
Futur I

독일어에서는 현재형(Präsens)만으로도 미래의 일을 말할 수 있습니다. 보통 현재형을 통해 미래의 일을 말합니다. 물론 미래형이 따로 존재하는데, 이 미래형은 미래의 일뿐 아니라, 계획, 추측, 확실성 등을 표현할 때도 사용합니다. 미래형에는 크게 1식과 2식이 있는데, 초중급편에서는 미래형 1식만 다룹니다.

미래형의 기본 형태 : werden + 동사 원형

	werden		동사 원형
Herr Schwarz	wird	**das Haus**	bauen.

- 미래형은 부사 vielleicht, wahrscheinlich, wohl 등과 함께 쓰여 추측을 나타낼 수 있습니다.
- 일상적인 대화에서는 현재형이 미래를 나타낼 수 있습니다. 이때, 미래를 나타내는 부사가 함께 나올 수 있습니다.

  예 Morgen werde ich schwimmen gehen. (O)

  Morgen gehe ich schwimmen. (O)

연습문제 ÜBUNGEN

1 **다음 단어들을 사용하여 미래형 문장으로 알맞게 바꾸세요.** MP3 134

❶ die Verkäuferin / helfen / dir

➡ ______________________

❷ wir / aufstehen / morgen / früh

➡ ______________________

❸ du / nicht / fahren / in den Urlaub

➡ ______________________

❹ die Schüler / machen / vielleicht / nächste Woche / eine Klassenfahrt

➡ ______________________

❺ ihr / bekommen / mehr Geschenke

➡ ______________________

2 **다음 문장을 미래형 의문문으로 알맞게 바꾸세요.**

❶ Es schneit viel. ➡ Wird es viel schneien?

❷ Wo studierst du? ➡ ______________________

❸ Wer geht mit ihr spazieren? ➡ ______________________

❹ Wann ist sein Geburtstag? ➡ ______________________

❺ Was sagt dein Vater über den Unfall? ➡ ______________________

3 **다음을 읽고 미래형의 의미가 미래(Zukunft)에 해당하는지 또는 추측(Vermutung)에 해당하는지 표시하세요.**

❶ Das werden wir nicht an einem Tag schaffen. [미래 / <u>추측</u>]

❷ Morgen werde ich ins Fitnesscenter gehen. [미래 / 추측]

❸ Dort werden ein paar Freunde von mir sein. [미래 / 추측]

❹ Er wird es wohl wissen. [미래 / 추측]

❺ Wir werden nach einer neuen Wohnung suchen. [미래 / 추측]

❻ Es wird wohl ein Monat sein, dass wir uns nicht gesehen haben. [미래 / 추측]

4 **다음 dass 문장을 추측(Vermutung)의 의미로 바꾸세요.** MP3 135

❶ Ich glaube, dass heute in der Stadt viel los ist.

➡ Es wird wahrscheinlich heute in der Stadt viel los sein.

❷ Ich glaube, dass wir bald nach Hause kommen.

➡ ______________________

❸ Ich glaube, dass meine Eltern im Supermarkt einkaufen.

➡ ______________________

❹ Ich glaube, dass es heute im Kino viele Leute gibt.

➡ ______________________________

❺ Ich glaube, dass ich meine Freunde in der Schule sehe.

➡ ______________________________

5 주어진 단어들을 활용하여 현재형으로 미래의 일을 표현하세요.

❶ Jana / morgen / mit dem Lehrer lernen

➡ Jana lernt morgen mit dem Lehrer.

❷ Pascal / morgen / ein Essay schreiben

➡ ______________________________

❸ Andi / nächste Woche / umziehen

➡ ______________________________

❹ Damian / später / Currywurst essen

➡ ______________________________

❺ Eva und Lara / nächsten Monat / bei ihrem Onkel bleiben

➡ ______________________________

❻ Julia und ihr Mann / in zwei Jahren / ein neues Haus kaufen

➡ ______________________________

연습문제 정답

1 ❶ Die Verkäuferin wird dir helfen. ❷ Wir werden morgen früh aufstehen. ❸ Du wirst nicht in den Urlaub fahren. ❹ Die Schüler werden vielleicht nächste Woche eine Klassenfahrt machen. ❺ Ihr werdet mehr Geschenke bekommen. 2 ❷ Wo wirst du studieren? ❸ Wer wird mit ihr spazieren gehen? ❹ Wann wird sein Geburtstag sein? ❺ Was wird dein Vater über den Unfall sagen? 3 ❷ 미래 ❸ 추측 ❹ 추측 ❺ 미래 ❻ 추측 4 ❷ Wir werden wahrscheinlich bald nach Hause kommen. ❸ Meine Eltern werden wahrscheinlich im Supermarkt einkaufen. ❹ Es wird wahrscheinlich heute im Kino viele Leute geben. ❺ Ich werde wahrscheinlich meine Freunde in der Schule sehen. 5 ❷ Pascal schreibt morgen ein Essay. ❸ Andi zieht nächste Woche um. ❹ Damian isst später Currywurst. ❺ Eva und Lara bleiben nächsten Monat bei ihrem Onkel. ❻ Julia und ihr Mann kaufen in zwei Jahren ein neues Haus.

67 동사 lassen
Das Verb lassen

동사 lassen은 일반 동사로 사용될 때와 사역동사의 의미로 사용될 때로 나뉩니다.

lassen의 인칭변화

	현재형	과거형	현재완료형
ich	lasse	ließ	habe gelassen
du	lässt	ließest	hast gelassen
er/sie/es	lässt	ließ	hat gelassen
wir	lassen	ließen	haben gelassen
ihr	lasst	ließt	habt gelassen
sie/Sie	lassen	ließen	haben gelassen

lassen의 활용

	현재형	현재완료형
1. (물건 등을) 두다, 놔두다	Ich lasse mein Buch hier.	Ich habe mein Buch hier gelassen.
2. ~하는 것을 허락하다, ~하게 놔두다	Ich lasse meinen Sohn spielen. Ich lasse meine Haare schneiden. Ich lasse mich gerne überraschen.	Ich habe meinen Sohn spielen lassen. Ich habe meine Haare schneiden lassen. Ich habe mich gerne überraschen lassen.

- 의미 1은 lassen이 일반 동사로 사용되었습니다. 이 경우 현재완료형에서 과거분사(gelassen)가 활용됐습니다.
- 의미 2는 사역동사로 사용되었는데, 이 경우 화법조동사처럼 다른 일반 동사와 함께 사용되어 '~하게 하다'라는 의미로 쓰입니다.

주의 현재완료형에서 lassen은 과거분사가 아닌 동사 원형(lassen)의 형태로 사용돼야 합니다.

haben + 동사 원형 + lassen

예 Ich habe meine Katzen mit meinem Kind spielen lassen.

연습문제 ÜBUNGEN

1 동사 lassen을 활용하여 주어진 문장과 같은 의미의 문장을 만드세요. MP3 136

Ich nehme meine Tasse nicht mit. Sie muss im Schrank bleiben.
➡ Ich lasse meine Tasse im Schrank.

❶ Ich nehme den Papagei nicht mit. Er muss im Nest bleiben.

➡ ______________________________

❷ Ich nehme meine Tasche nicht mit. Sie muss im Zimmer bleiben.

➡ ______________________________

❸ Ich nehme meine Kinder nicht mit. Sie müssen zu Hause bleiben.

➡ ______________________________

2 '직접 하는 것'과 '하게 두는 것'의 차이에 유의해서 알맞은 대답을 쓰세요. MP3 137

❶ Kochen Sie das Wasser selbst? – Nein, ich lasse das Wasser kochen.

❷ Reinigen Sie Ihre Kleidung selbst? – ______________________

❸ Fotografieren Sie sich selber? – ______________________

❹ Schneiden Sie Ihre Haare selber? – ______________________

3 위의 2의 대답을 현재완료형으로 쓰세요.

❶ Nein, ich habe das Wasser kochen lassen.

❷ ______________________________

❸ ______________________________

❹ ______________________________

4 해석에 유의하여 주어진 단어를 활용해 빈칸을 채우세요.

❶ 내 친구들은 내가 가도록 허락하지 않았다. (gehen)
Meine Freunde haben mich nicht früh gehen lassen.

❷ 나는 내 딸이 운전하도록 허락한다. (fahren)

Ich ________ meine Tochter mit dem Auto ________.

❸ 어머니는 내가 저녁에 TV 보도록 허락하지 않았다. (fernsehen)

Meine Mutter ________ mich abends ________.

연습문제 정답 1 ❶ Ich lasse den Papagei im Nest. ❷ Ich lasse meine Tasche im Zimmer. ❸ Ich lasse meine Kinder zu Hause. 2 ❷ Nein, ich lasse meine Kleidung reinigen. ❸ Nein, ich lasse mich fotografieren. ❹ Nein, ich lasse meine Haare schneiden. 3 ❷ Nein, ich habe meine Kleidung reinigen lassen. ❸ Nein, ich habe mich fotografieren lassen. ❹ Nein, ich habe meine Haare schneiden lassen. 4 ❷ lasse, fahren ❸ hat, nicht fernsehen lassen

68 위치 및 방향을 나타내는 동사
Positions- und Richtungsverben

위치와 방향을 표현하는 주요 동사들에 대해 배웁니다.

위치 및 방향을 나타내는 동사의 구분: Wohin? Wo?

방향(Richtung)를 표현하는 동사 – Wohin? 규칙 변화(동사 원형 – 과거형 – 과거분사 순서)	위치(Position)를 표현하는 동사 – Wo? 불규칙 변화(동사 원형 – 과거형 – 과거분사 순서)
(sich) **setzen** – **setzte** – **gesetzt** 앉히다	**sitzen** – **saß** – **gesessen** 앉아 있다
(sich) **stellen** – **stellte** – **gestellt** 세우다	**stehen** – **stand** – **gestanden** 서 있다
(sich) **legen** – **legte** – **gelegt** 눕히다, 놓다	**liegen** – **lag** – **gelegen** 누워 있다, 놓여 있다
(sich) **hängen** – **hängte** – **gehängt** 걸다	**hängen** – **hing** – **gehangen** 걸려 있다

- 위치를 나타내는 동사는 정적이고 움직임이 없음을 표현하며, 방향을 나타내는 동사는 장소의 이동에 따른 행위, 움직임 등을 표현합니다.
- 행위에 따른 장소 이동(방향)을 표현하는 동사는 전치사와 결합할 때 '전치사 + 4격'과 함께 사용합니다(Wohin?에 대한 대답).
- 위치를 표시하는 동사는 전치사와 결합할 때 '전치사 + 3격'과 함께 사용합니다(Wo?에 대한 대답).
  - 예 stellen : Ich stelle das Buch in [den / ~~dem~~] Schrank. 나는 책장에 책을 꽂는다.
  - stehen : Das Buch steht in [~~den~~ / dem] Schrank. 책이 책장 안에 꽂혀져 있다.
- 방향을 표현하는 동사가 재귀동사로 쓰이는 경우 그 의미가 달라질 수 있습니다.
  - 예 sitzen : Das Kind sitzt auf dem Stuhl. 그 아이는 의자에 앉아 있습니다.
  - setzen : Ich setze das Kind auf den Stuhl. 나는 그 아이를 의자에 앉힙니다.
  - sich setzen : Das Kind setzt sich auf den Stuhl. 그 아이는 의자에 앉습니다.
- sein 동사는 '있다'라는 뜻이므로, 위치를 표현하여 '전치사 + 3격'과 함께 표현할 수 있습니다.
  - 예 Ich bin in das Zimmer. (X) ➡ Ich bin in dem Zimmer. (O)
  - Wir sind in die Stadt. (X) ➡ Wir sind in der Stadt. (O)

주의 sein 동사가 움직임을 나타내는 동사의 현재완료형을 돕기 위해 쓰인 경우 '전치사 + 4격'으로 씁니다.
- 예 Wir sind in der Stadt gefahren. (X) ➡ Wir sind in die Stadt gefahren. (O)

연습문제 ÜBUNGEN

1 다음 문장에 맞는 관사를 선택하고 해당 표현이 방향(Richtung)과 위치(Position) 중 무엇에 해당하는지 쓰세요.

❶ Das Buch steht auf [den / dem] Tisch. – 위치

❷ Die Blumen stehen in [den / dem] Garten. – ____________

❸ Wir sitzen auf [die / der] Bank. – ____________

❹ Wir setzen uns auf [die / der] Bank. – ____________

❺ Die Frau legt das Kleid auf [das / dem] Bett. – ____________

❻ Das Kleid liegt auf [das / dem] Bett. – ____________

2 다음을 읽고 보기에서 알맞은 동사를 골라 빈칸을 채우세요. MP3 138

stellen / stehen / setzen / sitzen / liegen / legen

❶ Ich wollte die Schuhe in den Schrank ____________.

❷ Viele Leute ____________ am gleichen Ort.

❸ ____________ Sie sich, bitte!

❹ Wir sollen einfach hier am Schreibtisch ____________.

❺ Hier auf dem Radio ____________ eine Zeitschrift.

❻ Mein Vater ____________ mich auf mein Bett.

3 예시와 같이 빈칸을 알맞게 채우세요. (단, 시제에 유의할 것) MP3 139

Frage : Wo hast du dein Auto hingestellt? – Antwort: Ich habe mein Auto in die Garage gestellt.

❶ Frage : ____________ stand ihr Fahrrad?

– Antwort : Ihr Fahrrad ____________ auf der Straße ____________.

❷ Frage : ____________ lagen deine Socken?

– Antwort : Meine Socken ____________ auf dem Flur ____________.

❸ Frage : ____________ setzen Sie Ihr Kind?

– Antwort : Ich ____________ mein Kind auf den kleinen Stuhl.

❹ Frage : ____________ saß Ihr Kind?

– Antwort : Mein Kind ____________ auf dem kleinen Stuhl ____________.

연습문제 정답 **1** ❷ dem – 위치 ❸ der – 위치 ❹ die – 방향 ❺ das – 방향 ❻ dem – 위치 **2** ❶ stellen ❷ stehen ❸ setzen ❹ sitzen ❺ liegt ❻ legt **3** ❶ Wo, hat, gestanden ❷ Wo, haben, gelegen ❸ Wohin, setze ❹ Wo, hat, gesessen

69 N 변화 명사
N-Deklination

명사는 대부분 규칙적으로 격변화합니다. 하지만 N 변화(N-Deklination) 명사들은 불규칙 변화합니다. N 변화 명사는 거의 대부분 남성 명사이며, 특정한 어미(-e, -and, -ant…)를 가지고 있고, 단수 1격을 제외하고는 대부분 어미 –(e)n이 붙는 특징이 있습니다.

N 변화

	일반적인 명사의 어미변화		N 변화가 적용되는 명사 1		N 변화가 적용되는 명사 2	
	단수	복수	단수	복수	단수	복수
1격(Nominativ)	der Mann	die Männer	der Mensch	die Menschen	der Kunde	die Kunden
2격(Genitiv)	des Mannes	der Männer	des Menschen	der Menschen	des Kunden	der Kunden
3격(Dativ)	dem Mann	den Männern	dem Menschen	den Menschen	dem Kunden	den Kunden
4격(Akkusativ)	den Mann	die Männer	den Menschen	die Menschen	den Kunden	die Kunden

- 일반적인 어미변화와 달리 N 변화하는 명사는 단수 1격(Nom.)을 제외하고는 모두 어미가 -n이나 -en으로 끝납니다.
- 예외로 der Name의 경우 N 변화하나, 2격에서 -ns가 붙습니다.(des Namens)

대표적인 N 변화 명사

❶ 동물(Tiere)

➡ der Affe, der Bär, der Hase, der Löwe, der Rabe, …

❷ 사람들(Personen)

➡ der Bauer, der Erbe, der Experte, der Held, der Herr, der Junge, der Kamerad, der Kollege, der Kunde, der Mensch, der Nachbar, der Neffe, der Prinz, der Sklave, der Soldat, der Zeuge, …

❸ e로 끝나는 국적

➡ der Brite, der Bulgare, der Däne, der Franzose, der Finne, der Grieche, der Ire, der Schotte, der Pole, der Portugiese, der Rumäne, der Russe, der Schwede, der Slowake, der Tscheche, der Türke, der Asiate, …

❹ -and, -ant, -ent, -ist, -oge, -at로 끝나는 모든 남성 명사

➡ der Doktorand, der Elefant, der Demonstrant, der Musikant, der Produzent, der Präsident, der Student, der Absolvent, der Polizist, der Kommunist, der Journalist, der Christ, der Terrorist, der Biologe, der Diplomat, der Automat, …

❺ 중성 명사지만 부분적으로 N 변화가 적용되는 명사

➡ das Herz, des Herzens, dem Herzen, das Herz(단수 2격에서 -ens 주의)

연습문제 ÜBUNGEN

1 다음 명사들을 4격으로 바꾸세요.

❶ der Neffe – den Neffen
❷ der Experte – ______
❸ der Genosse – ______
❹ der Graf – ______
❺ der Insasse – ______
❻ der Hirte – ______
❼ der Bote – ______
❽ der Riese – ______
❾ der Fürst – ______

2 다음 명사들을 4격으로 바꾸세요.

❶ der Brite – den Briten
❷ der Bulgare – ______
❸ der Franzose – ______
❹ der Finne – ______
❺ der Schotte – ______
❻ der Portugiese – ______
❼ der Asiate – ______
❽ der Rumäne – ______
❾ der Russe – ______

3 다음 문장의 빈칸에 알맞은 어미를 쓰세요. (단, 필요 없는 경우 x 표시) MP3 140

❶ Unser Nachbar __x__ hat gestern einen Hasen gesehen.
❷ Der Arzt ______ hat den Patient ______ untersucht.
❸ Wir sind einfach gegen unseren Präsident ______.
❹ Der Nachbar ______ hat dem Junge ______ die Stadt gezeigt.

4 다음 단어들을 바르게 나열하여 문장을 완성하세요. MP3 141

❶ tanzen mit / die Mutter / ihr Neffe / auf der Party
➡ Die Mutter tanzt mit ihrem Neffen auf der Party.

❷ haben / du / der selbe Gedanke / wie ich /?
➡ ______

❸ sich unterhalten mit / der Grieche / der Tscheche / gern
➡ ______

❹ meine Eltern / mein Nachbar / einladen
➡ ______

❺ telefonieren mit / Julia / der Architekt
➡ ______

❻ warten auf / Eva / der Experte
➡ ______

연습문제 정답 **1** ❷ den Experten ❸ den Genossen ❹ den Grafen ❺ den Insassen ❻ den Hirten ❼ den Boten ❽ den Riesen ❾ den Fürsten **2** ❷ den Bulgaren ❸ den Franzosen ❹ den Finnen ❺ den Schotten ❻ den Portugiesen ❼ den Asiaten ❽ den Rumänen ❾ den Russen **3** ❷ x, en ❸ en ❹ x, n **4** ❷ Hast du den selben Gedanken wie ich? ❸ Der Grieche unterhält sich gern mit dem Tschechen. ❹ Meine Eltern laden meinen Nachbarn ein. ❺ Julia telefoniert mit dem Architekten. ❻ Eva wartet auf den Experten.

70 형용사의 명사화
Adjektive als Nomen

관사 + 형용사 + 명사 형태의 구문에서 명사를 생략하고 형용사의 첫 글자를 대문자로 바꿔 명사로 만들 수 있습니다. 이러한 형용사의 명사화를 통해 다양한 언어 확장이 가능하며, 이런 활용의 차원을 넘어 독립적인 명사처럼 사용되기도 합니다. 다만 이 명사화된 형용사는 여전히 형용사의 일종이기 때문에 형용사 어미변화에 유의해서 사용해야 합니다.

형용사의 명사화 기본 형태

der bekannte Mann 그 알려진 남자	ein deutscher Mann 어떤 독일의 남자
➡ der Bekannte 그 지인	➡ ein Deutscher 어떤 독일 남자

명사화된 형용사의 어미변화

	단수		복수
	남성	여성	
1격(Nominativ)	der Bekannte ein Bekannter	die Bekannte eine Bekannte	die Bekannten Bekannte
2격(Genitiv)	des Bekannten eines Bekannten	der Bekannten einer Bekannten	der Bekannten Bekannter
3격(Dativ)	dem Bekannten einem Bekannten	der Bekannten einer Bekannten	den Bekannten Bekannten
4격(Akkusativ)	den Bekannten einen Bekannten	die Bekannte eine Bekannte	die Bekannten Bekannte

- 명사화된 형용사 앞의 관사에 따라 해당 형용사가 적절한 방식의 형용사 어미변화를 합니다.
- 형용사 어미변화에 적용된 규칙이 그대로 적용됩니다.
  예 alle Bekannten / acht Bekannte / dieser Bekannte / viele Bekannte
- 과거분사(Partizip II)와 현재분사(Partizip I)도 위와 마찬가지로 명사화하여 사용할 수 있습니다(현재분사는 83강 참조).
  예 der Gesuchte 찾고 있는 자 / der Studierende 그 공부하는 자

연습문제 ÜBUNGEN

1 다음 형용사들을 보기와 같이 명사로 바꾸세요.

	부정관사		정관사	
	남성(Mann)	여성(Frau)	남성(Mann)	여성(Frau)
alt	ein Alter	eine Alte	der Alte	die Alte
❶ arbeitslos	a.	b.	c.	d.
❷ deutsch	a.	b.	c.	d.
❸ fremd	a.	b.	c.	d.
❹ krank	a.	b.	c.	d.

2 다음 빈칸에 알맞은 어미를 채우세요. (필요 없는 경우 x 표시)

Wovon reden die Eltern …

❶ mit einem Nachbar______ und einem Bekannt______?

❷ mit einer Nachbar______ und einer Bekannt______?

❸ mit einem Professor______ und einem Angestellt______?

❹ mit einer Professor______ und einer Angestellt______?

❺ mit einem Dummkopf______ und einem Dumm______?

3 명사화된 형용사를 예시와 같이 다시 바꿔 쓰세요.

der Schlafende ➡ der schlafende Mann

❶ ein Gesuchter ➡ ______________________

❷ eine Gesuchte ➡ ______________________

❸ der Anwesende ➡ ______________________

❹ die Anwesende ➡ ______________________

❺ der Reisende ➡ ______________________

❻ die Reisende ➡ ______________________

❼ der Vorsitzende ➡ ______________________

❽ die Vorsitzende ➡ ______________________

❾ ein Überlebender ➡ ______________________

❿ eine Überlebende ➡ ______________________

4 명사화된 형용사를 예시와 같이 다시 바꿔 쓰세요.

der abgeordnete Mann ➡ der Abgeordnete

❶ der angehörige Mann ➡ ______

❷ die angehörige Frau ➡ ______

❸ ein betrunkener Mann ➡ ______

❹ eine betrunkene Frau ➡ ______

❺ der geliebte Mann ➡ ______

❻ die geliebte Frau ➡ ______

❼ der verheiratete Mann ➡ ______

❽ die verheiratete Frau ➡ ______

❾ ein verletzter Mann ➡ ______

❿ eine verletzte Frau ➡ ______

연습문제 정답 1 ❶ a. ein Arbeitsloser b. eine Arbeitslose c. der Arbeitlose d. die Arbeitlose ❷ a. ein Deutscher b. eine Deutsche c. der Deutsche d. die Deutsche ❸ a. ein Fremder b. eine Fremde c. der Fremde d. die Fremde ❹ a. ein Kranker b. eine Kranke c. der Kranke d. die Kranke 2 ❶ n, en ❷ in, en ❸ x, en ❹ in, en ❺ x, en 3 ❶ ein gesuchter Mann ❷ eine gesuchte Frau ❸ der anwesende Mann ❹ die anwesende Frau ❺ der reisende Mann ❻ die reisende Frau ❼ der vorsitzende Mann ❽ die vorsitzende Frau ❾ ein überlebender Mann ❿ eine überlebende Frau 4 ❶ der Angehörige ❷ die Angehörige ❸ ein Betrunkener ❹ eine Betrunkene ❺ der Geliebte ❻ die Geliebte ❼ der Verheiratete ❽ die Verheiratete ❾ ein Verletzter ❿ eine Verletzte

71 간접의문문
Indirekte Frage

지금까지 배운 Ja/Nein-Frage와 W-Fragen 모두 직접의문문의 형태로 배웠습니다. 돌려 말하거나 간접적인 형식으로 보다 공손하게 질문하고자 할 때 간접의문문을 사용하는데, 위 두 의문문 형식 모두 간접의문문으로 표현할 수 있습니다.

간접의문문의 문장 순서

주문장(Hauptsatz)	부문장(Nebensatz)			
	의문사	주어		동사
Hast du eine Idee,	wie	wir	dorthin	fahren?
Ich möchte wissen,	warum	du	mich gestern	angerufen hast.
Wir wissen nicht,	ob	es	eine gute Idee	ist.
Ich habe keine Ahnung,	ob	ich	den Zug	nehme.

- 의문사는 부문장인 간접의문문을 이끄는 역할을 합니다.
- 간접의문문은 의문문의 문장 자체가 부문장이기 때문에, 동사가 문장 가장 뒤에 위치합니다.
- 주문장과 간접의문문은 쉼표로 구분해야 합니다.

직접의문문과 간접의문문의 비교

직접의문문(direkte Frage)	간접의문문(indirekte Frage)
Wo ist die Schule?	Wissen Sie, wo die Schule ist?
Ist die Lehrerin nett?	Kannst du mir sagen, ob die Lehrerin nett ist?

- 직접의문문에 이미 의문사가 쓰인 경우(W-Fragen), 따로 의문사를 추가하지 않습니다.

  예 Wann beginnt das Seminar?(의문사 wann) ➡ Weißt du, wann das Seminar beginnt?
- 직접의문문에 의문사가 없는 경우(Ja/Nein-Frage), 알맞은 의문사(ob, wo, warum, wie, …)를 추가합니다.

  예 Kann ich an dem Seminar teilnehmen?(의문사 없음)

  ➡ Weißt du, ob ich an dem Seminar teilnehmen kann?

ob 문장과 dass 문장의 비교

ob(~인지 아닌지: 간접의문문)	dass(~인 것: 진술)
Er weiß nicht, ob ich glücklich bin. 그는 내가 행복한지 아닌지 모르고 있다.	Er weiß nicht, dass ich glücklich bin. 그는 내가 행복하다는 것을 모르고 있다.

연습문제 ÜBUNGEN

1 다음 직접의문문을 간접의문문으로 바꾸세요. MP3 142

❶ Hast du das Projekt schon übernommen?

➡ Ich möchte wissen, ob du das Projekt schon übernommen hast.

❷ Wer hat die Wohnung geputzt?

➡ ______________________________

❸ Wem gehört die Tasse?

➡ ______________________________

❹ Ist hier noch frei?

➡ ______________________________

2 다음 직접의문문을 간접의문문으로 바꾸세요.

❶ Wo kann ich mein Auto parken?

➡ Können Sie mir sagen, wo ich mein Auto parken kann?

❷ Liegt das Gebäude in der Nähe von dem Geschäft?

➡ ______________________________

❸ Wann beginnt der Deutschkurs?

➡ ______________________________

❹ Bis wann muss ich mich anmelden?

➡ ______________________________

❺ Kann ich mein eigenes Heft benutzen?

➡ ______________________________

3 다음 간접의문문을 직접의문문으로 바꾸세요. MP3 143

❶ Kannst du mir sagen, ob du mit deinem neuen Computer zufrieden bist?

➡ ______________________________

❷ Wissen Sie, ob das Museum schon zu ist?

➡ ______________________________

❸ Ich möchte wissen, warum sich Frau Schubert für ihn interessiert.

➡ ______________________________

❹ Können Sie uns sagen, welchen Bus wir nehmen müssen?

➡ ______________________________

❺ Ich wüsste gern, wie lange du auf mich gewartet hast.

➡ ______________________________

4 **ob, dass, wenn 중 적절한 단어를 골라 빈칸을 채우세요.**

❶ Ich wusste nicht, ___dass___ du umgezogen bist.

❷ Ich weiß nicht, __________ du mit dem Mann gehen wirst.

❸ Ich werde rausgehen, __________ das Wetter gut ist.

❹ Ich habe gehört, __________ Frau Maja auch zur Party gekommen ist.

❺ Es ist zweifelhaft, __________ es wahr ist.

❻ Ich spiele mit dir, __________ du zuerst mein Zimmer sauber machst.

연습문제 정답

1 ❷ Ich möchte wissen, wer die Wohnung geputzt hat. ❸ Ich möchte wissen, wem die Tasse gehört. ❹ Ich möchte wissen, ob hier noch frei ist. **2** ❷ Können Sie mir sagen, ob das Gebäude in der Nähe von dem Geschäft liegt? ❸ Können Sie mir sagen, wann der Deutschkurs beginnt? ❹ Können Sie mir sagen, bis wann ich mich anmelden muss? ❺ Können Sie mir sagen, ob ich mein eigenes Heft benutzen kann? **3** ❶ Bist du mit deinem neuen Computer zufrieden? ❷ Ist das Museum schon zu? ❸ Warum interessiert sich Frau Schubert für ihn? ❹ Welchen Bus müssen wir nehmen? ❺ Wie lange hast du auf mich gewartet? **4** ❷ ob ❸ wenn ❹ dass ❺ ob ❻ wenn

72 zu 부정형
Infinitivkonstruktion

zu + 동사 원형 구문을 zu 부정형이라고 합니다. 이는 문장 안에서 주어나 목적어, 술어, 부가어 등으로 사용됩니다.

zu 부정형의 기본 형태

부정형 동사에 속하는 것들(주어 제외)	zu	동사 원형	의미
in der Sprachschule Deutsch	zu	lernen	어학원에서 독일어를 공부하는 것

zu 부정형의 쓰임

es의 의미로 쓰임	동사의 내용으로 쓰임	추상명사의 부가어로 쓰임
Es ist schön … zu … Es ist schlecht … zu … Ich finde es gut … zu … Ich finde es schlecht … zu …	Ich hoffe … zu … Ich versuche … zu … Ich fange an … zu … Ich höre auf … zu …	Ich habe keine Zeit … zu … Ich habe keine Chance … zu … Es gibt Probleme … zu … Es ist mein Traum … zu … Es macht Spaß … zu …

- 위 예시을 그대로 적용해보세요.
  - 예 Ich finde es gut, in der Sprachschule Deutsch zu lernen. 난 어학원에서 독일어를 공부하는 것을 좋다고 생각해.

zu의 위치

일반 동사	Ich finde es gut, Deutsch zu lernen.
분리동사	Ich finde es gut, an einem Deutschkurs teilzunehmen.
여러 동사가 오는 경우	Es ist schön, mit meiner Familie einkaufen zu gehen.
화법조동사가 오는 경우	Es ist schön, mit meiner Familie wohnen zu können.

dass 문장과 zu 부정형

주어가 같은 경우	Ich hoffe, dass ich schwimmen gehe. ➡ Ich hoffe, schwimmen zu gehen.
주어가 다른 경우	Ich hoffe, dass er kommt. ➡ Ich hoffe, zu kommen. (x)

- zu 부정형 구문에는 주어가 없습니다. 따라서 dass 문장을 zu 부정형 문장으로 고쳐 쓸 때 주문장과 dass 문장의 주어가 같을 때에만 zu 부정형 구문으로 바꿀 수 있습니다.

연습문제 ÜBUNGEN

1 다음 dass 문장을 zu 부정형 문장으로 고쳐 쓰세요. MP3 144

❶ Ich finde es gut, dass ich dich oft sehe.

➡ Ich finde es gut, dich oft zu sehen.

❷ Ich versuche, dass ich mein Studium erfolgreich abschließe.

➡ ______

❸ Wir haben versucht, dass wir eine gute Kochschule finden.

➡ ______

❹ Hast du keine Chance, dass du gegen sie in diesem Wettbewerb antreten kannst?

➡ ______

❺ Ich hörte auf, dass ich den letzten Roman schreibe.

➡ ______

2 다음 보기들을 알맞게 짝지어 문장을 완성하세요.

❶ Ich habe versucht, — a. im Ausland zu studieren.

❷ Du hast ja die Chance, — b. mit so hoher Geschwindigkeit zu fahren.

❸ Wir alle finden es sehr gefährlich, — c. die beste Note zu bekommen.

3 다음 단어들을 알맞게 사용해 zu 부정형 문장을 만드세요. MP3 145

❶ Es macht viel Spaß··· mit dir / reden / über Filme

➡ ______

❷ Es ist nicht leicht··· eine Fremdsprache / lernen / alleine

➡ ______

❸ Es ist schön··· sonntags / spazieren gehen / in den Wald

➡ ______

❹ Es ist mein Traum··· eine sehr beliebte Schauspielerin / werden / in ein paar Jahren

➡ ______

❺ Es gibt Probleme··· mit meinem Chef / führen / eine gute Unterhaltung

➡ ______

4 **다음 중 틀린 부분을 찾아 바르게 고치세요.**

❶ Wir haben keine Lust, mit ihnen zu weiteressen.

➡ ______________________________

❷ Hattest du wirklich gar keine Chance, mir helfen zu kannst?

➡ ______________________________

❸ Ich wollte aufhören, zu bauen das Haus.

➡ ______________________________

❹ Habt ihr Zeit, mit uns ins Museum zu geht?

➡ ______________________________

❺ Der Hase hat sich versucht zu verstecken.

➡ ______________________________

연습문제 정답

1 ❷ Ich versuche, mein Studium erfolgreich abzuschließen. ❸ Wir haben versucht, eine gute Kochschule zu finden. ❹ Hast du keine Chance, gegen sie in diesem Wettbewerb antreten zu können? ❺ Ich hörte auf, den letzten Roman zu schreiben. **2** ❶-c ❷-a ❸-b **3** ❶ mit dir über Filme zu reden. ❷ eine Fremdsprache alleine zu lernen. ❸ sonntags in den Wald spazieren zu gehen. ❹ in ein paar Jahren eine sehr beliebte Schauspielerin zu werden. ❺ mit meinem Chef eine gute Unterhaltung zu führen. **4** ❶ mit ihnen zu weiteressen. → mit ihnen weiterzuessen. ❷ mir helfen zu kannst? → mir helfen zu können? ❸ zu bauen das Haus. → das Haus zu bauen. ❹ mit uns ins Museum zu geht? → mit uns ins Museum zu gehen? ❺ sich versucht zu verstecken. → versucht, sich zu verstecken.

73 관계문 1
Relativsätze 1

관계문은 두 문장을 선행사(Bezugswort)와 관계대명사(Relativpronomen)를 통해 연결하여 하나의 문장이 되도록 만듭니다. 선행사란 각 문장에 공통으로 들어 있는 단어를 의미합니다.

관계문 만들기

문장 1	문장 2	관계문
Das ist ein Buch.	Gestern habe ich das Buch gekauft.	Das ist ein Buch, das ich gestern gekauft habe.

- 문장 1과 문장 2의 공통적 요소는 Buch입니다. 문장 1에 있는 ein Buch를 선행사로 두고, 문장 2에 있는 das Buch는 관계대명사로 바꿔 두 문장을 연결합니다. 관계대명사의 성,수,격은, 선행사의 성과 수, 그리고 관계문에서 관계대명사의 격에 따라 결정합니다.

  예 Das ist der Mann, den ich liebe.
  선행사: 남성/단수 관계문: 4격

관계대명사의 격변화

	남성(maskulin)	여성(feminin)	중성(neutral)	복수(Plural)
1격(Nominativ)	der	die	das	die
2격(Genitiv)	dessen	deren	dessen	deren
3격(Dativ)	dem	der	dem	denen
4격(Akkusativ)	den	die	das	die

- 2격과 복수 3격을 제외하면 정관사와 형태가 같습니다. 위 격변화는 정관사의 지시대명사형으로도 사용할 수 있습니다.

관계대명사의 문장 구성

주문장(Hauptsatz)		관계문(Relativsatz)	
	선행사	관계대명사	동사가 맨 끝에 위치
Wir spielen	Basketball,	der	uns viel Spaß macht.
Das ist	die Bank,	die	wir gestern besucht haben.
Das ist	der Mann,	der	dort gestanden hat.
Das ist	das Kind,	das	so laut gesprochen hat.
Wir essen	Schokolade,	die	ich von meinem Freund bekommen habe.
Ich arbeite bei	der Firma,	die	klein ist.
Das ist	das Buch,	das	nicht so interessant ist.

- 관계문은 부문장이므로 동사가 제일 뒤에 위치합니다.
- 관계문은 거의 항상 선행사 바로 뒤에 위치합니다. 그러나 주문장의 동사가 바로 이어진 경우 그 동사 뒤에 위치합니다.
  예 Ich habe einen Kaffee, der schon kalt geworden ist, getrunken. (X)
  ➡ Ich habe einen Kaffee getrunken, der schon kalt geworden ist. (O)
- 관계문은 선행사를 꾸며주기 위해 문장 중간에 위치할 수 있습니다. 이때 관계문의 앞과 뒤에 모두 쉼표가 옵니다
. 예 Die Frau, die mich immer besucht, zieht heute um. 나를 항상 방문하던 그 여자는 오늘 이사한다.

연습문제 ÜBUNGEN

1 다음 보기들을 알맞게 짝지어 문장을 완성하세요.

❶ Ist das das Kind,
❷ Ist das der Junge,
❸ Ist das die Frau,
❹ Ist das das Buch,

a. der dich angerufen hat?
b. die du geliebt hast?
c. das du gestern eingeladen hast?
d. das wir zusammen gekauft haben?

2 다음 단어들을 알맞게 배열하여 문장을 완성하세요. MP3 146

❶ Wo ist die Zeitung, legen / auf den Tisch / immer / die / wir / hier?
➡ ____________________

❷ Wer hat das Buch, bevor / ich / das / ich / ins Bett gehen / lesen?
➡ ____________________

❸ Wo ist der Bleistift, mein Vater / den / im letzten Jahr / kaufen / mir ?
➡ ____________________

❹ Woher kommt das Gerücht, das / überhaupt / nicht / ich / gut / finde ?
➡ ____________________

3 올바른 관계대명사를 빈칸에 채우세요. MP3 147

❶ Arbeitest du auch mit der Abhandlung, ____________ so schwierig ist?
❷ Kannst du mir das Handy kaufen, ____________ ich mir so doll wünsche?
❸ Ist das der Wagen, ____________ dein Onkel dir verkauft hat?
❹ Kannst du mir die Frage, ____________ ich dir gestern gestellt habe, beantworten?
❺ Ich kann mich an die Nummer, ____________ mein Nachbar mir aufgeschrieben hat, nicht erinnern.

연습문제 정답 1 ❶-c, ❷-a, ❸-b, ❹-d 2 ❶ die wir immer hier auf den Tisch legen? ❷ das ich lese, bevor ich ins Bett gehe? ❸ den mein Vater mir im letzten Jahr gekauft hat? ❹ das ich überhaupt nicht gut finde? 3 ❶ die ❷ das ❸ den ❹ die ❺ die

74 관계문 2
Relativsätze 2

관계문에 쓰인 관계대명사가 전치사와 함께 쓰여야 할 때 어떻게 표현해야 하는지에 대해 배웁니다.

전치사 + 관계대명사

Das ist der Mann. Ich warte auf den Mann. ➡	Das ist der Mann,	auf den	ich warte.
Das ist die Frau. Ich spreche mit der Frau. ➡	Das ist die Frau,	mit der	ich spreche.

- 동사 warten은 전치사구 'auf + 4격'과 결합하여 표현되며, 동사 sprechen의 경우 'mit + 3격'과 결합해 표현되고 있습니다.
- 관계문의 동사가 전치사를 수반하는 상황에서 해당 전치사와 함께 쓰인 명사가 관계대명사로 치환되었을 때 일어나는 상황입니다. 이 역시, 선행사의 성과 수, 그리고 관계문에서 관계대명사의 격에 따라 관계대명사의 성, 수, 격이 결정됩니다.

연습문제 ÜBUNGEN

1 빈칸에 알맞은 관계대명사를 넣으세요.

❶ Das ist der Mann, ________ so nett ist.
, ________ ich sehr liebe.
, ________ ich geholfen habe.

❷ Das ist die Frau, ________ sehr gut aussieht.
, ________ mich über den Kurs informiert.
, ________ ich Bescheid gesagt habe.

❸ Das ist das Kind, ________ so niedlich ist.
, ________ ich das Märchen vorlesen will.
, ________ wir oft in den Kindergarten bringen.

2 다음 문장을 읽고 빈칸을 알맞게 채우세요.

❶ Der Zug, auf den wir warten, kommt in 5 Minuten.

❷ Ist das das Auto, ________ du im Sommer nach Berlin gefahren bist?

❸ Meine Schwester, ________ ich mich immer verlassen kann, studiert in einer anderen Stadt.

❹ Mein Bruder, ________ ich immer telefoniere, wohnt jetzt in einer anderen Stadt.

❺ Der Mann, ____________ sich meine Mutter kümmert, ist schon weggegangen.

❻ Kennst du die Studentin, ____________ sich mein Bruder interessiert?

❼ Die Leute, ____________ wir gerade gesprochen haben, müssen langsam losgehen.

3 예시와 같이 관계대명사의 근거가 되는 선행사와 동사의 특징을 적으세요. MP3 148

> Die Straßenbahn, in der wir sitzen, steht immer noch an der Haltestelle.
> → ___여성, 단수___ → ___sitzen in + 3격___

❶ Die Krankenschwestern, auf die wir lange gewartet haben, rufen uns jetzt.

➡ ____________ ➡ ____________

❷ Die Leute, an die ich mich erinnern kann, waren immer sehr nett zu mir.

➡ ____________ ➡ ____________

❸ Die Universität, an der ich studiere, ist hier eine der besten Universitäten.

➡ ____________ ➡ ____________

❹ Die Freunde, denen wir zu ihrer Beförderung gratuliert haben, arbeiten jetzt nicht mehr.

➡ ____________ ➡ ____________

❺ Die deutsche Familie, bei der ich ein paar Jahre gewohnt habe, reist nach England.

➡ ____________ ➡ ____________

4 알맞은 관계대명사를 사용해 두 문장을 한 문장으로 만드세요.

❶ Meine Tante ist sehr nett. Meine Tante kommt heute zu mir.

➡ ___Meine Tante, die sehr nett ist, kommt heute zu mir.___

❷ Mein Kollege ist unfreundlich. Mein Kollege hat meinen Vorschlag nicht akzeptiert.

➡ ____

❸ Meine Freunde sind schläfrig. Meine Freunde werden bald einschlafen.

➡ ____

❹ Meine Hausaufgabe ist nicht so leicht. Meine Hausaufgabe mache ich trotzdem mit Fleiß.

➡ ____

❺ Mein Computer ist alt. Meinen Computer haben mir meine Eltern vor 10 Jahren gekauft.

➡ ____

연습문제 정답 **1** ❶ der, den, dem ❷ die, die, der ❸ das, dem, das **2** ❷ mit dem ❸ auf die ❹ mit dem ❺ um den ❻ für die ❼ mit denen **3** ❶ 복수 / warten auf + 4격 ❷ 복수 / sich erinnern an + 4격 ❸ 여성, 단수 / studieren an + 3격 ❹ 복수 / gratulieren jm. zu + 3격 ❺ 여성, 단수 / wohnen bei + 3격 **4** ❷ Mein Kollege, der unfreundlich ist, hat meinen Vorschlag nicht akzeptiert. ❸ Meine Freunde, die schläfrig sind, werden bald einschlafen ❹ Meine Hausaufgabe, die nicht so leicht ist, mache ich trotzdem mit Fleiß. ❺ Meinen Computer, der alt ist, haben mir meine Eltern vor 10 Jahren gekauft.

75 부문장: 시간문 1
Nebensatz: Temporalsatz 1

부문장을 이끄는 종속접속사 wenn과 als에 대해 배웁니다. 두 접속사는 시간을 표현하는데, als는 과거의 일회적 사건에 대해 표현하며, 그 외에 과거의 반복적 사건, 현재와 미래에 일어나는 일회적이거나 반복적 사건은 wenn을 사용합니다.

접속사 wenn과 als의 활용

시제	접속사	의미	예시
현재	(immer / jedes Mal) wenn	~할 때(마다)	**Wenn ich aufstehe, trinke ich sofort Wasser.** 나는 일어나자마자 물을 마신다.
미래	(immer / jedes Mal) wenn	~할 때(마다)	**Wenn mein Vater 65 wird, geht er in Rente.** 아버지는 65세가 되시면, 은퇴하실 것이다.
과거	(immer / jedes Mal) wenn	~할 때마다	**Wenn ich mit meinem Professor gesprochen habe, war ich immer nervös.** 교수님과 이야기를 나눌 때마다, 나는 항상 긴장하곤 했다.
	als	~했을 때 (일회적 사건)	**Als ich 15 Jahre alt war, hatte ich einmal einen Verkehrsunfall.** 내가 15살 때, 나는 교통사고를 한 번 당한 적이 있다. **Als ich letzte Woche mit meiner Freundin ins Kino gegangen bin, sind wir Frau Miller begegnet.** 내가 지난주 나의 여자 친구와 영화관에 갔을 때, 우리는 Miller 부인과 마주쳤다.

- 종속접속사란 주문장과 부문장을 연결할 때 부문장 앞에 사용되는 접속사를 말합니다.
- 종속접속사 wenn과 als는 부문장을 이끌므로 해당 문장의 동사 위치에 주의하세요(문장 가장 끝 위치).

연습문제 ÜBUNGEN

1 다음 빈칸에 wenn 또는 als를 선택해 넣으세요. MP3 149

❶ ____________ wir einen Tisch reservieren wollten, konnten wir keinen mehr bekommen.

❷ ____________ ich das letzte Mal hier war, war alles perfekt.

❸ ____________ ich in die Schule gehe, nehme ich immer den gleichen Bus.

❹ ____________ wir einmal in den Zoo gingen, sahen wir dort eine komische Frau.

❺ ____________ ich Paula sehe, lächelt sie immer.

2 다음 예시와 같이 주어진 접속사를 활용하여 두 개의 문장을 하나의 문장으로 연결하세요.

> 〈Wenn〉 Ich bin immer froh. Ich sehe dich.
> ➡ Wenn ich dich sehe, bin ich immer froh.

❶ 〈Wenn〉 Sie haben Probleme. Sie können mich um Hilfe bitten.

➡ ______________________

❷ 〈Immer wenn〉 Ich bin mit dem Zug nach Hause gefahren. Ich habe etwas in mein Tagebuch geschrieben.

➡ ______________________

❸ 〈Wenn〉 Ich koche gern mit Freunden. Ich habe viel Zeit.

➡ ______________________

❹ 〈Als〉 Eine tolle Idee ist mir eingefallen. Ich habe geduscht.

➡ ______________________

❺ 〈Immer wenn〉 Ich bekam schlechte Noten in der Schule. Meine Eltern waren böse.

➡ ______________________

❻ 〈Als〉 Es gab noch keine Handys. Meine Eltern waren jung.

➡ ______________________

3 예시를 참고하여 다음 질문에 wenn 또는 als를 활용해 알맞게 대답하세요. MP3 150

❶ Wann hast du dein Studium abgeschlossen? (Ich war 25 Jahre alt.)

➡ Ich habe mein Studium abgeschlossen, als ich 25 Jahre alt war.

❷ Wann sind die Kinder glücklich? (Die Großeltern kommen zu Besuch).

➡ ______________________

❸ Wann waren die Kinder traurig? (Die Mutter nahm den Kindern ihr Spielzeug weg.)

➡ ______________________

❹ Wann gehst du einkaufen? (Ich bekomme Geld.)

➡ ______________________

❺ Wann gehst du an den See? (Die Sonne scheint.)

➡ ______________________

❻ Wann bist du nach Deutschland gekommen? (Ich war noch ein kleiner Junge.)

➡ ______________________

연습문제 정답 **1** ❶ Als ❷ Als ❸ Wenn ❹ Als ❺ Wenn **2** ❶ Wenn Sie Probleme haben, können Sie mich um Hilfe bitten. ❷ Immer wenn ich mit dem Zug nach Hause gefahren bin, habe ich etwas in mein Tagebuch geschrieben. ❸ Ich koche gern mit Freunden, wenn ich viel Zeit habe. ❹ Als ich geduscht habe, ist mir eine tolle Idee eingefallen. ❺ Immer wenn ich schlechte Noten in der Schule bekam, waren meine Eltern böse. ❻ Als meine Eltern jung waren, gab es noch keine Handys. **3** ❷ Die Kinder sind glücklich, wenn die Großeltern zu Besuch kommen. ❸ Die Kinder waren traurig, als die Mutter den Kindern ihr Spielzeug wegnahm. ❹ Ich gehe einkaufen, wenn ich Geld bekomme. ❺ Ich gehe an den See, wenn die Sonne scheint. ❻ Ich bin nach Deutschland gekommen, als ich noch ein kleiner Junge war.

76 부문장: 시간문 2
Nebensatz: Temporalsatz 2

시간을 표현하는 또 다른 종속접속사 während, bevor, nachdem, seit를 배웁니다.

종속접속사 während, bevor, nachdem, seit의 활용

접속사	의미	예시
während	~하는 동안	Maria hat ein Buch gelesen, während ich in der Badewanne war.
bevor	~하기 전에	Ich mache die Hausaufgabe, bevor ich zur Schule gehe.
nachdem	~한 후에	Ich gehe zur Schule, nachdem ich die Hausaufgabe gemacht habe.
seit(dem)	~한 이래로	Wir haben mehr Platz, seit die Firma umgezogen ist.

- 종속접속사 während, bevor, nachdem, seit는 부문장을 이끌며, 동사는 가장 뒤에 위치합니다.
- während는 동시적 사건을 표현하거나(~하는 동안) 상반된 사건을 표현할 때(~한 반면) 사용합니다.

nachdem의 시제상 주의 사항

과거완료(Plusquamperfekt)	과거(Präteritum)
Nachdem ich Pizza gegessen hatte, 나는 피자를 먹은 후에,	putzte ich mir die Zähne. 양치를 했다.
현재완료(Perfekt)	**현재(Präsens)**
Nachdem ich Pizza gegessen habe, 나는 피자를 먹은 후에,	putze ich mir die Zähne. 양치를 한다.

- nachdem 문장을 쓸 때는 주문장과 부문장 사이에 한 시제의 차이를 두어야 합니다.

연습문제 ÜBUNGEN

1 bevor, nachdem, seit 중 알맞은 접속사를 빈칸에 넣으세요.

❶ Man muss sich die Hände waschen, ____________ man isst.

❷ ____________ die neuen Bücher hier sind, lese ich wirklich viel.

❸ ____________ mein Sohn genug lernte, spielt er mit meinem Mann.

❹ ____________ ich in Deutschland bin, lerne ich Deutsch.

2 종속접속사 während의 뜻에 유의하여 알맞은 문장을 쓰세요.

주어 1	주어 1의 활동	주어 2	주어 2의 활동
meine Mutter	das Essen kochen	meine Mutter	Radio hören
➡ Während meine Mutter das Essen kocht, hört sie Radio.			
❶ Lisa	schlafen	ich	Deutsch lernen
➡			
❷ Mein Chef	arbeiten	meine Kollegen	zum Seminar gehen
➡			
❸ Ich	gelaufen sein	Paula	sich ausgeruht haben
➡			
❹ Daniel	im Kurs war	Daniel	sich mit seinen Freunden unterhalten.
➡			

3 접속사 nachdem을 이용하여 문장을 완성하세요.

MP3 151

❶ Sport machen / duschen

➡ Nachdem ich Sport gemacht habe, dusche ich.

❷ ein paar Kleider einpacken / eine Reise machen

➡ ______________________________

❸ ein Brötchen kaufen / nach Hause gehen

➡ ______________________________

❹ ihn treffen / mit ihm ein paar Minuten sprechen

➡ ______________________________

4 다음 빈칸에 적절한 접속사를 넣으세요.

MP3 152

❶ ___________ das Handy kam, hat Max sofort eins gekauft.

❷ Ich kenne sie, ___________ wir Nachbarn sind.

❸ ___________ der Vater kocht, kocht die Mutter.

❹ Ich muss den Akku aufladen, ___________ ich heute heimkomme.

연습문제 정답 1 ❶ bevor ❷ Seit ❸ Nachdem ❹ Seit 2 ❶ Während Lisa schläft, lerne ich Deutsch. ❷ Während mein Chef arbeitet, gehen meine Kollegen zum Seminar. ❸ Während ich gelaufen bin, hat sich Paula ausgeruht. ❹ Während Daniel im Kurs war, unterhielt er sich mit seinen Freunden. 3 ❷ Nachdem ich ein paar Kleider eingepackt habe, mache ich eine Reise. ❸ Nachdem ich ein Brötchen gekauft habe, gehe ich nach Hause. ❹ Nachdem ich ihn getroffen habe, spreche ich ein paar Minuten mit ihm. 4 ❶ Als ❷ seit ❸ Bevor ❹ bevor

77 부문장: 목적문
Nebensatz: Finalsatz

목적을 표현하는 문장을 이끄는 종속접속사 damit과 그에 상응하는 um zu 부정형 구문을 배웁니다. 종속접속사 damit은 부문장을 이끌며, um zu 부정형 구문은 zu 부정형의 확장형입니다. zu 부정형 구문과 dass 문장이 관련되어 있듯이 um zu 부정형 구문과 damit 문장 역시 상응한 관계가 있습니다.

두 문장의 주어가 동일한 경우: damit과 um zu 부정형 모두 가능

주어 1	주어 1의 활동	주어 2	주어 2의 활동
ich	Deutsch lernen	ich	nach Deutschland fliegen

Ich lerne Deutsch, damit ich nach Deutschland fliege.
= Ich lerne Deutsch, um nach Deutschland zu fliegen.

주어 1	주어 1의 활동	주어 2	주어 2의 활동
du	viel lernen	du	eine gute Note bekommen

Du lernst viel, damit du eine gute Note bekommst.
= Du lernst viel, um eine gute Note zu bekommen.

- damit 문장과 um zu 부정형 모두 '~하기 위해'라는 목적을 의미합니다.
- um zu 부정형 구문의 경우 부정형으로 사용된 동사의 구성 요소들은 um과 zu 사이에 위치합니다. 여기서 사용된 um은 전치사가 아님을 유의하세요.
  - 예 um so schnell wie möglich nach Frankreich zu fliegen 가능한 한 빨리 프랑스로 가기 위해

두 문장의 주어가 다른 경우: damit만 사용 가능

주어 1	주어 1의 활동	주어 2	주어 2의 활동
ich	kochen	mein Kind	essen kann

Ich koche, damit mein Kind essen kann.
(ich ≠ mein Kind)

주어 1	주어 1의 활동	주어 2	주어 2의 활동
Herr Schmitz	Blumen kaufen	seine Frau	zufrieden sein

Herr Schmitz kauft Blumen, damit seine Frau zufrieden ist.
(Herr Schmitz ≠ seine Frau)

연습문제 ÜBUNGEN

1 다음 보기를 참고하여 um zu 부정형 구문을 사용해 알맞은 대답을 작성하세요. MP3 153

Ich möchte··· ~~meine Tante besuchen~~
ein bisschen abnehmen
mit Kollegen telefonieren
meine Hausarbeiten gut schreiben
die Tasse meiner Tochter schenken

❶ Wozu fliegen Sie nach Frankreich? Ich fliege nach Frankreich, um meine Tante zu besuchen.

❷ Wozu lesen Sie das Buch von Goethe? ______

❸ Wozu kaufen Sie die Tasse? ______

❹ Wozu brauchen Sie das Handy? ______

❺ Wozu bewegen Sie sich so viel? ______

2 다음을 읽고 알맞은 문장끼리 연결한 뒤, 종속접속사 damit을 사용하여 다시 고쳐 쓰세요.

Wozu ziehen Sie in die Stadt? ——— Mein Freund und ich sollen mehr Spaß haben.
➡ Ich ziehe in die Stadt, damit mein Freund und ich mehr Spaß haben.

❶ Wozu machen die Turner das Stretching?

❷ Wozu bist du nach Indien geflogen?

❸ Wozu haben deine Eltern das Privatgelände gekauft?

❹ Wozu gehen wir zum Einkauf?

a. Sie sollen fahren üben.

b. Wir sollen heute selber kochen.

c. Sie sollen einen gelenkigen Körper haben

d. Ich soll mehr über die indische Küche lernen.

➡ ______

➡ ______

➡ ______

➡ ______

3 um zu 부정형과 damit 문장의 차이에 유의하여 알맞은 문장을 쓰세요. MP3 154

❶ Wir lernen Koreanisch. – Wir wollen in Korea wohnen

➡ ______

❷ Ich kaufe Obst und Gemüse. – Meine Familie ernährt sich gesund.

➡ ______

❸ Der Chef richtet das Büro neu ein – Die Angestellten fühlen sich wohl.

➡ ______

❹ Johan ist umgezogen – Johan kann in der Nähe seiner Uni sein

➡ ______

4 접속사 damit(~을 위해서)과 weil(~때문에) 중 적당한 단어를 선택해 빈칸을 채우세요.

❶ Ich kann mit dir jetzt nicht spielen, ____________ ich keine Zeit habe.

❷ Wir arbeiten sogar am Wochenende, ____________ wir genug Geld verdienen.

❸ Wir sprechen über unsere Probleme, ____________ wir sie zusammen lösen.

❹ Ich kaufe immer Cappuccino, ____________ ich Filterkaffee nicht gut finde.

연습문제 정답

1 ❷ Ich lese das Buch von Goethe, um meine Hausarbeiten gut zu schreiben. ❸ Ich kaufe die Tasse, um sie meiner Tochter zu schenken. ❹ Ich brauche mein Handy, um mit Kollegen zu telefonieren. ❺ Ich bewege mich so viel, um ein bisschen abzunehmen **2** ❶-c: Die Turner machen das Stretching, damit sie einen gelenkigen Körper haben. ❷-d: Ich bin nach Indien geflogen, damit ich mehr über die indische Küche lerne. ❸-a: Meine Eltern haben das Privatgelände gekauft, damit sie fahren üben. ❹-b Wir gehen zum Einkauf, damit wir heute selber kochen. **3** ❶ Wir lernen Koreanisch, um in Korea zu wohnen. ❷ Ich kaufe Obst und Gemüse, damit meine Familie sich gesund ernährt. ❸ Der Chef richtet das Büro neu ein, damit die Angestellten sich wohl fühlen. ❹ Johan ist umgezogen, um in der Nähe seiner Uni zu sein. **4** ❶ weil ❷ damit ❸ damit ❹ weil

78 상관접속사
Zweiteilige Konjunktionen

상관접속사(Zweiteilige Konjunktionen)는 둘 이상의 단어나 구문을 각 상관접속사의 의미에 따라 연결해주는 역할을 하는 단어군입니다.

상관접속사의 종류와 활용

상관접속사	예시
entweder A oder B A 아니면 B	**Ich trinke Kaffee** entweder **mit Milch** oder **mit Zucker.** 나는 우유 또는 설탕과 함께 커피를 마신다.
sowohl A als auch B A와 B 둘 다	**Ich trinke Kaffee** sowohl **mit Milch** als auch **mit Zucker.** 나는 우유와 설탕 둘 다 넣어 커피를 마신다.
nicht nur A sondern auch B A뿐 아니라 B 도	**Ich trinke** nicht nur **gern Kaffee,** sondern auch **Tee.** 나는 커피뿐 아니라 차도 좋아한다.
weder A noch B A도 B도 아닌	**Ich trinke** weder **Kaffee** noch **Tee.** 나는 커피도 차도 마시지 않는다.
zwar A aber B A이긴 하지만 B이다	**Pizza ist** zwar **lecker,** aber **ungesund.** 피자는 맛있긴 하나, 건강에 좋지 않다.

- sowohl A als auch B와 nicht nur A sondern auch B는 모두 '둘 다'를 의미하나, 후자의 경우 B를 강조한다는 점에서 차이가 있습니다.

  예 Wir haben im Restaurant sowohl Pasta als auch Pizza gegessen.
  우리는 레스토랑에서 파스타도 먹고 피자도 먹었다.

  Wir haben im Restaurant nicht nur Pasta, sondern auch Pizza gegessen.
  우리는 레스토랑에서 파스타도 먹고 피자까지 먹었다.

연습문제 ÜBUNGEN

1 다음을 읽고 알맞은 문장끼리 연결하세요.

❶ Am Wochenende esse ich entweder einen Döner

❷ Ich kann weder Klavier

❸ Sowohl in Spanien

❹ Im Sommer war ich nicht nur am Meer,

a. noch Geige spielen.

b. als auch in Portugal trinkt man gern Wein.

c. oder einen Hamburger.

d. sondern auch in den Bergen.

2 상관접속사의 뜻에 유의하여 빈칸을 채우세요.

❶ Eva hat schon Berlin besucht. Aber sie hat ____________ Hannover ____________ Hamburg besucht.

❷ Ich liebe Tiere. Ich habe ____________ Katzen ____________ Hunde.

❸ Du hast die Wahl: ____________ sprichst du direkt mit deinem Chef, ____________ du musst ein anderes Projekt nehmen.

❹ Dieses Auto ist ____________ teuer, ____________ sehr praktisch.

❺ Meine Freundin ist ____________ bildschön, ____________ intelligent.

3 nicht nur … sondern auch를 활용하여 문장을 완성하세요.

> Die neue Angestellte / ist / unfreundlich / arbeitet / sehr ineffizient.
>
> ➡ Die neue Angestellte ist nicht nur unfreundlich, sondern sie arbeitet auch sehr ineffizient.

❶ Mein Nachbar / wurde / arbeitslos / hatte / ein Problem mit seiner Frau

➡ ____

❷ Ich / wurde / dick / hatte / gesundheitliche Probleme

➡ ____

❸ Wir / gehen / ins gute Restaurant / in die populäre Disko

➡ ____

❹ Meine Eltern / haben finanziell unterstützt / mich / meine Schwester

➡ ____

4 entweder … oder와 weder … noch의 차이에 유의하여 빈칸을 채우세요. MP3 155

❶ Ich habe gar keine Lust, auf die Party zu gehen. Denn ____________ Hans ____________ Anna kommt.

❷ Sie machen die Aufgabe ____________ heute ____________ morgen.

❸ Ich bin total einsam. Ich habe ____________ Familie ____________ Freunde.

❹ Es ist mir eigentlich egal: Die Reise mache ich ____________ nach Berlin ____________ nach Dresden.

연습문제 정답 1 ❶-c ❷-a ❸-b ❹-d 2 ❶ weder – noch ❷ sowohl – als auch ❸ entweder – oder ❹ zwar – aber ❺ nicht nur – sondern auch 3 ❶ Mein Nachbar wurde nicht nur arbeitslos, sondern hatte auch ein Problem mit seiner Frau. ❷ Ich wurde nicht nur dick, sondern hatte auch gesundheitliche Probleme. ❸ Wir gehen nicht nur ins gute Restaurant, sondern auch in die populäre Disko. ❹ Meine Eltern haben nicht nur mich, sondern auch meine Schwester finanziell unterstützt. 4 ❶ weder-noch ❷ entweder- oder ❸ weder-noch ❹ entweder- oder

79 비례문
Vergleichssatz

'Je …(~할수록) desto/umso …(~하다)'는 비교급을 사용하여 두 가지 상황을 비교하여 연결하는 구문으로, 비례문이라고 합니다.

Je … desto …의 기본 형태

Je + 비교급(+명사) + 주어 + 동사, desto/umso + 비교급(+명사) + 동사 + 주어

- desto 대신 umso를 사용해도 됩니다.

Je … desto …의 활용

부문장	주문장	의미
Je größer der Fernseher ist,	desto/umso teurer ist er.	TV는 클수록 더 비싸다.
Je mehr ich arbeite,	desto müder bin ich.	난 일을 많이 할수록, 더 피곤하다.
Je tiefer das Meer ist,	umso mehr Meerestiere leben darin.	바다가 깊을수록 그 안에 더 많은 해양 생물들이 산다.
Je fleißiger wir lernen,	desto besser werden unsere Noten.	우리가 더 열심히 공부할수록, 성적은 더 좋아질 것이다.
Je mehr man isst,	umso dicker wird man.	많이 먹을수록 더 뚱뚱해질 것이다.

- je 문장은 부문장이며 desto/umso 문장은 주문장입니다.
- je 문장은 항상 desto/umso 문장보다 앞에 옵니다.

연습문제 ÜBUNGEN

1 다음을 읽고 알맞은 형용사 비교급을 쓰세요.

❶ Je (lang) wir in Korea leben, desto (gut) lernen wir Korea kennen.
➡ ______________________________

❷ Je (oft) ich Ski fahren gehe, desto (schnell) fahre ich den Berg hinunter.
➡ ______________________________

❸ Je (groß) mein Bruder wird, desto (stark) wird er auch.
➡ ______________________________

❹ Je (alt) meine Oma wird, umso (liebevoll) ist sie.
➡ ______________________________

❺ Je (lecker) der Kuchen ist, umso (viel) esse ich.
➡ ______________________________

2 다음 단어들을 알맞은 순서로 배열하여 문장을 완성하세요. MP3 156

❶ früher / aufstehe / ich / desto / je / mehr / vom Tag / ich / habe

➡ ______________________________

❷ je / länger / schläfst / du / Zeit / weniger / du / hast / desto

➡ ______________________________

❸ schneller / ich / je / fahre / gefährlicher / desto / es / ist

➡ ______________________________

❹ ins Fitnessstudio / gegangen / ist / er / öfter / Je / Muskeln / mehr / er / desto / hat / bekommen

➡ ______________________________

❺ je / er / weiter / reist / mehr / Sorgen / macht / desto / er / um / Geld / sich

➡ ______________________________

❻ teurer / die Ware / Je / desto / weniger / wir / kaufen / können / ist

➡ ______________________________

3 다음 예시와 같이 je … desto를 사용하여 알맞은 문장을 완성하세요. MP3 157

> die Wohnung viel putzen / sauber werden
> ➡ Je mehr man die Wohnung putzt, desto sauberer wird sie.

❶ viel Sport machen / gesund werden

➡ ______________________________

❷ wenig arbeiten / arm werden

➡ ______________________________

❸ wenig essen / dünn werden

➡ ______________________________

❹ viel üben / gut werden

➡ ______________________________

연습문제 정답 1 ❶ länger, besser ❷ öfter, schneller ❸ größer, stärker ❹ älter, liebevoller ❺ leckerer, mehr 2 ❶ Je früher ich aufstehe, desto mehr habe ich vom Tag. ❷ Je länger du schläfst, desto weniger Zeit hast du. ❸ Je schneller ich fahre, desto gefährlicher ist es. ❹ Je öfter er ins Fitnessstudio gegangen ist, desto mehr Muskeln hat er bekommen. ❺ Je weiter er reist, desto mehr Sorgen macht er sich um Geld. ❻ Je teurer die Ware ist, desto weniger können wir kaufen. 3 ❶ Je mehr Sport man macht, desto gesünder wird man. ❷ Je weniger man arbeitet, desto ärmer wird man. ❸ Je weniger man isst, desto dünner wird man. ❹ Je mehr man übt, desto besser wird man.

80 2격 지배 전치사
Präpositionen mit Genitiv

während, wegen, trotz, innerhalb, außerhalb 등의 전치사는 2격(Genitiv) 명사를 수반합니다. 이를 2격 지배 전치사라고 합니다. 또한 전치사 während, wegen, trotz에 각각 상응하는 종속접속사 während, weil, obwohl에 대해 배웁니다.

2격 지배 전치사

전치사	의미	예시
während	~하는 동안에	Was habt ihr während meiner Abwesenheit gelernt? 내가 없는 동안 너희는 뭘 배웠니?
wegen	~때문에	Wegen meiner Krankheit muss ich zum Arzt gehen. 나의 질병 때문에 병원에 가야 한다.
trotz	~에도 불구하고	Trotz des kalten Wetters gingen wir aus dem Haus. 추운 날씨에도 불구하고, 우리는 집 밖으로 나갔다.
innerhalb	~이내에	Innerhalb des Zoos ist das Rauchen verboten. 동물원 안에서 흡연이 금지되어 있습니다. (장소)
		Innerhalb eines Tages habe ich alle Hausarbeiten geschrieben. 나는 하루 안에 모든 레포트들을 끝냈다. (시간)
außerhalb	~밖에	Außerhalb der Stadt kann man viele Wildtiere sehen. 시내 밖으로 나가면 많은 야생동물을 볼 수 있다. (장소)
		Außerhalb der Geschäftszeit kann man hier nicht einkaufen. 영업 시간 외에는 더 이상 여기서 장볼 수 없다. (시간)

전치사와 접속사의 비교

접속사	의미	예시
während	~하는 동안에	Was habt ihr gelernt, während ich abwesend war? 내가 없는 동안 너희는 뭘 배웠니?
weil	~ 때문에	Weil ich krank bin, muss ich zum Arzt gehen. 내가 아프기 때문에 병원에 가야 한다.
obwohl	~에도 불구하고	Obwohl das Wetter kalt war, gingen wir aus dem Haus. 날씨가 추웠음에도 불구하고, 우리는 집 밖으로 나갔다.

- 본 예시는 위 전치사(während, wegen, trotz)에서 사용한 예시를 접속사 문장으로 그대로 바꾼 표현입니다. 각 상응하는 문장들의 의미는 같지만, 전치사는 명사와 함께 쓰이며 접속사는 문장과 함께 쓰인다는 차이가 있습니다.

연습문제 ÜBUNGEN

1 알맞은 문장끼리 짝지으세요.

❶ Während des langweiligen Lernens — a. bin ich eingeschlafen.
❷ Während des argen Streitens — b. konnte ich ihre Stimme nicht gut hören.
❸ Während des kurzen Telefonats — c. hat Isabella geweint.

2 알맞은 문장끼리 짝지으세요.

❶ Wegen des tollen Anzugs — a. vermeiden alle Leute mit ihr zu reden.
❷ Wegen ihrer Unfreundlichkeit — b. wollte er alles aufgeben.
❸ Wegen seiner langwierigen Ermüdung — c. war er auf der Party beliebt.

3 알맞은 문장끼리 짝지으세요.

❶ Trotz der Schwierigkeiten — a. musste sie ihn verlassen.
❷ Trotz der schlechten Qualität — b. kaufen viele Leute Kleider von dieser Marke.
❸ Trotz der tiefen Liebe — c. gelang es mir.

4 innerhalb와 außerhalb 중 알맞은 전치사를 빈칸에 넣으세요. MP3 158

❶ Das liegt ____________ meiner Zuständigkeit.
❷ Ich will ____________ eines Monats die Arbeit abschließen.
❸ ____________ des Gebietes ist die Fahrgeschwindigkeit begrenzt.
❹ ____________ des Gebäudes ist das Rauchen verboten.

5 다음 예시와 같이 접속사는 전치사로, 전치사는 접속사로 고치세요. MP3 159

> Weil ich eine Hundeallergie habe, kann ich nicht mit Hunden spielen.
> ➡ Wegen meiner Hundeallergie kann ich nicht mit Hunden spielen.

❶ Wegen meiner Arbeitslosigkeit kann ich kein Geld ausgeben.
➡ ____________________

❷ Weil es regnet, bleibe ich zu Hause.
➡ ____________________

❸ Obwohl wir eine schlechte Beziehung haben, versuche ich immer höflich zu sein.
➡ ____________________

연습문제 정답 **1** ❶-a ❷-c ❸-b. **2** ❶-c ❷-a ❸-b, **3** ❶-c ❷-b ❸-a **4** ❶außerhalb / innerhalb ❷innerhalb ❸Innerhalb ❹Innerhalb
5 ❶ Weil ich arbeitslos bin, kann ich kein Geld ausgeben. ❷Wegen des Regens bleibe ich zu Hause. ❸Trotz unserer schlechten Beziehung versuche ich immer höflich zu sein.

81 시간의 전치사 2
Temporale Präpositionen 2

시간을 나타내는 전치사 vor, nach, seit, bei에 대해 배웁니다. 이 전치사들은 모두 3격 명사와 함께 사용됩니다.

시간을 나타내는 전치사

전치사	의미	결합	예시
vor ↔ nach	전 ↔ 후	3격	**Sie mussten vor dem Essen ihr Zimmer aufräumen.** 그들은 식전에 그들의 방을 치워야 했다. **Wir sind nach dem Essen spazieren gegangen.** 우리는 식후에 산책을 나갔다.
vor ↔ in	전 ↔ 후	3격	**Vor einem Monat bin ich in dieses Haus eingezogen.** 한 달 전에 나는 이 집으로 이사했다. **In einem Monat werde ich in dieses Haus einziehen.** 한 달 후에 나는 이 집으로 이사할 것이다.
vor ↔ seit	전 ↔ 이래로	3격	**Vor einer Woche habe ich das Deutsch Arbeitsbuch gekauft.** 일주일 전에 나는 이 독일어 연습문제집을 샀다. (시점) **Seit einer Woche lerne ich Deutsch.** 일주일 전부터 나는 독일어를 배운다. (지속)
bei	~할 때	3격	**Beim Duschen(=Wenn ich dusche) denke ich über vieles nach.** 샤워할 때 나는 많은 것에 대해 생각한다.

- 전치사 bei는 접속사 wenn 문장으로 바꿔 쓸 수 있습니다.
  예 Wenn ich dusche, denke ich über vieles nach.
  나는 샤워할 때 많은 것에 대해 생각한다.

연습문제 ÜBUNGEN

1 전치사 vor와 in의 차이에 유의하여 빈칸을 채우세요. MP3 160

❶ Hast du mir die Nachricht geschickt? – Ja, ich habe sie ____________ einer Stunde geschickt.
❷ Wann ist dein Urlaub? – ____________ einer Woche fliege ich nach Japan.
❸ Was hast du mit deinem Bruder gemacht? – ____________ drei Tagen waren wir im Kino.
❹ ____________ ein paar Jahren will ich im Ausland studieren.
❺ ____________ ein paar Jahren ging ich noch aufs Gymnasium.
❻ Genau ____________ zehn Minuten beginnt der Kurs.

2 전치사 vor와 seit의 차이에 유의하여 빈칸을 채우세요.

❶ Simon ist ____________ drei Jahren verheiratet.

❷ Elias ist ____________ einem Monat nach Berlin gekommen.

❸ Ich wohne ____________ sechs Jahren in Seoul.

❹ Wann haben Sie an der Uni studiert? – ____________ zwei Jahren.

❺ Wie lange studieren Sie schon hier in Deutschland? – ____________ zehn Jahren.

❻ ____________ sechs Wochen bin ich wegen meiner neuen Freundin so glücklich.

3 전치사 bei를 사용하여 다음 단어들을 알맞은 문장으로 완성하세요.

das Essen / man / sprechen / soll / nicht

➡ Beim Essen soll man nicht sprechen.

❶ der Eintritt / des Dozenten / es / still / wurde

➡ ____________

❷ Einbruch / der Dunkelheit / die Beleuchtung / automatisch / sich einschaltet

➡ ____________

❸ die Feier / ich / ihn / habe kennengelernt

➡ ____________

4 다음 보기에서 알맞은 전치사를 골라 빈칸을 채우세요.

MP3 161

~~während~~ / seit / innerhalb / bei / vor / in /

❶ Während der Operation darf der Operationssaal nicht betreten werden.

❷ Ich habe schon ____________ einer Woche Bauchschmerzen.

❸ ____________ Regen fällt das Grillen aus.

❹ ____________ einiger Zeit habe ich dich nach einem Buch gefragt. Hast du heute daran gedacht?

❺ ____________ ein Paar Tagen werde ich meine Reise machen.

❻ ____________ der Arbeitszeit darf man kein Handy benutzen.

연습문제 정답 1 ❶ vor ❷ In ❸ Vor ❹ In ❺ Vor ❻ in 2 ❶ seit ❷ vor ❸ seit ❹ Vor ❺ Seit ❻ Seit 3 ❶ Beim Eintritt des Dozenten wurde es still. ❷ Bei Einbruch der Dunkelheit schaltet sich die Beleuchtung automatisch ein. ❸ Bei der Feier habe ich ihn kennengelernt. 4 ❷ seit ❸ Bei ❹ Vor ❺ In ❻ Innerhalb

82 과거분사의 형용사화
Partizip II als Adjektiv

과거분사(Partizip II)는 수동적 의미의 형용사로 쓰일 수 있습니다.

과거분사의 형태와 활용

동사 원형	과거분사	과거분사의 형용사적 활용	예시
verstecken	versteckt	der versteckte Ring 숨겨진 반지	Der versteckte Ring war im Schrank.
stehlen	gestohlen	meine gestohlene Armbanduhr 나의 도둑맞은 손목시계	Ich suche nach meiner gestohlenen Armbanduhr.
finden	gefunden	das gefundene Kind 찾아진(발견된) 아이	Die Nachricht spricht von dem gefundenen Kind.
reparieren	repariert	die reparierten Autos 수리된 자동차들	Die reparierten Autos stehen da.

- 과거분사가 이와 같이 형용사적 용법으로 사용될 때, 어미변화에 주의해야 합니다. 일반적인 형용사와 마찬가지로 관사에 따라 형용사 어미변화를 선택해야 합니다.

연습문제 ÜBUNGEN

1 다음 빈칸을 알맞게 채우세요. MP3 162

❶ Ein Baum, der gesägt wird, ist ein gesägter Baum.

❷ Eine Stadt, die von Leuten aufgebaut wird, ist eine ___________ Stadt.

❸ Pflanzen, die gegossen werden, sind ___________ Pflanzen.

❹ Das Hemd, das gebügelt wird, ist das ___________ Hemd.

❺ Ein Fenster, das man schon geschlossen hat, ist ein ___________ Fenster.

❻ Ein Plan, den man schon aufgestellt hat, ist ein ___________ Plan.

❼ Ein Restaurant, das man schon eröffnet hat, ist ein ___________ Restaurant.

❽ Die Gäste, die man eingeladen hat, sind die ___________ Gäste.

2 알맞은 것끼리 연결한 뒤 예시와 같이 하나의 명사 구문으로 쓰세요.

ich schreibe – die Klausuren ➡ die von mir geschriebenen Klausuren

❶ Paul kocht	a. das Wasser	❶ ___________
❷ der Chef reibt	b. die Prüfung	❷ ___________
❸ die Studenten bestanden	c. das Auto	❸ ___________
❹ meine Mutter kauft	d. der Käse	❹ ___________

3 주어진 동사를 활용하여 빈칸을 알맞게 채우세요. MP3 163

❶ Das sehr gut ___________ Mädchen lernt auch sehr schnell. (erziehen)

❷ Meine viele Stunden lang am Herzen ___________ Tante wurde jetzt wieder gesund. (operieren)

❸ In der nach dem Krieg ___________ Stadt wohnt jetzt niemand. (zerstören)

❹ Der von dieser Schriftstellerin langweilig ___________ Roman ist komischerweise beliebt. (schreiben)

❺ Das von vielen Leuten ___________ Lied höre ich nicht gern. (singen)

연습문제 정답 **1** ❷ aufgebaute ❸ gegossene ❹ gebügelte ❺ geschlossenes ❻ aufgestellter ❼ eröffnetes ❽ eingeladenen **2** ❶-a: das von Paul gekochte Wasser ❷-d: der vom Chef geriebene Käse ❸-b: die von den Studenten bestandene Prüfung ❹-c: das von meiner Mutter gekaufte Auto **3** ❶ erzogene ❷ operierte ❸ zerstörten ❹ geschriebene ❺ gesungene

83 현재분사의 형용사화
Partizip I als Adjektiv

현재분사(Partizip I)는 '동사 원형 + d'의 형태로 만들 수 있으며 이를 형용사적 용법으로 사용할 때 능동과 진행의 의미를 표현합니다.

현재분사의 형태와 활용

동사 원형	현재분사	현재분사의 형용사적 활용	예시
arbeiten	arbeitend	ein arbeitender Mann 일을 하는 남자	Ich sehe einen arbeitenden Mann.
lernen	lernend	die lernende Frau 공부하는 여자	Die lernende Frau sitzt am Schreibtisch.
spielen	spielend	ein spielendes Kind 노는 아이	Im Garten gibt es ein spielendes Kind.
essen	essend	die essenden Kinder 먹는 아이들	Die essenden Kinder sprechen sehr laut miteinander.

- 현재분사의 형용사 용법은 명사 앞에서 명사를 수식하는 방식으로만 사용될 수 있습니다.
  예 der arbeitende Mann (o) ➡ Der Mann ist arbeitend. (x)
- 현재분사 역시 형용사의 일종이므로 관사에 따른 형용사 어미변화에 주의해야 합니다.
- 현재분사와 과거분사는 수식하는 대상에 따라 적절하게 사용해야 합니다. 특히 현재분사는 해당 동사(즉 현재분사)가 행위하는 주체를 수식하며, 과거분사는 그 동사(즉 과거분사)의 행위 대상을 수식하게 됩니다.
  예 der kaufende Mann / das gekaufte Auto

연습문제 ÜBUNGEN

1 다음 빈칸을 알맞게 채우세요. MP3 164

❶ Eine Frau, die zur Schule geht, ist eine ___zur Schule gehende___ Frau.

❷ Die Mutter, die kocht, ist die ______________ Mutter.

❸ Ein Chef, der einen Plan hat, ist ______________ Chef.

❹ Leute, die laut lachen, sind ______________ Leute.

❺ Die Studenten, die in der Stadt reisen, sind die ______________ Studenten.

❻ Kinder, die schreien, sind ______________ Kinder.

❼ Ein Kind, das doll weint, ist ein ______________ Kind.

❽ Ein Bus, der schnell fährt, ist ein ______________ Bus.

2 알맞은 것끼리 연결한 뒤 예시와 같이 하나의 명사 구문으로 쓰세요.

laufen – Leute ➡ ___laufende Leute___

❶ dem Besitzer folgen	a. der Fluss	❶ ______________
❷ fließen	b. der Hund	❷ ______________
❸ gut aussehen	c. der Mann	❸ ______________
❹ viel bedeuten	d. der Angestellte	❹ ______________
❺ hart arbeiten	e. der Brief	❺ ______________

3 주어진 동사를 적절히 변형하여 빈칸을 알맞게 채우세요. MP3 165

❶ Siehst du das ________ Mädchen? (singen)

❷ Ich finde den zu schnell ________ Wagen gefährlich. (fahren)

❸ Es gibt einen ________ Apfelbaum. (blühen)

❹ Sie hat mir mit ihrem ________ Gesicht „Hallo" gesagt. (lächeln)

❺ Ich fühle eine gute Stimmung von den ________ Leuten. (tanzen)

연습문제 정답 **1** ❷ kochende ❸ einen Plan habender ❹ laut lachende ❺ in der Stadt reisenden ❻ schreiende ❼ doll weinendes ❽ schnell fahrender **2** ❶-b: der dem Besitzer folgende Hund ❷-a: der fließende Fluss ❸-c: der gut aussehende Mann ❹-e: der viel bedeutende Brief ❺-d: der hart arbeitende Angestellte **3** ❶ singende ❷ fahrenden ❸ blühenden ❹ lächelnden ❺ tanzenden

3격 지배 동사 Wichtige Verben mit Dativ

fehlen	Was fehlt Ihnen?
gefallen	Der Mantel gefällt mir sehr gut.
gehören	Die Tasche gehört meiner Mutter.
glauben	Ich glaube dir.
schmecken	Gemüse schmeckt mir nicht.
vertrauen	Ich vertraute dem neuen Kollegen nicht.
weh tun	Nach dem Umzug tun mir alle Knochen weh.
antworten	Antworten Sie mir schnell!
begegnen	Sie begegnet ihm zum ersten Mal.
danken	Ich danke dir sehr.
passen	Die Hose passt mir nicht.
passieren	Was ist dir passiert?
schaden	Rauchen schadet der Gesundheit.
einfallen	Mir fällt nichts ein.
folgen	Bitte folgen Sie mir!
helfen	Kannst du mir helfen?
raten	Kannst du mir raten, was ich machen soll?
widersprechen	Dem kann ich widersprechen.
zuhören	Hören Sie mir bitte zu!
zustimmen	Ich stimme dir zu.
befehlen	Er kann ihr nichts befehlen.
sagen	Sag mir mal, was passiert ist.
verzeihen	Ich will meinem Freund nicht verzeihen.
gelingen	Der Kaffee ist mir gut gelungen.

3격 + 4격 지배 동사 Wichtige Verben mit Akkusativ und Dativ

bringen	Er bringt mir das Paket von meiner Mutter.
empfehlen	Ich kann dir ein gutes Restaurant empfehlen.
erklären	Der Lehrer erklärt seinen Schülern die Grammatik.
erzählen	Die Oma erzählt den Enkelkindern eine Geschichte.
geben	Geben Sie mir bitte die Schere.
leihen	Kannst du mir dein Buch leihen?
sagen	Ich habe dir meine Meinung schon hundertmal gesagt.
schenken	Mein Vater schenkt meiner Mutter ein Auto zum Geburtstag.
schicken	Ich schicke meinem Bruder ein Paket.
schreiben	Ich schreibe meiner Freundin einen Brief.
stehlen	Jemand hat mir mein Geld gestohlen.
tragen	Ich trage dir den Koffer.
verbieten	Mein Vater verbietet mir das Rauchen.
wünschen	Ich wünsche dir eine gute Reise.
zeigen	Ich zeige meinen Freunden das Familienalbum.
beantworten	Wann können Sie mir die E-Mails beantworten?
bieten	Die Firma bietet mir eine gute Stelle.
holen	Hol mir schnell einen Kaffee.
kaufen	Kannst du mir das Buch kaufen?
liefern	Können Sie mir das Bett heute liefern?
mitbringen	Bringst du mir den Mantel mit?
nennen	Kannst du mir den Täter nennen?
vorlesen	Kannst du mir den Text vorlesen?
vorschlagen	Ich schlage dir die Stelle vor.
vorstellen	Ich habe letzte Woche meinen Eltern den Freund vorgestellt.

전치사를 수반하는 동사 Wichtige Verben mit Präpositionen

danken für	Ich danke dir für das Geschenk.
erzählen von	Der Großvater erzählt den Kindern von dem Unfall.
gratulieren zu	Wir gratulieren dir zum Geburtstag.
helfen bei	Meine Freundin hilft mir bei den Hausaufgaben.
denken an	Er denkt nur an die Frau.
glauben an	Ich glaube an Gott.
warten auf	Wir warten auf eine Besserung unserer Situation.
lachen über	Ich habe über den Witz gelacht.
passen zu	Die blaue Bluse passt nicht zu der Hose.
reden von	Sie redet nur noch von ihm.
teilnehmen an	Ich habe einmal an einem Deutschkurs teilgenommen.
bitten um	Darf ich dich um deine Hilfe bitten?
einladen zu	Julia hat mich zu ihrem Geburtstag eingeladen.
fragen nach	Die Touristen haben mich nach dem Weg gefragt.
sich interessieren für	Ich interessiere mich für Musik.
schreiben an	Ich schreibe einen Brief an meine Schwester.
vorbereiten auf	Ich bereite mich auf die Prüfung vor.
arbeiten als	Sie arbeitet als Mechanikerin.
gehen um	Das Buch geht um die Liebe.
Angst haben vor	Ich habe Angst vor Wasser.
träumen von	Ich träume von einem Haus mit einem großen Garten.
aufpassen auf	Max passte auf die Kinder auf.
sorgen für	Er sorgt für die gute Stimmung auf der Sitzung.
streiten über	Wir streiten uns immer über die Zeit.

현재형(Präsens)	과거형(Präteritum)	현재완료형(Perfekt)	예시
beginnen	begann	hat begonnen	Das Konzert begann um 18 Uhr.
bieten	bot	hat geboten	Das Hotel hat immer guten Service geboten.
bitten	bat	hat gebeten	Er hat mich um Hilfe gebeten.
denken	dachte	hat gedacht	Ich habe an meine Kindheit gedacht.
essen	aß	hat gegessen	Ich habe gestern Pizza gegessen.
fahren	fuhr	ist gefahren	Meine Familie ist nach Berlin gefahren.
fliegen	flog	ist geflogen	Wann sind Sie nach Deutschland geflogen?
geben	gab	hat gegeben	Er hat mir einen Brief gegeben.
gehen	ging	ist gegangen	Sie ist zur Uni gegangen.
haben	hatte	hat gehabt	Mit 8 hatte ich ein Fahrrad.
helfen	half	hat geholfen	Ich habe gestern meiner Mutter geholfen.
kennen	kannte	hat gekannt	Ich habe das nicht gekannt.
lesen	las	hat gelesen	Hast du das Buch gelesen?
nehmen	nahm	hat genommen	Er nahm ein Stück Kuchen.
rufen	rief	hat gerufen	Ich habe seinen Namen gerufen.
schlagen	schlug	hat geschlagen	Mein Herz schlug plötzlich ganz schnell.
schreiben	schrieb	hat geschrieben	Peter hat seinem Lehrer einen Brief geschrieben.
sitzen	saß	hat gesessen	Eine Katze hat den ganzen Tag auf dem Stuhl gesessen.
aufstehen	stand auf	ist aufgestanden	Er ist um 7 Uhr aufgestanden.
treffen	traf	hat getroffen	Wo haben sie sich getroffen?
trinken	trank	hat getrunken	Die Frau hat eine Tasse Kaffee getrunken.
tun	tat	hat getan	Mein Bein tat weh.
werden	wurde	ist geworden	Das Auto wurde endlich repariert.

WER	Wer bist du?
	Wen liebt er?
	Wem gehört das Haus?
	Mit wem hat er getanzt?
WAS	Was ist das?
	Was machen Sie hier?
	Woran denkst du manchmal?
WANN	Wann kommt der Bus?
	Ab wann sind Sie in Urlaub?
	Bis wann haben Sie gefeiert?
	Seit wann rauchen Sie?
	Von wann bis wann müssen Sie arbeiten?
WIE	Wie heißen Sie?
	Wie oft gehst du schwimmen?
	Wie lange bleibst du in Seoul?
	Wie tief mag das Loch sein?
	Wie alt ist das Baby?
	Wie schwer ist der Computer?
	Wie weit ist es bis Frankfurt?
	Wie viel Uhr ist es jetzt?
	Wie spät ist es?
	Um wie viel Uhr fängt der Unterricht an?
	Wie viel verdienen Sie dabei?
	Wie viele Geschwister hat sie?

WO	Wo ist die Lampe?
	Wohin gehst du jetzt?
	Woher kommt sie?
WARUM	Warum gehst du nicht in die Sprachschule?
	Weshalb machst du das?
	Weswegen spielt er nicht mehr?
	Wieso bleibst du zu Hause?
	Aus welchem Grund hat er dich gehauen?
	Wozu macht sie sich hübsch?
WELCHE-	Welches Foto gefällt dir?
	An welchem Kurs bist du interessiert?
	Mit welchem Zug sind Sie gefahren?
WAS FÜR EIN-	Was für Autos gefallen dir eigentlich?
	Mit was für einem Auto seid ihr gefahren?
	An was für ein Geschenk haben Sie gedacht?